国外治安管理概览

顾　　问：刘绍武　王　刚

马维亚　陈惠民

主　　编：李剑涛　樊海珍

副 主 编：尹春吉　朱　彤

执行编辑：罗志成　胡文敏

编译人员：杨全民　姜劲蕾

陈桂香　吴瑞红

王　鹤　穆海云

逯永超　李　千

赵　洋　钟　鑫

国外治安管理概览丛书之四

国外公共交通治安防范管理

公安部治安管理局
公安部第一研究所　编著

群众出版社

·北京·

图书在版编目（CIP）数据

国外公共交通治安防范管理/公安部治安管理局，公安部第一研究所编著.
—北京：群众出版社，2012.7
　（国外治安管理概览丛书）
　ISBN 978 - 7 - 5014 - 5019 - 0

　Ⅰ. ①国…　Ⅱ. ①公…②公…　Ⅲ. ①城市运输—公共运输—安全管理—研究—外国　Ⅳ. ①F511

中国版本图书馆 CIP 数据核字（2012）第 168330 号

国外公共交通治安防范管理

公安部治安管理局
公安部第一研究所　编著

出版发行：群众出版社
地　　址：北京市西城区木樨地南里
邮政编码：100038
经　　销：新华书店
印　　刷：北京通天印刷有限责任公司

版　　次：2012 年 8 月第 1 版
印　　次：2012 年 8 月第 1 次
印　　张：16.5
开　　本：787 毫米×1092 毫米　1/16
字　　数：340 千字

书　　号：ISBN 978 - 7 - 5014 - 5019 - 0
定　　价：42.00 元

网　　址：www.qzcbs.com
电子邮箱：qzcbs@sohu.com

营销中心电话：010 - 83903254
读者服务部电话（门市）：010 - 83903257
警官读者俱乐部电话（网购、邮购）：010 - 83903253
公安综合分社电话：010 - 83901870

总　序

　　近年来，全国公安机关治安系统认真贯彻公安部党委的统一部署，认真履行职责，积极推进"三项重点工作"和"三项建设"，不断创新治安管理工作的思路理念、体制机制、方法手段，有力地推动了治安管理工作发展进步，有效维护了社会治安稳定，服务了经济社会发展和广大人民群众。

　　治安管理是公安工作的重要组成部分，是社会管理的重要内容。当前和今后一个时期，随着工业化、信息化、城镇化、市场化、国际化的深入发展，我国经济社会发展呈现出一系列新的明显的阶段性特征，社会治安管理也面临许多新压力、新挑战。如何进一步加强和创新治安管理工作，促进完善社会治安防控体系，更好地维护社会治安稳定，是摆在我们面前的紧迫任务。治安管理涉及社会方方面面，加强和创新治安管理，既要积极探索、勇于实践，又要高度重视理论研究，不断增强治安系统的综合素质，特别是理论思维能力。同时，我们也看到，在治安管理工作的许多方面，一些发达国家也积累了大量有益经验，值得我们深入研究借鉴。我们既要立足我国国情，坚定不移地走中国特色的治安管理工作之路，又要不断开阔视野，善用他山之石，从中汲取精华，为我所用。

　　为此，公安部治安管理局和公安部第一研究所共同成立工作小组，对国外社会治安管理法律法规等资料进行较为系统全面的搜集编译和专题研究，编译了大量的内部参考资料，内容涵盖治安管理的各个重要领域，研究对象涉及美国、英国、法国、日本等数十个国家。在此基础上，从中精选出一批高质量的资料汇编成册，推出了《国外治安管理概览》系列丛书。

　　希望这套丛书的出版，能够为各地治安系统的同志们提供有益参考，为加强和创新社会治安管理、维护社会治安稳定发挥应有的作用。

　　是为序。

刘绍武

二○一一年十二月

前　言

城市公共交通（下称"公交"）系统经常遭受犯罪侵扰和恐怖袭击，针对地铁、巴士等交通工具的犯罪时有发生。2005 年，英国公交系统遭受 4 名犯罪分子的自杀式袭击，造成 56 名无辜人员死亡；2010 年 3 月，俄罗斯莫斯科"卢比扬卡"和"文化公园"地铁站等地发生连环爆炸案，导致 30 多人死亡、20 多人受伤，一度引起严重的社会恐慌。为了维护城市公交系统安全，保证市民的出行便利，发达国家通过加大人力和财力投入，完善管理机制，出台预防犯罪措施，加强对民众的宣传教育，取得了良好的社会效果。

美国自"9·11"事件后，各级政府加大了公交领域的反恐力度。为了应对新的恐怖活动威胁，联邦政府以及各州政府纷纷出台政策，实施公交反恐措施，努力将该领域的恐怖犯罪活动降到最低。

俄罗斯莫斯科地铁近年来连续遭受恐怖爆炸袭击。为保障公民出行安全，俄罗斯政府各部门尤其是警察机关采取了多种措施，大力防范地铁等公共交通工具发生犯罪活动。

英国作为最早发展公交系统的国家之一，一直致力于公交领域的基础建设和制度完善。伦敦作为世界级城市，更为关注公交系统的正常运转。因此，在维护公交系统的运营秩序方面，伦敦市政府特别是警察部门可谓投入了大量精力。

法国的公交系统非常发达，管理机制也十分成熟，因此很少发生特别严重的恶性伤害事件。即便如此，法国政府还是从细节入手，提高警惕，加强防范，严厉打击该系统出现的犯罪活动。

澳大利亚地面交通发达　该领域的犯罪案件也处于频发状态。2004 年马德里"3·11"事件后，澳大利亚各级政府尤其是警察部门做出重大努力，加大对公交系统治安的监管力度，有效改善了地面交通系统的安全性。

日本针对城市公交系统易发生爆炸恐怖活动的实际情况，不断加强防范对策，如加大布警力度，加强对可疑行人的询查等。为加强对爆炸物的搜查，使用警犬巡逻或对始发列车进行检查等。

德国为保障城市地铁系统的安全运营，警察机关与政府其他相关单位制订了地铁安全计划。此外，警察局与交通管理部门还结成"安全伙伴关系"，共同保障地铁安全。

本书具体编译工作分工如下：吴瑞红、罗志成编译"美国：构筑公共交通反恐防线"，吴瑞红、李千、钟鑫翻译"美国加强公共交通安全的法律和措施"；杨全民编译"俄罗斯：莫斯科爆炸案后的公交安防措施"并翻译"俄罗斯公共交通安全管理相关法规政令"；陈桂香、逯永超编译"英国：伦敦维护公共交通秩序举措"，陈桂香、李千翻译"英国交通警察 2008 年—2011 年战略计划"；朱彤、赵洋编译"法国：注重公共交通安全细节"；姜劲蕾编译"澳大利亚：加强警察监管力度"并翻译"澳大利亚地面交通安全政策法规"；王鹤编译"日本：防范爆炸恐怖活动"；穆海云编译"德国：执行地铁安全计划"；罗志成编译"加拿大：多伦多特别乘警"。本书由罗志成、胡文敏统稿，李剑涛、尹春吉、樊海珍编审。

"国外治安管理研究"项目组
二〇一一年十二月

目 录

上 篇

国外公共交通
治安防范管理概况

美国：构筑公共交通反恐防线

美国的城市公共交通系统十分发达，地铁、轻轨、公共汽车、电车、班车、轮渡等都是非常便捷的交通二具。就利用率而言，地铁、公共汽车、轻轨是市民最常用的交通工具。以美国第一大城市纽约为例，据统计，2008 年乘坐纽约公共汽车与地铁的人数合计达 23.7 亿人次，创 1965 年以来的新高。目前，美国 32 个轻轨系统在各主要城市运行，每年的客运量为 2 亿多人次。运输系统规划部门与市政规划单位和公共安全部门合作，创造更安全、更有吸引力的交通环境，让人们最大限度地利用轻轨出行。

公共交通事业的发展与经济发展和社会进步密不可分。20 世纪 90 年代，美国针对公共交通领域的立法对该领域的发展起到了巨大的推动作用。美国公路交通协会曾将公交客运量的增长归因于经济便利的服务以及政府的大量投入。美国的联邦、州和市县等各级政府一方面负责公共交通运营或者对相关运营企业进行监管；另一方面开展对该事业的大力扶持，制定各种优惠和补助方案，力求帮助其不断发展完善。可以看出，各级政府的大力支持是公交系统快速发展的重要因素。

自"9·11"事件发生以来，美国政府更加认识到加强公共交通领域反恐工作的必要性和紧迫性。面对日益猖獗的恐怖活动，美国各级政府统筹安排，加强管理，下大力气整顿公交系统治安秩序，加强对各类违法犯罪活动的打击和惩治力度。如纽约市地铁警察局严格执法，使该市地铁犯罪率从 2004 年至 2009 年持续下降。

一、联邦级管理机构及其职能

长期以来，美国联邦政府通过出资和技术援助的形式大力发展公共交通，这些援助大部分来自美国运输部（DOT）的城市公共交通管理局，后改为联邦交通管理署（FTA）。在公共交通管理运营上，主要还是由地方政府负责。为了满足日益增长的地方交通运输系统安全需求，加之"9·11"事件的发生，美国联邦政府开始了部门安全职责的重大重组。2002 年，国土安全部（DHS）和随之成立的交通安全管理局（TSA）担负着国内交通安全包括地方轨道交通安全在内的主要责任，其他联邦机构也起着重要的辅助作用。

(一) 交通安全管理局

通过颁布一系列指令和规定，签署相关协议，交通安全管理局充分行使着管理各种交通安全事项的广泛权力（详见下表）。

时间、名称	授　权
2001 年 11 月 19 日，航空和运输安全法	给予交通安全管理局监管各种交通安全的责任与权力
2004 年 5 月 20 日，安全指令	对公共交通安全提出要求，包括指定安全协调员和交通安全管理局有权使用公交系统脆弱性评估
2004 年 9 月 28 日，国土安全部和运输部之间的谅解备忘录	给予国土安全部对交通安全的总体领导权，但具体阐明了运输部保留某些责任。双方在起草安全规定、资助安全项目和共享情报时必须互相协调
2004 年 10 月 18 日，2005 年国土安全部拨款法案	制订了"地面交通安全检查计划"。交通安全管理局的交通安全检查员进行自愿的基本安全评估，并担任公共交通系统的联络员和顾问。授权在轨道系统使用交通安全管理局搜爆犬，并将拨款转入交通安全管理局
2005 年 9 月 18 日，国土安全部和运输部之间谅解备忘录附件	要求交通安全管理局和运输部就许多安全问题合作，包括与公交各利益相关方一起制定公共交通安全标准
2006 年 12 月 21 日，交通安全管理局轨道安全规定（等待最后批准）	授权国土安全部可在不事先通知的情况下，或无须遵守公交系统对安全培训或身份识别的要求就可进入公交系统获取相关记录
2007 年 5 月 21 日，交通安全管理局交通部门具体计划	按照第 13416 号行政令的要求，"交通部门具体计划公共交通附件"确认了以下安全目标：扩大合作伙伴关系；推进安全基准；扩大安保力量；提供信息领导能力；减少出现严重后果的风险
2007 年 8 月 3 日，实施执行"9·11"委员会建议法案	制定了有关交通安全检查员的角色、遵守法规、利益相关者之间的关系、拨款、多种方式预防和响应小组以及交通安全管理局搜爆犬方面的标准

尽管交通安全管理局的工作重点主要是航空安全，但该局制定了若干关于改进公共轨道交通安全的计划，如地面交通安全检查计划、交通安全拨款计划、可

见性联运保护响应小组（VIPR）以及国家搜爆犬小组计划等，开展关于交通运输系统的威胁和脆弱性分析，重视公共交通的安全计划的运作，而非设施设计和环境。交通安全管理局还在全美各地主办"交通安全圆桌会议"，讨论公共交通安全事项，履行资金援助。自2003年5月以来，国土安全部改进城市地区轨道和交通安全的拨款计划超过1.15亿美元，其中就包括专门用于改善交通环境的资金。

（二）联邦交通管理署

联邦交通管理署是美国运输部所属的13个职能机构之一，其下设机构主要包括10个计划办公室、10个地区办公室、5个大城市办公室以及曼哈顿市区恢复办公室等。该署的首要任务是改善公共交通的常规工作，随时应对可能发生的恐怖袭击事件。

虽然交通管理署缺乏交道安全管理局的监管权力，但交通管理署在交通安全中的作用，特别是在公共交道的安全环境方面的作用更深入、更直接。也许由于其在体制上对交通的重视和丰富的经验，交通管理署积极追求交通设施设计的研究，颁布有关交通设施设计的法规，援助和起草公交设施安全计划指导方针，向地方交通运营机构提供技术援助，并与交通安全管理局和其他联邦机构进行交流合作。交通管理署研究管理办公室还从事与反恐有关的交通设施设计的研究。

交通管理署提出的公交安全计划主要有：安全评估、应急响应规划（交通管理署向60个最大的公交机构提供有关安全和应急计划、应急响应演习方面的技术援助）、应急响应演习、安全培训（通过连接不同团体的论坛向公交机构提供免费的应急情况准备和安全培训，通过全国交通研究院，专门向公交行业提供两种课程，以支持可疑活动的识别培训，加强安全报告和事件的安全以及有效的管理）、项目研发等。该署下设的安全办公室与华盛顿大都会地区交通管理局（WMATA）和马萨诸塞湾交通管理局（MBTA）开展名为"保护"（PROTECT）的化学剂探测项目的研究，该系统与能源部合作，旨在在公交站、隧道和车辆中测试和部署化学传感器。

（三）其他机构

1. 联邦铁路管理局

联邦铁路管理局（FRA）和交通管理署在地方通勤（重型）轨道系统方面共同负有监管职责，协助向此类系统分发与安全有关的信息。此外，联邦铁路管理局还肩负着保障乘坐通勤铁路的公众安全的职能。

2. 美国公共交通协会

美国公共交通协会（APTA）通过若干侧重于公交安全问题的委员会，充当联邦安全机构和地方交通行业的联络人。该协会成立于1882年，成员来自公共汽车、辅助客运系统、轻轨、通勤铁路、地铁、水路客运服务以及高速铁路等领域的 1500 多个公共和私人成员组织，涉及运输系统，规划、设计、施工和金融公司，产品和服务供应商，学术机构，交通协会和各州交通部门。在包括美国在内的北美地区，公共交通协会成员系统向 90% 的公共交通工具使用者提供服务。公共交通协会还与交通管理署、联邦铁路管理局和美国审计署合作，帮助制定轨道交通行业的安全标准，如参与制定通勤铁路系统安全标准以及客运铁路设备安全标准、公共汽车运营标准等。

3. 美国社区交通协会

美国社区交通协会（CTAA）旨在向联邦机构提供帮助，促使各项政策提案获得通过。同时，该协会还向地方交通机构会员提供有关安全方面的技术援助等。

二、地方管理机构设置及其职能

在美国，许多大型城市的警察局一般都设有负责公共交通治安管理的部门。本文以纽约、华盛顿特区和旧金山湾区快速运输系统（BART）为例，说明地方公共交通治安主管机构及其职能。

（一）纽约地铁警察局

纽约地铁警察局成立于 1935 年，是纽约市警察局的 10 大部门之一，主要负责维护纽约市的地铁治安。1995 年，地铁警察局与交通警察局曾合并成交通警察局。随着形势的发展，地铁警察局在反恐和打击传统犯罪活动这两方面都肩负着越来越重要的任务，时任纽约市警察局局长的凯利决定提升地铁警察局的地位。因此，从 2006 年 2 月 1 日起恢复地铁警察局与交通警察局的各自建制。目前，纽约地铁警察局成为美国第六大警察局，拥有 4000 名警察、500 名文职人员。

纽约地铁警察局下设曼哈顿分局、布朗克斯分局、昆士分局、布鲁克林分局、无家可归者服务队和反涂鸦特遣队 6 个机构。4 个地铁分局巡逻责任区共设 12 个大队，其辖区基本对应于 4 个区的巡警分局辖区。大部分车站只安排一名警官进行管理，只有大车站才安排两名警官。该局还设有出租车分队和公共汽车分队，分管全市出租车和公共汽车的交通安全。出租车分队成立于 1995 年，主要负责监督出租车执行所有的相关法律，对违章驾驶的出租车司机签发传票，逮捕无正当执照的出租车司机，同时还负责监控机动车犯罪趋势，在执勤过程中如发现犯罪，立即采取打击措施。公共汽车分队则将宣誓警察和便衣警察部署在公共汽车站及其运营线路，监控并发现违法犯罪行为，通过犯罪和骚乱分析报告、简讯和事故分析报告来确定事故、犯罪的趋势和模式。司机通过纽约都市交通管理局的公交车无线电系统与警察保持联系。

此外，为了加强公共交通领域的执法力度，纽约都市交通管理局于1998年增设了警察局，即都市交通管理局警察局（MTAPD）。该局目前共有7个部门，其中包括机构间反恐怖特别小组。自"9·11"事件以来，都市交通管理局警察局不断扩大规模，大大提升了反恐能力，增加了K-9搜爆犬和紧急响应人员。2005年6月，纽约都市交通管理局斯塔腾岛铁路警察局并入纽约都市交通管理局警察局，使得该局警察总数达到716名（包括文职人员），在整个纽约都市交通管理局系统中提供全部的警察服务，包括保护所有财产、站台、轨道以及纽约都市交通管理局指定的储存和维修设施的安全。

（二）华盛顿特区地铁交通警察局

华盛顿特区地铁交通警察局（MTPD）成立于1976年6月，隶属于华盛顿都市交通管理局，是目前美国唯一一支拥有三地（马里兰、弗吉尼亚和哥伦比亚特区）执法权限的警察队伍，执法范围达到1500平方公里，服务人群达320万人。该警察局已经通过了执法机构认证委员会（CALEA）①的认证。华盛顿特区地铁交通警察局现有423名宣誓警察、106名特警以及24名文职人员。

华盛顿特区地铁交通警察局的任务是通过实施各种创新计划，运用新技术，加强团队合作，为轨道交通（包括都城巴士）的出资人、工作人员以及公交设施和乘客提供保护。在日常工作中，地铁交通警察主要通过着装巡逻、便衣巡逻、骑车巡逻、驾驶有标志或无标志巡逻车巡逻等方式，对城市轨道交通系统（Metrorail）、都城巴士、车站、辖区停车场等进行治安巡逻，对发生在公共交通设施区域的犯罪进行调查，逮捕犯罪嫌疑人。

地铁交通警察局十分注重人员素质，严把人员招募、考核关，制定相关的培训标准，保证执法质量。所有新入警人员必须在北弗吉尼亚刑事司法培训学院完成为期23周的基础培训，之后需在地铁交通警察学院完成15周的额外培训。正是因为有了这些专业的业务培训，华盛顿地铁治安工作人员才能适应实战需要，有效地保护地铁等公交设施和乘客的生命财产安全。

在应对恐怖事件方面，尤其是在经过美国"9·11"事件和英国伦敦地铁爆炸事件之后，地铁交通警察局越来越重视有效处理恐怖事件的方法和措施。该局

① 美国执法机构认证委员会（CALEA）成立于1979年，由国际警察局长协会、美国黑人执法行政长官组织、美国治安官协会、警察行政长官研究论坛四大执法组织创建，是一个专门从事执法和培训认证活动的单位，其认证对象主要是北美地区的执法和公共安全机构。该项认证是美国乃至整个北美地区非常权威的管理体系认证，通过认证的执法机构被认为是合格并且在管理和运营上是非常合理的。

成立了地铁交通警察特别反应小组，配备了先进武器，如 H&K MP5 冲锋枪等，在轨道沿线执行安保巡逻。该局还有用于搜查爆炸物的警犬队，并且成立了专门的排爆小组。

（三）旧金山湾区快速运输系统警察局

旧金山湾区快速运输系统警察局成立于 1975 年，现有 296 名警察，其中 206 名是已经宣誓的治安官，他们负责维护长度为 95 公里、连接 4 个县 30 个社区的铁路沿线的治安秩序。该警察局的工作重点如下：

一是严格执行快速运输制度，维护交通系统安全。湾区快速运输系统有着非常严格的工作制度，包括禁止在列车上抽烟、吃零食、饮酒。湾区快速运输系统警察需要严格执行运输制度，确保运输安全与旅客安全，对违反规定的乘客实施处罚。此外，湾区快速运输系统警察还要处理一些严重的犯罪案件，如谋杀、抢劫、强奸、盗窃等。

二是合理解决乘客停车问题，防止汽车被盗。由于每天都有大量的乘客开车到车站，然后乘火车去往目的地，而且，大部分乘客都是把车停在离车站比较远的偏僻地段，因此汽车盗窃案的发案率居高不下。针对这一情况，湾区快速运输系统警察采取了抽奖的办法吸引开车的人把车停到警察局管辖的停车场，以保证汽车安全，解决乘客的后顾之忧。

三是划分巡逻区域，维护辖区安全。由于管辖范围较大，湾区快速运输系统警察局将辖区分成了 4 个区域，分别由一位警长带领若干名警员负责该地区的治安。巡逻方式有多种，如开警车巡逻，在机车上巡逻，关注各个车站的治安，此外还有 5 名警察专门负责处理制造涂鸦的行为。现在警察执勤实行一天三班制，保证 24 小时有人值勤。

此外，在警员的资格审查与业务培训方面，除了满足加利福尼亚州治安官标准与培训（POST）[①] 的要求外，每一名申请成为湾区快速运输系统警察的人还必须完成至少 30 个学时的大学课程，其中一半学时必须涉及分析性学科，需要提交书面报告或参加考试。宣誓警官必须年满 21 岁。大多数警察分配到巡逻处，能够胜任各项专门任务。

---

① 目前，美国大约有 18 个州的此类机构称为"治安官标准与培训委员会或理事会"，如加利福尼亚州、纽约州等；有些州称为"执法培训和标准委员会"，如伊利诺伊州；有些州则称为"刑事司法培训委员会"等，如华盛顿州等。名称虽然不同，但其履行的职责是基本相同的，即选拔、培训和考核执法人员。

三、公共交通领域的反恐手段

2010 年，美国国土安全部首次发布了四年一次的公共交通安全审查报告。该报告指出，所有交通系统面临的最严重威胁是大规模毁灭性武器，如核武器或生化武器。国土安全部和联邦调查局认为，利用简易爆炸装置，通常是过氧化氢炸弹来袭击公共交通系统是恐怖分子的常用手段。"9·11"事件后，美国确定了国内亟须保护的 11 项重要基础设施，其中就包括全美的铁路和地铁系统，并在国土安全部下设交通安全管理局和美国海岸警卫队，具体负责交通运输系统的安全。

(一) 加速反恐立法，制订应急处置计划

1996 年，美国国会通过一项法案，宣布对恐怖分子可处以死刑，并对调查、追捕、起诉恐怖分子予以专门立法，允许政府设立诉讼程序，将恐怖分子驱逐出境，打击恐怖融资等。1996 年、2000 年分别制定了《防止大规模杀伤性武器法》、《医疗服务加强法》，加强国家对大规模恐怖袭击如生化攻击的防御能力。《防止大规模杀伤性武器法》启动了一项计划，向全美 157 个最高风险的城市的第一响应人员提供培训和设备，处理涉及大规模杀伤性武器在内的恐怖事件。约有 40 个联邦机构制订了反恐计划，其中联邦司法局、国防部、应急管理局和调查局还制订了重大防御计划用来应对生物恐怖事件，并为地方政府就如何应对恐怖主义威胁或意外事件提供指导。2002 年 6 月，布什签署了《防止生物恐怖袭击法案》，对防范和应对中的主管部门、具体措施、资金使用等做出了详细的规定。随后，为加强对生物恐怖袭击的防范和应急响应，国会又通过了《公共卫生安全和生物恐怖威胁防止和应急法》。美国众议院于 2009 年 2 月通过了《国家预防爆炸法》，加强了国土安全部探测和预防恐怖分子在美发动炸弹袭击的响应能力，也加大了针对公共交通系统炸弹袭击预警情报的获取力度。该法推动了大量搜爆犬用于全美地铁和公共汽车的计划。同年，美国公共交通协会发布了《关于交通系统的随机反恐措施》，概述了各种随机巡逻和可见性战术，为交通和执法机构保护交通设施提供指导。

(二) 增加经费投入，研发反恐防恐技术

"9·11"事件后，美国联邦政府将反恐经费提高了一倍，在国会向政府提供的 400 亿美元紧急拨款中，就有 200 亿美元用于反恐领域。在 2002 财年的联邦预算经费中，反恐经费为 103 亿美元，其中研发经费为 5.15 亿美元（占 5%），2003 财年的反恐研发经费增至 30 亿美元。2002 年 6 月，美国政府发放了 6000 万美元的专项拨款，用来加强反生化恐怖活动的能力。美国国土安全部科学与技

术司还制订了 7000 万美元的计划，旨在通过频率干扰、干扰器、部署障碍和其他方法探测和干扰简易爆炸装置。

2006 年 9 月 25 日，美国国土安全部宣布拨款 3.99 亿美元，加强美国 51 个重点城市的反恐能力，使这些城市的港口、铁路等交通设施及主要建筑物免遭恐怖袭击。其中，纽约市获得的拨款最多，达 7950 万美元，比 2005 年增加 2950 万美元。2008 年美国国土安全部将纽约州、新泽西州及康涅狄格州的地铁系统保安经费增至 1.59 亿美元，较 2007 年增加 50% 以上。根据美国国土安全部 2009 年 11 月发布的 2010 财政年度交通安全拨款计划（TSGP），2010 年总拨款为 2.53 亿美元，由城市地区安全计划目录和全国交通数据库所决定合格的机构申请，TSGP1 级继续由在最高风险城区的交通机构组成，TSGP2 级由所有其他合格的交通机构组成。其中，加利福尼亚州的大洛杉矶地区和洛杉矶湾区，目标拨款额约为 3000 万美元，国家首都区为 3000 万美元，纽约州、新泽西州及康涅狄格州约为 1 亿美元，这些都属于 TSGP1 级。这些资金的投入将大大提高公交系统应对恐怖袭击的能力。下表是 2003—2007 财政年度美国国土安全部对公共交通系统的拨款情况。

	2003 年	2004 年	2005 年	2006 年	2007 年
拨款计划	城区安全计划拨款	城区安全计划拨款	交通安全计划拨款	基础设施保护计划 交通安全拨款计划	基础设施保护计划 交通安全拨款计划
数额（百万美元）	65	50	150	143	171 + 100（补充）
管理单位	国内防备办公室	国内防备办公室	国内防备办公室	交通安全管理局	交通安全管理局
州政府是否参与	无，直接给予利益相关方	无，直接给予利益相关方	参与，通过州行政管理机构	参与，通过州行政管理机构	参与，通过州行政管理机构
申请	竞争性申请	竞争性申请	竞争性申请	竞争性申请	合作协议

（三）跨国搜集情报，预防打击恐怖犯罪

及时、准确的情报日益成为反恐工作的重要组成部分，因此，美国的情报机构越来越注重反恐情报的搜集。以纽约警察局为例，该局反恐怖特别行动组密切关注着发生在全球各地的地铁恐怖事件，抓住一切机会派出自己的情报人员赴海外，与事发国相关部门合作，深入参与调查取证和情报搜集工作，为纽约应对地

铁恐怖袭击事件做好情报准备和策略借鉴。

在 2004 年 2 月莫斯科地铁列车遭受恐怖袭击发生爆炸后，经俄有关部门同意，纽约警察局随即派出调查人员赶赴莫斯科，参与恐怖案件的侦查和取证等工作，了解制造地铁爆炸的恐怖分子的身份，熟悉恐怖分子制造地铁爆炸的手段，同时也了解了当地加强公交系统安保的措施，为防止纽约发生类似事件积累实战经验。

2009 年 9 月，美国联邦调查局和警方联合挫败了一起恐怖分子企图袭击纽约地铁的图谋。反恐人员搜查了嫌疑犯位于丹佛和纽约的住所，并从中发现炸药、背包、地图以及其他制造恐怖袭击的物品。为挫败可能发生的地铁袭击，美国纽约警方在国外 11 个城市派驻警员，以预防外国恐怖组织在境外策划袭击纽约。此前纽约市警察局已向全球许多大城市派遣警察执行情报搜集任务。

纽约市警察委员会主席认为努力搜集恐怖分子的相关情报是纽约市公交系统安保工作的主要经验之一。美国反恐专家表示，虽然他们目前并没有截获恐怖分子要袭击美国公交系统的情报，但加大这方面的情报搜集工作力度已成当务之急。专家认为最有效的措施就是提前获取恐怖组织实施破坏行动的情报，只有如此才能把恐怖行动消灭在萌芽状态。

（四）引入风险管理，保护地铁系统

"9·11"事件的发生充分证明了国家重要设施面对恐怖袭击的脆弱性。美国政府引入风险管理方法（见图 1）对地铁系统实施保护，力求资源能够得到最大限度的运用，以减少脆弱性、阻止风险并降低袭击所造成的伤害。

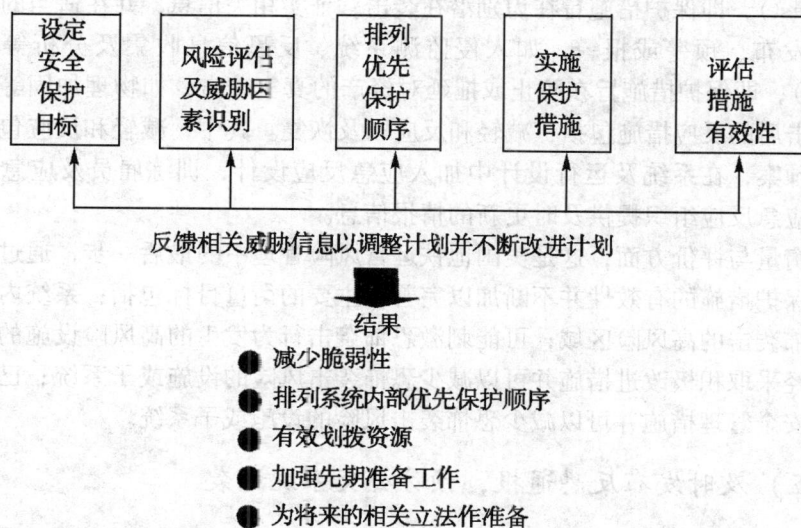

反馈相关威胁信息以调整计划并不断改进计划

结果
- 减少脆弱性
- 排列系统内部优先保护顺序
- 有效划拨资源
- 加强先期准备工作
- 为将来的相关立法作准备

图 1　风险管理方法

美国地铁运营风险管理的要点如下：

在安全目标上，美国地铁反恐的具体安全目标包括：确定安全半径（确定内部及外部安全半径以及控制区域、控制环境）；控制已识别的威胁；抢救伤员；人员疏散；标准化事件（阻止大规模死伤，建立毫不延迟地开展救援及恢复的控制环境）；保证救援行动的顺利开展（受伤人员能够得到有效救护，设置单独站点放置充足的救援物资，成功化解潜在危害）；所有应急反应人员在面对特定事件时都应得到具体、详细的行动指示，所有人员都应针对不同情境配备并使用个人保护装备；避免二次污染；保护证据及犯罪现场；避免二次袭击。

在风险评估方面，对地铁运营的风险评估，旨在识别恐怖袭击可能针对的脆弱性因素，评估恐怖袭击行为可能对乘客、员工及地铁系统造成的伤害。风险评估结束后，有关人员判定潜在的确定与不确定恐怖袭击威胁可能针对的高风险区域，有助于清除已发现的系统脆弱性，排列优先保护顺序，并实施具体的保护措施。地铁运营风险评估离不开恐怖活动信息和情报。在美国，联邦政府是恐怖活动信息和情报的主要提供者，而且各地方警察局也能够提供可能针对本地区的恐怖活动信息和情报。

在保护措施方面，对地铁系统采取的反恐保护措施分为事前的预防措施和遭遇恐怖袭击后的反应措施两部分。事前预防措施可以归纳为4D措施，具体包括：阻止（deter），即保护措施意在使潜在的袭击者认识到失败的风险远大于其所期望达到的目的，如提高安全意识、加强安保措施等；降值（devalue），即保护措施意在通过降低目标的价值以降低潜在袭击者的袭击欲望，如建立后备系统；监测（detect），即保护措施旨在识别潜在袭击，证实相关信息，并在适当的时候进行信息发布、预警或报警，如入侵监测系统、反恐信息收集及分析等；防御（defend），即保护措施旨在防止或拖延对资产的真实攻击，如物理加固等。遭遇恐怖袭击后的反应措施包括：减轻和反应以及恢复。其中，减轻和反应包括：制订应急预案，在系统及运行设计中加入应急反应设计，训练雇员及应急反应组织，为应急反应组织提供及时更新的情报信息。

在衡量与评价方面，这是美国地铁运营风险管理中的最后一步，通过有关标准衡量保护措施的有效性并不断加以完善。主要的衡量目标包括：系统内部可能遭受恐怖袭击的高风险区域；可能刺激恐怖袭击行为发生的高风险设施的保护措施；已经采取积极改进措施并可以减少恐怖袭击风险的设施或子系统；已经采取有效的安全管理措施并可以减少恐怖袭击风险的设施或子系统。

（五）及时发布反恐通报，预防公交系统遭袭

"9·11"事件后，为了防范恐怖分子发动的生化恐怖袭击，美国已发布多起警告，在一定程度上起到了防范作用。2003年11月，美国国土安全部发布一项

秘密指令，称"基地"组织现在已经下定决心要使用生化武器对美国本土发动袭击，恐怖分子已经设计制作了一种简单的化学物品扩散装置，利用这种装置施放的毒气可以致使地铁中的人员中毒或窒息身亡。指令指出，恐怖分子制作的那种装置可以制造并施放剧毒的氯化气体以及氰化气体，在发动袭击时，恐怖分子将这种装置放在一些地下或室内设施的通风系统附近，让这些气体扩散以后造成大面积的人员伤亡。上述气体一旦被释放到一个空间相对密闭、人口又比较密集的地方如地铁、高楼大厦或其他拥挤的室内设施当中，将会有很大的杀伤力。2009 年 9 月 19 日，美国执法部门逮捕纳吉布拉·扎齐等 3 名企图在"9·11"事件 8 周年纪念日袭击纽约地铁的嫌疑人。22 日，美国联邦调查局和国土安全部发布反恐通报称，"基地"组织可能对美国公共设施和公共交通系统实施恐怖袭击，并相信提醒公共交通部门保持警惕是明智之举。国土安全部和联邦调查局官员认为，利用便携式炸弹袭击公共交通系统是恐怖分子的常用手段。最常见的袭击方法是利用简易爆炸装置，通常是过氧化氢炸弹。因此他们建议在公共交通站点加派警力，实施突击检查。必要时，可派警察在地铁和公共汽车随车巡逻。

（六）组建地铁反恐警队，配备先进装备

2010 年 2 月，华盛顿特区地铁警察局新成立了一个 20 人的反恐小组，旨在对地铁系统的恐怖袭击起到威慑作用。资金则来源于美国国土安全部 956 万美元的国土安全拨款。华盛顿特区的地铁系统还在"9·11"事件后推行一项计划，在地铁车站内安装可以探测有毒化学物质的探测器。美国铁路公司配备了即时记录仪，对炸弹进入运营线路或站台的所有位置进行记录。为防止犯罪分子利用化学或放射性物质进行破坏，美国许多重要交通枢纽还安装了核生化探测系统。地铁管理部门已制订了防范生化恐怖袭击的实施方案。纽约捷运系统每隔一段距离就有一套巨大风扇，随时保持通风，抽出"有害废气"。发生紧急情况时，警方会立即封闭现场和邻近两站或隧道两端，救火队、救护队同时赶至。美国政府对危险物品的探测技术越来越重视，而且许多产品都已投入到军方和有害物质检查小组使用，也供技术人员在特殊环境中利用。

四、公共交通领域的主要政策法规

（一）《2007 年轨道和公共交通安全法》

《2007 年轨道和公共交通安全法》（H. R. 1401）旨在制定以下 11 项措施保护轨道和公共交通系统：

第一，要求制订一项国家轨道和公共交通安全计划，以补充目前的国家交通

安全战略。该计划必须阐明联邦、州和地方机构在保证轨道和公共交通安全方面的作用和责任；加强情报共享；制订公共宣传和教育计划；制定袭击后恢复工作的框架；制定研发新的安全技术的战略和时间表以及描述从过去攻击中接受的教训。

第二，要求国土安全部部长标出每个交通运营机构的风险等级。

第三，要求轨道和公共交通系统向国土安全部提交脆弱性评估和安全计划以待批准。部长必须批准或不批准每一个置于中高风险级的公交系统的脆弱性评估和安全计划。脆弱性评估和安全计划必须每 5 年审查并更新一次。

第四，国土安全部部长有权对违反该法者处以行政、民事或刑事罚款。

第五，要求国土安全部和交通部协商发布轨道和公共交通战略信息共享计划，以加强提供给联邦、州、地方机构和相关利益方的最新情报。

第六，批准 2008—2011 财政年度用于轨道安全每年 6 亿美元的拨款计划，2008—2011 财政年度用于公共交通安全共 33.6 亿美元的拨款计划。

第七，要求轨道和公共交通系统对其员工就怎样预防、准备和应对恐怖分子袭击进行培训。

第八，制订轨道和公共交通安全演习计划，以检验轨道和公共交通系统对恐怖分子袭击的准备程度。

第九，在今后 4 年拨款 2 亿美元进行高级研发，以找到解决轨道和公共交通系统面临的安全威胁的解决方法。

第十，要求国土安全部在 2010 年以前将全职地面交通检查员人数增加到 600人。目前只有 100 名轨道安全检查员。

第十一，批准交通安全管理局的可见性联运保护响应小组（VIPR）计划，提供来自交通安全检查员、搜爆小组和联邦空警方面的应急小组，在发生攻击事件时能够集结人员以支持地方第一响应者。

（二）《2010 年公共交通安全法》

2010 年 6 月 29 日，美国参议院银行、住房和城市事务委员会通过了《2010年公共交通安全法》（S. 3638），目前该议案已列入参议院立法议程表，等待国会表决通过。该议案旨在加强交通安全的监管，并为全国的公共交通系统制定国家安全标准。议案主要分为以下六个部分：

第一，制定一项国家公共交通安全计划改善公交安全。美国交通部部长应该制定用于公共交通车辆的最低性能标准，为那些进行公共交通系统安全审计和检查的联邦和州工作人员制订培训计划。

第二，注重公交安全，要求公共交通机构制订综合安全计划。鼓励建立"公交安全文化"，每个雇员需要完成包括持续安全教育和培训在内的安全培训计划。

公共交通机构安全计划必须由该机构的董事会批准，且每年进行审查与更新。

第三，提高各州监管机构的效率，增加联邦经费。各州应向交通部部长提交有关固定式导轨公交系统的州安全监督计划，在该计划批准后，可得到80%的联邦资金。该法要求州安全监管机构必须是独立的法人实体，可执行联邦安全法。

第四，授予交通部部长有关公共交通安全新的执法权。如果公共交通机构违反联邦安全法，交通部部长有权要求对其进行更频繁的监督；要求其进行更频繁的报告，规定附加的拨款条件；截留补助资金，并实行民事处罚。在这些处罚实施前公共交通机构有机会对违法行为做出辩解，在交通部部长截留补助资金或实行民事处罚之前必须通知国会。

第五，制定监督和管理交通资产的制度以改善总体安全。随着公共交通系统的老化，发生事故的可能性增大。交通部部长需要界定什么是"完好的维修状态"，包括衡量资本资产状况的客观标准。受方必须制定和使用资产管理制度，以进行资本资产库存和状况评估，并报告有关整体制度情况，包括自上次报告以来总体状况的变化。

第六，批准3年内为公共交通安全拨款6600万美元。

五、加强公共交通治安防控的其他措施

（一）多部门联动，妥善处理突发事故

为保证地铁等公交系统的运营安全，针对可能出现的爆炸、火灾等突发情况，美国政府提早制定相关突发事故处理方案，增强地铁站务人员对突发事故的应急处理能力。美国运输部设有交通运输救急支持委员会，这是该部12个委员会的第一委员会，负责提供协助的联邦机构有农业部、国防部和国土安全部。第一委员会负责在重大灾害和紧急事态下为联邦机构、州和地方管理机构提供运输保障，协助这些机构完成应急任务，同时对救灾过程中修复交通基础设施等工作做出协调。其具体职能：一是处理和协调联邦机构、灾区内部以及来自军方的交通运输援助要求；二是必要时对国家和地区运输协调中心实施管理，提供运输服务，公布灾区的运输设施状况；三是评估交通设施的破坏状况，分析灾害对交通运输体系的影响，监测运输系统的通行能力和拥堵状况，必要时实行交通管制等。

另外，美国国家运输安全委员会（NTSB）[①] 专门负责国内的航空、公路、

---

① 该委员会是美国联邦政府中的独立机关，编者注。

铁道、水路及管线的事故调查，提出预防同类事故的建议，为美国各州的事故调查提供帮助。国会每年下拨给国家运输安全委员会的款项为 7000 万美元。该机构对公共交通系统的安全运营也起着规范和监督作用。

（二）开展安全演习，预防灾害发生

定期开展安全演习对于避免公交系统灾难或防止大规模伤亡至关重要。因此，美国政府十分重视此类演习的作用。在美国，有多机构超级集结（MASS）演习，这是一种定期安排的训练，每次持续约 3 小时，旨在检验警察面临攻击时的反应和协调能力。纽约地铁在 2010 年莫斯科地铁爆炸案后一个月举行了两次多机构超级集结（MASS）演习，纽约市警察局、美国铁路公司、纽约都市交通管理局警察、美国国民警卫队等机构的警察、军人以及其他工作人员等上百人参加演习，目的是协调包括行李检查、毒品搜查以及便衣行动等各种机构在紧急情况下的协调能力。警察牵着能嗅爆炸物的搜爆犬，在车厢和月台上巡视。"火炬"和"大力神"行动是由纽约市警察局紧急勤务小组人员（以特警方式）进行的演习，通常携带重型武器，出动搜爆犬和专用车辆等。"火炬"行动专门针对交通，而"大力神"行动则专门针对引人注目的代表性设施，包括此类设施附近的交通中心。东京沙林毒气事件后，纽约 PATH 铁路警方成立了一个精锐的紧急勤务小组。一半人员都在阿拉巴马州麦克莱伦堡接受过化学品事件应急处理训练。这是在麦克莱伦堡接受训练的首个平民或非武装部队团体。

华盛顿都市交通运输系统管理机构也在 2010 年莫斯科地铁爆炸案后与联邦各机构、华盛顿特区应急响应人员和相邻的警察和消防部门举行了两次紧急响应演习，包括在火车和公共汽车上进行模拟爆炸，用以测试和实施多方协调管辖，提高应对速度。此外，华盛顿地区还有著名的"蓝潮"行动，这是由华盛顿特区地铁交通警察局在华盛顿特区实施、用以阻止恐怖主义活动的行动。"蓝潮"行动包括地铁交通警察局的诸多成员，也包括反恐、特别响应和 K-9 排爆组、公交系统执法和刑事调查处、排爆技术员、紧急事件管理、移动和徒步巡逻、车辆防盗小组、自行车小组、犯罪预防和警用通信人员。

马里兰州负责交通安全的警察部门定期开展"宙斯"行动，该项演习是安全大检查和应急演习的大型威力展示，目标是加强交通系统的安全，帮助预防恐怖主义和犯罪活动。"宙斯"行动演习通常由交通安全管理局、美国铁路客运公司警察局和地方警察机构合作进行。

（三）运用安检技术，加强公交安全

为了保证公共交通运营安全，美国各大城市重视利用相关技术，在交通站台、车辆上配置信号和监管系统以及轨道控制系统，用于发现潜在的破坏活动。

同时还在隧道或交通沿线安装监控系统，查看车辆或员工的实时工作情况。纽约交通管理局研发了一套计算机数据库系统，绘制了整个城市的轨道网络以及相应街道图，标出了紧急出口位置、出入口甚至公交系统中特定区域的排风扇位置，便于在突发事件中做出快速响应。具体实例如下：

纽约地铁旅客随身携带物品的检查。2005 年 7 月 21 日起，陆续在纽约地铁、长岛铁路、新泽西城市快速铁路、哈得逊港口铁路车站检票口和列车上开始对旅客随身携带的物品进行检查。纽约地铁由纽约警察部门对旅客进行抽查，大约 4 名警察在车站旋转门前，招呼旅客停下，打开提包，采用灯照目视来确认危险品是否存在，禁止不接受检查的旅客乘车。持大型背包和物品的乘客需要到指定地点接受抽查。

纽约地铁安全监视系统。2005 年 8 月，纽约地铁推出由 1000 台视频摄像机和 3000 个物体传感器构成的安全监视网络系统。通过变焦、旋转、回转的高清晰度摄像系统和网络，可以拍摄和捕捉到车站和隧道的现场画面。该监视系统由军用系统公司开发，投入经费约为 3 亿美元。2010 年 9 月，纽约中央地铁站、时代广场地铁站和宾西法尼亚地铁站安装了 500 台向警察局传送实时图像的摄像头。这些摄像头通过一条单独的高带宽光纤网络与警察局监控中心的计算机系统相连。遍布全市的地铁监控网络还在不断扩张，纽约都市交通管理局计划在 2011 年年底前再安装 1000 台摄像头，用于保护每天乘坐地铁的上百万名乘客。

在华盛顿哥伦比亚特区，从 2008 年 10 月 27 日开始在全区的 86 个地铁站和 1.2 万个公交车站随机抽检旅客随身携带的各种行李、背包和手提包，重点检查爆炸物。地铁警察将根据情况，临时在部分车站设立检查点。地铁警方还将动用专业设备和警犬协助安检工作。

铁路旅客识别系统。2006 年 2 月和 7 月，在 PATH 铁路公司协助下，国土安全部的安全装置在 PATH 换乘车站进行了试验。第一步采用 X 射线和金属探测器对旅客和行李进行识别；第二步对爆炸物检测和识别处理进行评估。主要检测设备采用 BIS - WDS Prime 和 ProVisno 危爆物品探测仪。

BIS - WDS Prime 采用毫米波扫描，能自动检测出衣服内隐藏的爆炸物，每分钟扫描 12 人。设备没有放射的射线，对人体和环境没有危害。ProVisno 也采用毫米波扫描，从侧面就能自动检测出衣服和行李中的爆炸物和毒品。设备不产生有害的电磁能，对人体的影响只有手机的程度，检测时间为 2 秒，识别能力是每分钟 10 人。

（四）全民动员，广泛开展公交安全教育

纽约大都市交通管理局率先发起"看到异常就报告"活动，被视为提高公众对恐怖和其他威胁的认识的一个简单而有效的措施。该项活动强调社会大众向

运输和执法部门报告可疑事件的重要性，可以以匿名方式报告可疑包裹，此类电话一律免费。

美国国土安全部部长珍妮特·纳波利塔诺也强调，面对本土恐怖威胁增加的趋势，由公众参与的"更广泛社会应对机制"更显重要，因为他们拥有最敏锐的眼睛和耳朵。她在2009年7月29日宣布一项针对交通网络的反恐资助项目时说，面对越来越复杂的反恐形势，美国应动员普通公民积极参与反恐，让他们筑起预防恐怖主义的第一关。这一项目涉及资金7800万美元，用于资助全国15个大型交通网络的反恐措施。在未来数月，国土安全部还将在全国范围内利用公共教育材料、广告和其他宣传工具向旅客、企业、社区组织以及公共和私营部门的雇员进行宣传，随时保持警惕，为保卫国家安全发挥积极作用。

在纽约市区的各处公共信息资料架上、资料箱里、地铁售票处和地铁车厢里，人们都可以免费拿到一份《搭乘地铁时紧急状况和疏散指示》（以下简称《指示》）。该《指示》由纽约市都市交通管理局编辑出版，共分三部分，即紧急状况、疏散安全、反光安全标志等。《指示》同时使用英、法、中、俄、朝鲜、西班牙、阿拉伯、乌尔都8种文字彩印，明确告诉读者，乘坐地铁时，遇到紧急状况如何正确应对，以确保人身安全。

位于美国加州的Mineta交通学院对洛杉矶湾区的五个主要公交机构实施的交通安全意识宣传活动进行了调查，具体目标和做法如下表所示。

公交机构	宣传运动的目标	宣传介质类型	宣传用语
湾区快速运输系统	● 加强意识 ● 提供行动方法 ● 准许联系（使民众愿意报告） ● 勿使乘客受到惊吓	● 火车、汽车上的卡片/海报 ● 车站站台上的音频和视频广告 ● 传单 ● 网站上有关安全的具体版块	"我们已经提高警觉。请加入我们。" "炸弹探测器。如果你发现可疑情况，通知其他人，离开并报告。" "这是谁的包？如果你发现可疑情况，就说出来。相信你的直觉。要报告无人看管的物品。"
SamTrans/Caltrain	● 加强意识 ● 提供行动方法 ● 鼓励人们通知主管机构 ● 勿使乘客受到惊吓	● 火车、汽车上的卡片/海报 ● 请带一张传单 ● 公共汽车系统地图（包括安全说明） ● 网站上有关安全的具体版块	"当涉及安全问题，我们要多长一双眼睛，环顾四周，保持警觉。如果情况看起来不妙，请让我们知道。"

续表

公交机构	宣传运动的目标	宣传介质类型	宣传用语
Capitol Corridor	● 加强意识 ● 提供行动方法 ● 鼓励参与/防止自满	● 火车、汽车上的卡片和车站海报 ● 车站站台上的音频和视频广告 ● 传单 ● 网站上有关安全的具体版块	"不要只坐在那里。相信你的直觉，保持警觉与参与，注意安全。"
VTA	● 加强意识 ● 提供行动方法 ● 鼓励参与和保持警惕	● LRV 和公共汽车上的卡片/海报 ● 车站和车内的音频和视频广告 ● 带一份新闻稿 ● 在网站上发布启动 Transit Watch 方案的新闻	"如果你看到可疑事情就要报告。相信你的直觉。报告无人看管的物品。 保持警惕，不要碰无人看管的物品。"
Golden Gate Transit	● 加强意识 ● 提供行动方法 ● 鼓励参与 ● 准许联系（使民众愿意报告）	● 轮渡、桥梁和公共汽车上的卡片/海报 ● 公交系统指南（包括安全说明） ● 在网站上发布启动"安全意识"方案的新闻	"看到异常就报告。向最近的轮渡员工报告可疑的包裹、人员和活动情况。"

六、典型城市的做法

（一）纽约市

1. 公共交通系统简况

纽约市作为美国最大、最拥挤的城市，地铁和巴士是其最主要的交通工具。除此之外，轮渡也是该市很有特色的一种交通工具，纽约五个区之一的斯塔滕岛，每天全靠轮渡与曼哈顿等市区其他地方进行交通联系。纽约地铁是世界上最大的公共运输系统之一，在 1997 年可以通用于纽约地铁与公交车之间的磁卡票证系统——地铁公交卡（MetroCard）发行不久时，纽约大众运输系统的乘客人数就已经达到了 2700 万人次。

　　纽约地铁于 1904 年开始运行，为市民提供全天候 24 小时服务，共有近 30 条线路，468 个地铁车站，总长度约为 1160 公里，把布朗克斯（Bronx）、曼哈顿（Manhattan）、昆士（Queens）和布鲁克林（Brooklyn）四个区连接在一起，每日客运量达 450 万人次以上。

　　纽约公共交通系统自 1967 年起由公营机构纽约大都会运输管理局、纽约市捷运局负责运营。纽约市捷运局下设地铁、巴士运营服务、后勤保障、计划财务、内部审计、安全监督、人事劳资、法律顾问、工会等 10 个管理部门。

　　2. 纽约市地铁警察局及其主要任务

　　（1）地铁警察局简介

　　地铁警察局是纽约市警察局的 10 大部门之一，主要负责纽约市的地铁和巴士系统的治安。地铁警察局与交通警察局曾合并成运输警察局。随着形势的发展，地铁警察局在反恐和打击传统犯罪活动这两方面都肩负着越来越重要的任务，时任纽约警察局局长的凯利决定提升地铁警察局的地位，于是从 2006 年 2 月 1 日起，撤销交通警察局，恢复地铁警察局与交通警察局各自建制。目前，纽约地铁警察局成为美国第六大警察局，拥有 4000 名警察、500 名文职人员。地铁警察局下设 6 个机构，分别为曼哈顿分局、布朗克斯分局、昆士分局、布鲁克林分局、无家可归者服务队和反涂鸦特遣队。纽约斯塔腾岛区没有地铁线，相应不设地铁分局。4 个地铁分局巡逻责任区共设 12 个大队，其辖区基本对应于 4 个区的巡警分局辖区。此外，纽约交通警察局下设出租车分队和巴士分队两个分队，分管全市出租车和巴士交通管理。1995 年 11 月，纽约警察局从出租车和豪华小车委员会那里接管出租车交通的管理工作，因此成立了出租车分队。这个分队的任务是确保出租车执行所有的相关法律，对违章驾驶的出租车司机签发传票，逮捕无正当执照的出租车司机，同时还负责监控机动车犯罪趋势，在执勤过程中打击犯罪。

　　（2）主要任务

　　维持治安与打击犯罪。偷钱包、偷首饰、酗酒和抢劫，这类案件占地铁案件的 99%。根据地铁内犯罪的主要特点，地铁警察加大了打击力度。纽约市地铁警察根据纽约市区的划分，分成 42 个警区，每个警区有 150 名至 200 名警官，负责辖区的地铁沿线和车站治安。大部分车站只安排一名警官进行管理，只有大车站才有两名警官。无论新警察还是老警察，巡逻一律步行。

　　向导、救护与监督。除了对付犯罪，地铁警察还担任各种服务性工作。地铁警察在学校上学、放学高峰期要被派往学生流量多的地铁站，为学生们提供安全服务。在地铁内，巡逻警察每天有责任不厌其烦地回答乘客的询问；时刻注意照顾体弱病残的乘客；对那些摔倒或者心脏病突发的人进行紧急医学救护。此外，他们还要监督地铁司机和工作人员，保证地铁安全运行。

特殊时间内驾驶地铁列车。在地铁警察局工作的警官负责从晚8点到次日凌晨4点驾驶地铁列车。这段时间犯罪率高，只有身着制服的警察出现，才能起到震慑作用，使乘客有安全感。

打击暴力犯罪与恐怖活动。随着恐怖活动的猖獗，地铁内的暴力犯罪与恐怖事件也时有发生。在国际反恐行动中，地铁警察也把反恐作为重要任务。为了确保车站和列车的安全，地铁警察需要更加细心，警惕恐怖分子和可疑的行李，不放过任何蛛丝马迹。

3．公交系统的日常治安管理

纽约地铁系统一向是盗窃、抢劫、凶杀、性骚扰等犯罪案件的高发场所，"9·11"事件后又成为国际恐怖主义分子袭击的重要目标，它天天考验着纽约警察局日常治安管理和反恐防恐的综合能力。所以，自"9·11"事件以来，纽约市的警戒级别一直处于橙色，地铁等公交系统始终是警方戒备的重点。近年来，纽约市警察局加强了对地铁里犯罪的打击力度。

在公交系统的日常治安管理方面，纽约市警察局十分重视以下工作：

（1）全面实施情报主导警务战略

从20世纪中期开始，纽约为了改善社会治安状况，经过反复论证和调查，创新性地采取了一种以犯罪情报为核心的警务战略。英文叫做 CompStat，即 Computerized Statistics（计算机统计数据）。它将整个纽约市根据案发的高低制作了一幅覆盖全纽约市的案发电子地图，在地图上用不同的颜色代表不同的案件高发区，如涉枪案件、杀人案件和其他严重犯罪，因此形成一个庞大而详细的犯罪数据库。纽约警察局所有76个分局局长每周固定到纽约警察总部开一次计算机统计数据会议。在会上，大家就一周以来所发生案件的分布、犯罪的规律，以及新型犯罪手段进行讨论和交流，并相互质询。然后，根据所收集的犯罪统计信息制订应对计划和调配警力资源。经过这项以情报为指导的警务战略，使得纽约从全美国最不安全的十大城市转变为最安全的城市之一。

（2）从小事抓起，有针对性地预防打击犯罪

纽约警察局按照"破窗理论"，相信小过不制止可能会导致犯大错。他们帮助大都会捷运局制定了规范乘客行为和地铁秩序的规定，从打击逃票、处罚违规占座位、在车厢穿行等小事抓起管好治安，在纽约地铁，乘客用随身行李多占座位被视为违法。用折叠地铁卡逃票可作为重罪起诉，其执法的主要手段是罚款和拘捕，直至将违规者起诉以轻罪入狱。据报道，纽约地铁警察2004年开出罚单16.57万张，2005年共开出罚单13.56万张。在2005年纽约地铁警察所有执法罚款中，来自不购票上车的罚款为最多，收得罚款638.3万美元。地铁警察有时隐藏在地铁站的厕所、清洁工具室及无标牌房间中，从门窗中窥视外边，专门监视和拘捕不买票进站者及其他违规者。地铁警察罚款第二大项是在车上吸烟，第

三项是随地丢弃失效车票。从 2005 年 12 月起，应纽约警察局要求，大都会捷运局进一步严格了乘客行为规则，同时纽约地铁也加大了执法力度。大都会捷运局的新"乘客行为规范"禁止在地铁上喝饮料，或携带已开启的饮料罐，禁止乘客把脚放在座位上，不准乘客占用 1 个以上座位，禁止乘客在车厢内穿旱冰鞋，禁止携带宠物上车，违犯禁令者罚款 25 美元到 100 美元。

打击在地铁车厢之间穿行的违规行为，是纽约地铁警察日常执法的一个重点。2005 年捷运局颁布新规定，禁止乘客在车厢之间穿行，违者罚款 75 美元。纽约警方认为，许多坏人惯于在地铁车厢间穿行，他们这样做，实际上是在寻找偷盗或抢劫的对象，因此要重视打击在地铁车厢间穿行的违规行为。

偷窃、抢劫和性骚扰是地铁常发的犯罪，纽约地铁警察局采取了一系列反扒窃和反性骚扰的措施，创建了地铁惯犯数据库。该数据库收录了数千名经常流窜在地铁内作案的扒手、抢劫犯和性骚扰者的个人照片和信息，供所有当天值勤的警察调阅查看。2006 年，纽约警察局推出了"幸运包裹行动"（operation lucky bag）。警方故意在地铁车厢里和站台上旋转看似没人照看的包裹或其他的小物件，监视到底是什么人拿走。拿走这些物品的人如果没有将这些东西上交，则将受到拘捕并被控以偷窃罪名。警方认为，那些因拿走物品没有上交而被捕的人更容易是职业犯罪者。自"幸运包裹行动"开展以来，地铁上的偷窃犯罪下降 13%。2006 年 5 月，纽约警察局制订了代号为"曝光行动"的打击地铁色狼行动方案。纽约警方在地铁早晚两个高峰时段派出多名扮成职业女性的便衣警察，在地铁引诱色狼上钩，成效显著。

根据《2009 年纽约大都会运输管理局（MTA）年度报告》，大都会运输管理局警察局（MTAPD）在长岛铁路、Metro – North 铁路和斯藤岛铁路等地段记录的犯罪率下降了 20%。下表是大都会运输管理局警察局的犯罪统计数字。

长岛铁路、Metro – North 铁路和斯藤岛铁路报道的犯罪统计	2008 年	2009 年
凶杀	0	1
强奸	2	0
抢劫	71	37
恶性伤害	40	44
偷窃	25	13
大宗盗窃	220	189
盗车罪	8	9
总计	366	293

根据调查，上述犯罪下降是因为实施了以下新策略：一是采取两人一组的定向巡逻、列车巡逻，增加紧急勤务小组。多机构超级集结和多组织守卫计划详细内容，警犬部署和对违规、违法行为严厉惩罚。二是自印度孟买的恐怖袭击后，大都会运输管理局警察局开始在大都会运输管理局公交系统部署重型武器小组。警察接受针对自杀式袭击的培训。三是所有大都会运输管理局警察局都接受"爱国者"（Patriot）项目培训，该培训侧重于基于观察行为和外表的评估。四是大都会运输管理局警察局加强其定向巡逻计划。五是在整个大都会运输管理局系统已经部署了痕量炸药探测装置。这些装置能够探测各种痕量炸药。六是年度培训包括各种可能的恐怖分子袭击的桌面和现场训练，使大都会运输管理局警察局作好充分准备适当应对，并与可能需要参与的外部机构协调好。七是大都会运输管理局警察局开始使用"国家事件管理系统"培训，以便对大型恐怖事件的反应做好协调。

（3）建立广泛的地铁监控网络

自"9·11"事件后，纽约市在反恐和治安上都下了大力气，尤其是遍布全市的地铁监控网络，2010年，地铁犯罪率达到历史最低。地铁站里的3000多台监控摄像头功不可没。数据显示，纽约市警察正在越来越多地使用监控录像协助破案。在2009年，警察共调用近2000条录像。到2010年8月为止，已有1600条录像用于警局办案，这与2005年调用的200多条形成了鲜明对比。2010年3月，有报道质疑，地铁摄像头形同虚设，其中有一半都是坏的。但大都会运输管理局局长杰·沃德称，现在地铁里安装的3700个摄像头全部在运转当中，包括于2010年9月安装在纽约中央车站、时代广场和宾夕法尼亚站地铁站的500台向警察局传送实时图像的摄像头。这些摄像头通过一条单独的高带宽光纤网络与警察局监控中心的计算机系统相连。遍布全市的地铁监控网络还在不断扩张，大都会运输管理局计划在2011年年底前再安装1000台摄像头，用于保护每天乘坐地铁的上百万名乘客。这批视频监控系统的费用约为2亿美元，全部来自国土安全部的拨款。

（4）制定应急预案，加强演习

与我国的地铁管理相比，美国的地铁系统更注意未雨绸缪。在莫斯科地铁爆炸案发生后，美国多个部门于2010年3月31日地铁人流高峰时段，在纽约曼哈顿主要交通枢纽进行一次应急演习。演习在曼哈顿的宾州火车站、中央火车站以及地铁交通枢纽海诺德广场举行，目的是提高负责行李检查、毒品稽查以及便衣行动等任务的各种机构在紧急情况下的协调能力。纽约市警察局、美国铁路公司、美国国民警卫队等机构的警察、军人以及其他工作人员等逾百人参加演习。

（5）颁布巴士秩序禁令

纽约市曼哈顿的所有巴士内，均在距司机不远的部分划有一条格外醒目的黄色警戒线，它时刻向人们警示，在巴士司机座位附近的一片空间内，任何情况下是绝对不允许任何乘客进入的。在曼哈顿的所有巴士的车门外面，也都明确标示着对巴士司机保护的严格规定：纽约州法律规定，侵犯巴士司机的行为将按重罪处理，对犯罪嫌疑人判处 7 年监禁。

（二）华盛顿特区

1. 公共交通基本情况

华盛顿特区最主要的公共交通方式是地铁（轨道交通）和都城巴士（Metrobus，一种双层大巴），轨道交通（Metrorail）是覆盖该区城郊区的快速交通运输系统。自 1976 年开始运行以来，华盛顿特区的轨道交通已经发展到 5 条运营线路（分别为红、橘、蓝、黄、绿线，还有一条银线正在建设之中）、86 个站台，全程达 171.1 公里。就旅客数量而言，华盛顿地铁是美国第二大快速交通运输系统，仅次于纽约城市地铁。2008 年，该公交系统平均每个工作日承载的客流为 7.3 万人次，在奥巴马总统于 2009 年 1 月 20 日举行就职典礼时，当天的客流量达到创纪录的 112 万人次。

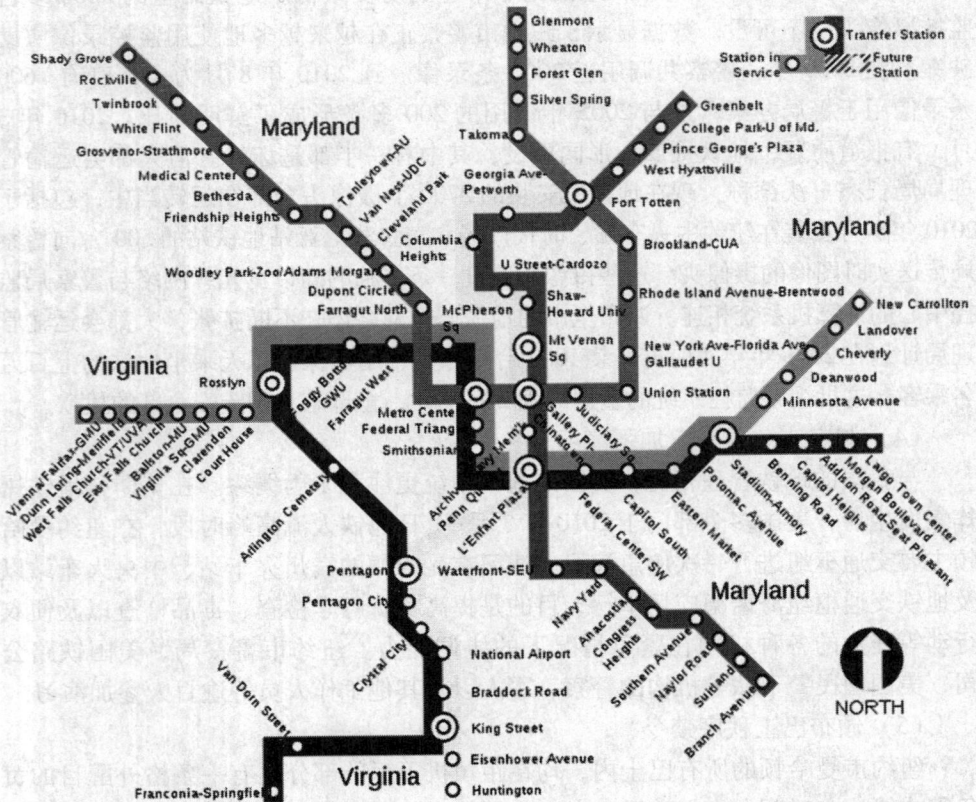

华盛顿地铁线路图

华盛顿地铁系统的建设费用高达数十亿美元，其中90%为联邦资金，10%由地方出资，华盛顿都市地区交通管理局（WMATA）负责管理。该局同时还负责都城巴士的管理和运营。华盛顿地铁站台的设计也独具特色，其拱门穹顶甚至还被推选为"美国最受喜爱的建筑"，并获得第106名的排名。

简约而不简单的华盛顿地铁站台

2. 华盛顿地铁交通警察局简介

华盛顿地铁交通警察局（MTPD）成立于1976年6月，时任美国总统福特签署了一项法令，推动成立该警察局。地铁交通警察局隶属于华盛顿都市地区交通管理局，是目前美国唯一一支拥有三地（马里兰、弗吉尼亚和哥伦比亚特区）执法权限的警察队伍，并且已经通过了执法机构认证委员会（CALEA）的认证，其执法范围达到1500平方公里，服务人群达320万人。该警察局的任务是通过实施各种创新计划，运用新技术，加强团队合作，为轨道交通（包括都城巴士）的出资人、工作人员以及公交设施和乘客提供保护，为纳税人服务。

华盛顿地铁交通警察局现有423名宣誓警员、106名特警以及24名文职人员。所有新入警人员必须在北弗吉尼亚刑事司法培训学院完成为期23周的基础培训，此后须在地铁交通警察学院完成15周的额外培训。

在日常工作中，地铁交通警察主要通过着装巡逻、便衣巡逻、骑车巡逻、开有标志或无标志巡逻车巡逻等方式，对城市轨道交通系统（Metrorail）、都城巴士、车站、辖区停车场等场所进行治安巡逻。地铁交通警察探员负责提供相关调查。地铁交通警察有权在其辖区内执行公务，也可以对发生在公共交通设施区域的犯罪进行调查，逮捕嫌疑人。

在应对恐怖事件方面，尤其是在经过美国"9·11"爆炸和英国伦敦地铁爆炸之后，地铁交通警察局越来越重视有效处理恐怖事件的方法和措施。该局成立了地铁交通警察特别反应小组，配备了先进武器，如 H&K MP5 冲锋枪等，在轨道沿线执行安保巡逻。该局还有用于爆炸物检测的警犬队，并且成立了专门的排爆小组。

3. 公交系统犯罪统计数据

根据地铁交通警察局犯罪数据统计，自 2005 年以来，发生在地铁、巴士、停车场、公交设施等区域的治安案件逐年上升。从数量上看，2009 年此类案件总数较 2005 年上升了 59.5%。

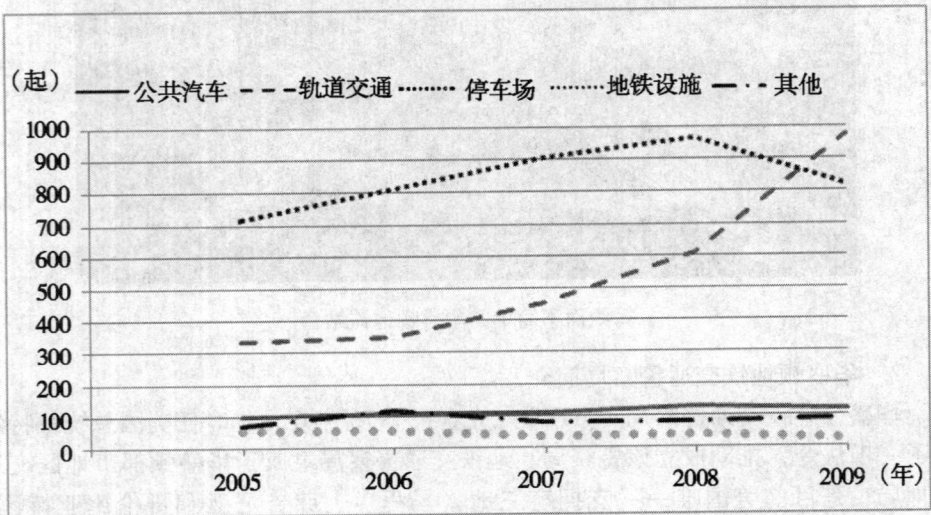

2005—2009 年华盛顿公交系统犯罪案件统计

具体而言，从作案地点来看，公交系统中的地铁犯罪案件增幅最大，从 2005 年的 334 起增加到 975 起，增长近两倍。从案件类型来看，抢劫和盗窃位居前列，涨幅分别达到 160% 和 46%。具体参见下表。

（单位：起）

犯罪统计＼年度	2005 年	2006 年	2007 年	2008 年	2009 年
作案地点					
巴士	98	107	107	127	118
地铁	334	350	453	606	975
停车场	717	809	903	966	819
公交设施	55	54	38	41	29
其他	70	121	79	81	91
犯罪类型					
暴力袭击	102	119	106	92	94
纵火	0	1	0	0	0
入室偷盗	4	7	5	2	0
自杀	0	2	1	0	1
盗窃	556	638	739	864	811
车辆偷盗	159	168	166	181	152
车辆偷盗未遂	102	105	117	101	79
强奸	0	3	1	0	1
抢劫	349	398	445	581	894
总计	1272	1441	1580	1821	2032

4. 地铁、巴士的安保措施

综合来看，华盛顿地铁交通系统是美国最安全、最洁净的地铁系统。在安保措施方面，华盛顿地铁首先从站台设计上尽量避免犯罪分子的破坏，比如站台的可见性非常好，防止嫌疑人在隐蔽处实施犯罪。车站的墙壁远离站台，避免受到蓄意破坏。

针对近年公交系统犯罪不断增长，华盛顿警方加强了安保措施和犯罪打击力度。地铁沿线的治安巡逻由专门的警察部队——地铁交通警察局负责。该警察局还负责查处地铁站台、车厢或者都城巴士内的流动商贩，严格检查乘客是否在上述设施内吸烟、吃零食等现象。其中最典型的一个案例是地铁警察于 2000 年 10 月 23 日在滕利镇 AU 车站逮捕了一名 12 岁的女孩，其原因是这个女孩在车站吃法式炸薯条。该事件曾经在美国引起轩然大波，但美国司法部部长以及华盛顿特区法院支持逮捕该女孩。地铁警察的执法之严可见一斑。

在美国，凡是开通地铁的城镇都会颁布法令，对地铁设施内的流动贩卖进行规范或禁止，同时也禁止在车厢、站台等区域饮食或吸烟。美国地铁对在指定区域饮食、乱扔垃圾等妨碍公共秩序的行为的"零容忍"政策反映了犯罪学上的

"破窗"哲学，这一政策也运用于站台休息室的管理中。根据规定，地铁站台只允许工作人员使用，以预防违法行为或者骚扰行为的发生。如果出现特殊情况，则可以灵活处理，比如经过地铁站台主管同意，带幼儿的乘客、行动不便的老年人或者残疾人等可以临时使用休息室。但在某些特殊时期，比如在提高恐怖预警级别时则不能破例。此外，在地铁运营内部管理上也采取了严格的措施，比如通过调查发现，许多重大交通事故发生时，地铁或巴士司机大多是在收发短信息，导致出现车辆运行异常，最终酿成悲剧。因此，地铁管理部门规定，司机不能在工作时间收发短信或使用其他手持式电子设备进行与工作无关的通信联系，确保车辆的安全运行。

为了预防地铁、巴士系统出现暴力犯罪和其他问题，地铁交通警察于2010年8月出台了一项新措施，即提高学生放学后的巡逻密度，从每个工作日下午3点开始，地铁警察将对中小学生频繁出入的地铁（包括都城巴士）换乘站点进行"浸透式"巡逻，巡逻方式包括着装巡逻和便衣巡逻，既在车厢外部巡视，也在运行的车厢内部巡逻。拿该市地铁红线的凡内思站（Van Ness）和朗方广场酒店站（L'Enfant Plaza）来说，威尔逊高中的学生以及该区的UDC大学学生每天都要经过这里。以前由于人多拥挤，口角斗殴等扰乱公共秩序的行为司空见惯，有的甚至演变为70多人群殴的恶性治安事件。自从地铁警察加强巡逻之后，治安状况有了明显好转，学生和警员本身的反映都普遍较好。

地铁警察在车厢巡逻

为了加强地铁安全检查，地铁交通警察局曾在 2008 年 10 月宣誓了一项措施，即在乘客乘车前或进入站台前，对其携带的背包、手提包等进行随机检查，以便阻止某些可疑行为演变成犯罪活动。该措施计划于宣誓之日起在华盛顿特区和纽约地铁系统中实行，但由于各方面原因未得到真实履行。但由此可以看出，该局对于地铁等公共交通安全的重视一直是有增无减。

5. 大型活动中地铁系统的安保工作

2009 年 1 月 20 日，巴拉克·奥巴马宣誓就任美国第 44 任总统。当日清晨，地铁警察局启动了首都运输系统内安全预警方案。根据迈克·塔本局长介绍，预计有超过 100 万人将在总统就职日当天乘坐地铁，因此保卫乘客的人身安全是警察部门的当务之急，他们也在尽最大的努力，以确保那些选择地铁出行的乘客不会受到任何伤害。警方之所以会提升此次活动的安保级别，不单是为了应对总统就职仪式，也是由于吸取了"9·11"事件和 2004 年马德里地铁爆炸事件的惨痛教训。该局认识到，只有作好充分准备，才能有效应对各种突发事件。

根据安全预警方案，就职日当天，大约有 650 名警察（其中 200 人来自于其他的非执法机构）在华盛顿地区的交通运输系统内展开巡逻。地铁警方已经从其他 17 个来自费城、波士顿、新泽西和纽约的交通管理机构借调警察。这些借调的警察一经抵达华盛顿就将妥受训练。各地执法机构的通力协作，不仅深化了各机构之间的重要合作伙伴关系，而且有效加强了地铁、巴士等公交系统的安全保障。在每一个地铁站以及部分巴士站都有警察执勤。旅客们全天都会看到警察在巴士和列车上执法。在巡逻中，有的警察会携带特种武器，而有的则会携带爆炸品嗅探警犬。塔本说，在就职仪式当天，地铁警察将会使用 20～25 条警犬。为了加强安检力度，地铁警方还根据现场安全状况，启用了随机搜查，以便排除威胁，确保公交设施和旅客安全。

由于地铁、巴士是一种开放的系统，使用金属探测器的效果不是特别理想，因此，地铁警察局广泛宣传，让每位乘客担任安全监督员。如遇可疑人群或可疑物品，哪怕是烟雾或者奇怪的气味等，乘客都可以向穿制服的地铁工作人员或者警官汇报。通过这些措施，人们可以在公共交通工具中安全抵达自己的目的地。

6. 华盛顿地铁警察局警员招募与培训

（1）人员招募

最低资格要求：年龄不低于 20 岁零 9 个月；美国公民；高中学历或者 GED；有效的驾驶执照；身体素质必须适于执行正常的警务活动等。除以上要求之外，申请人必须在书面申请考试中得到 70% 以上的分数。

相关调查：背景调查；体能测试；会议面试；测谎；心理评估；体检等。

公开选任：如果申请人以前有执法经验，那么他的起薪将与他的执法年限（最高 5 年）成正比。目前最高的起薪为 59341 美元。

工资福利：工资为 48106 ~ 86338 美元，另外有级差工资；在工作满 5 年之后有机会得到晋升；可争取进入 2/3 的警官职位；每年的服装津贴为 450 ~ 900 美元；上蓝盾（PPO）健康保险，可报销重大医疗、牙科病、护眼保健和处方药等费用；团体人寿保险；因伤致残退休计划；工人补偿计划；延迟年金补偿计划；带薪休假、年假、病假、兵役召集假、兵役病假；固定的轮休假；工作满 25 年后可退休（没有最低年龄限制）；学费补助计划；制服和装备由警察局提供（但学位服必须购买）；免费乘坐巴士/地铁等。

（2）专业培训

地铁交通警察及安全办公室设定了培训宗旨和目标，以此向宣誓警官和文职人员灌输致力于实现客流安全的交通服务功能、在三个州的执法概念以及所扮演的角色。

综合培训目标：提供有相关岗位技能的地铁交通警察、地铁特警和文职人员，以此来高效率地执行任务；确保当局制定的适用于地铁和都城巴士的基本法则、行为法则、运行法则、安全法则和标准运行程序得到遵守，这样做的目的是为了灌输"安全第一"的意识；确保弗吉尼亚州刑事司法部和马里兰州警察和矫正官培训委员会的"基本警官"最低训练标准认证得到遵守；确保刑事司法部和警察及矫正官培训委员会为有经验的警官制定的"在役"训练训令得到遵守；确保哥伦比亚特区的犯罪法和切实可行的市政规范得到遵守；在三个州的辖区内提供与非地铁执法人员的需求相一致的专业轨道交通和都城巴士相关培训；提供最新的使用教学，以便安全有效地使用武器装备；同时对条件作出限制，阐明警察所不能使用的物理手段和致命性武器；确保联邦犯罪法的可操作部分条款得到遵守；提供切实可行的地铁特警培训项目；保留所有宣誓人员和非宣誓人员的过去及当前的训练记录；确保对警察入门水平培训的基本需求。

通过遵守三个州制定的见习警官选择标准，在获得资质之后，地铁交通警察还要参加和接受以下培训：北弗吉尼亚刑事司法学院的 564 小时法定基本警察培训；阿灵顿县警察局的 40 小时实地培训；240 小时的"马里兰比较遵守"法定基本警察培训，这项培训是针对在联邦州外的有培训资质的警察学院里接受培训的警察设定的；240 小时的哥伦比亚特区的基本警察培训；40 小时的定向基本警察培训；48 小时的地铁、都城巴士安全和运输技术培训；40 小时的专业基本警察和 24 小时额外的地铁运输警察救火训练等。

上述警察基本培训课程已经满足甚至超过了由马里兰州、弗吉尼亚州和哥伦比亚特区规定的警察培训标准。教学的方法多种多样，包括课堂讲座、电影、幻灯片、磁带、实地旅行、家庭作业、报告、任务以及学术表现测试。在地铁交通见习警察接受分配个人任务之前，他们除了要进行 1196 小时的入门级课堂和运用培训，还要与有经验的地铁交通警察一起参加长达 10 周的实地培训。

强制性在役警察培训：警察培训委员会规定，每名警察连续三年每年都应接受一个长达 18 个小时的认证培训，以便获取重新认证。弗吉尼亚刑事司法部门规定：每名警察每两年需接受一次长达 40 个小时的认证培训和 8 个小时的法律指导，以便获取重新认证。委员会成员应该负责制订满足其法律规定的培训计划。

由北弗吉尼亚刑事司法培训学院提供的所有刑事司法部课程已经提前通过了警察和矫正官培训委员会的认证。同时，马里兰州也规定：在每一门课程结束的时候，应该举行书面考试，最低通过分数是 70%，员工教练对在培训学院里参加课程培训的华盛顿特任地铁交通警察局成员进行考核。由培训处提供的课程已经提前通过这两个委员会的认证。防火能力教学可以在一天内完成。刑事司法部规定：有警官及以上警衔的官员每两年需要参加一次长达 40 个小时的认证培训，而马里兰州没有这样的规定。

专门训练：警务工作中特殊领域的培训需要参训者具备具体的、专业的以及亲身体验的实际能力。警察局将会继续制订和实施有心理、生理挑战性的计划。摩托车、警犬、犯罪现场搜寻、自行车和其他特殊培训将会由培训处来协调，这样能够允许参训者完全掌控所有的培训项目，并能保证最高的培训标准，警察局还会继续提供具体的执法机构以外的训练来满足需求。为了保持其在服务质量和技术发展等方面的领先地位，地铁员工必须接受强化训练。应鼓励所有的地铁工作人员从近 200 个室内选择课程进行培训。虽然一些课程是专门为某些部门开设的，但是更多的课程是对所有的员工开放的。

正是因为有了这些专业的业务培训，华盛顿地铁治安工作人员才能适应实战需要，有效保护地铁等公交设施和乘客的生命财产安全。

七、结束语

城市公共交通系统涉及地域广，客流量大，各类不确定性因素层出不穷，因此，要做好公共交通系统的治安管理工作实属不易。从加强公共交通系统安全的做法来看，美国政府对该领域的投入力度十分巨大。然而，目前的资金投入似乎还达不到理想的程度。美国公共交通协会表示，改善全美公交系统的安全状况，至少需要 60 亿美元。但现实情况是，联邦政府所拨资金远远不够。以纽约为例，面对资金短缺问题，纽约都市交通管理局于 2010 年减少了 2 条地铁线和 37 条公交线路，大幅降低晚间和周末的公共交通班次，并裁减了 200 名地铁站售票员。

公共交通系统的安全保障是一项综合性问题，涉及资金、人力、管理等多方面因素。要想确保该系统的高度安全，确实还存在着诸多困难和限制，这也是由该系统的自身特点决定的。美国在维护公共交通系统安全、预防打击针对该系统的恐怖犯罪方面取得了一定的成效，对其他各国完善自身管理、制定应对措施起到了良好的借鉴作用。即便如此，如何做好公共交通系统治安防范工作，仍是一个值得让美国联邦政府和地方政府乃至社会各界深入思考的问题。

主要参考资料及来源：

1. 纽约都市交通管理局警察局：http：//www. mta. info/mta/police/about. html

2. 华盛顿交通管理局地铁警察局：http：//www. wmata. com/about_ metro/transit_ police/

3. 纽约市交通警察局：http：//www. wordiq. com/definition/New_ York_ City_ Transit_ Police

4. 湾区捷运系统警察局网站：http：//www. bart. gov/about/police/index. aspx

5. 美国地铁杂志网：http：//www. metro – magazine. com/News/Story/2010/06/Committee – passes – Public – Transportation – Safety – Act. aspx

6. 王瑞平. 当代纽约警察：机制·策略·经验. 中国人民公安大学出版社

俄罗斯：莫斯科爆炸案后的公交安防措施

俄罗斯的公共交通（下称"公交"）较为发达，保障了各城市和乡村的正常运转。地面公交和地铁作为公共场所和人群密集区，极易成为恐怖袭击目标，也是犯罪案件高发区。2004 年 2 月 6 日，莫斯科地铁发生恐怖爆炸袭击，造成 50 人死亡，100 多人受伤。莫斯科时间 2010 年 3 月 29 日早晨 7 点 50 分左右，莫斯科市"卢比扬卡"地铁站内一节车厢发生爆炸，其后莫斯科地铁"文化公园"站发生爆炸。在不断付出血的代价后，为了保证公民的出行安全，维护正常的社会秩序，俄罗斯各部门，尤其是警察系统采取了多种措施。

一、公交运营和治安情况

近几年的事件表明，俄罗斯的公交系统已成为犯罪活动首选的目标之一，尤其是地铁，经常发生恐怖活动。如首都莫斯科，2009 年发生在地铁的抢劫和偷窃等违法案件达 3500 起。2010 年 3 月，莫斯科"卢比扬卡"和"文化公园"地铁站发生爆炸，造成 40 人死亡，震惊了全国和世界。

富丽堂皇的莫斯科地铁

（一）公交类型及运营现状

在俄罗斯，公共交通保证了 1500 个城市和 20000 个乡村的正常生活，每天运送乘客约 1.2 亿人次，占全部乘客的 85%。

1. 公交类型

俄罗斯的城市公交分为以下几类：

- 汽车类，包括公共汽车和出租车；
- 地面电车类，包括有轨电车和无轨电车；
- 地下电车类，包括地铁和轻轨。

目前，俄罗斯建成地铁的城市包括：莫斯科、圣彼得堡、下诺夫哥罗德、新西伯利亚、萨马拉、叶卡捷琳堡、喀山，正在建地铁的城市包括：车里雅宾斯克、奥姆斯克、克拉斯诺亚尔斯克、乌法。其中，圣彼得堡地铁共有 5 条线，营运里程 112.54 公里，63 座车站（其中中转换乘站 7 座），每年运送乘客 8 亿多人次。

莫斯科地铁标志

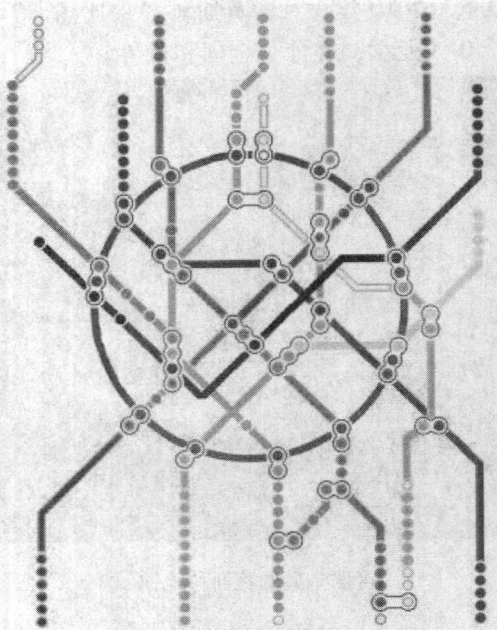

莫斯科地铁线路示意图

2. 莫斯科公交运营情况

首都莫斯科的公交系统每年运送乘客 60 亿 ~ 80 亿人次，其中地铁占 42%，公共汽车占 34%，有轨电车占 13%，无轨电车占 11%。

莫斯科市内地面公交系统共有 5500 辆公共汽车、1500 辆无轨电车、900 辆有轨电车。地铁共有 12 条线路，由市中心向四周辐射，环线地铁将其他各线连接起来，形成网状分布，覆盖了城市各主要区段。地铁全长为 277.9 公里，设 180 座车站，每天运送的乘客达 900 多万人次。

（二）影响城市公交安全的因素

在俄罗斯，影响城市公交安全的因素包括：
- 犯罪组织、团伙和个人使用恐怖手段的挑衅次数和程度；
- 权力机关和专业人员解决交通安全的能力，以及在非常状态下的行为能力；
- 特种部门（侦查和反侦查）获取恐怖信息的能力和预防措施；
- 护法机关侦缉公交恐怖案件的效果；
- 交通工具、道路、交通指挥系统的技术状况；
- 交通运输部门人员、交通指挥人员的技能；
- 各个层级用于维护交通安全的财政拨款和其他资金；
- 关于恐怖活动和交通问题的法律法规；
- 监视设备、远距离监视乘客及其他用于保证公交安全的专业设备的状况。

（三）近年发生在莫斯科地铁的爆炸案件

1977 年 11 月 6 日，"鲍曼"车站一颗炸弹爆炸导致 6 人死亡。

1992 年 11 月 24 日，一些少年在"和平大街"车站的站台上投掷爆炸物，引起了一片惊慌，但没有任何人受到损害。

1996 年 6 月 11 日，在离"图拉"车站不远处，一个装有 400 克三硝基甲苯的桶爆炸，炸死 4 人，炸伤 15 人。

1997 年 12 月 24 日，小功率的爆炸装置在"阿德默勒尔蒂"车站爆炸，由于建筑施工使乘客受到屏蔽，没有人员受到伤害。

1998 年 1 月 1 日，"特列季雅科夫"车站前厅发生爆炸，3 人被炸伤。

2000 年 8 月 8 日，在市中心"普希金"车站的地下通道里发生爆炸，13 人死亡，90 多人负伤。

2001 年 2 月 6 日，在环线"白俄罗斯"车站爆炸了一枚手榴弹，15 人被炸伤。

2001 年 4 月 16 日，"印刷工人"地铁车站传来爆炸声，两层楼的建筑物在爆炸之后发生火灾，1 人死亡，4 人受伤。

2004 年 2 月 6 日，一声巨响从"巴维列茨卡娅"站至"汽车厂"站之间的隧道中传来，这是莫斯科有史以来最为严重的地铁列车爆炸案，共造成 50 人死亡，100 多人受伤。

2004 年 8 月 31 日，一名女性自杀袭击者在"里加"地铁站引爆爆炸装置，致使 10 人死亡，51 人受伤。

2010 年 3 月，"卢比扬卡"和"文化公园"地铁站发生爆炸，造成 40 人死亡。

二、公交安全管理机构

（一）负责公交安全的管理机构

俄罗斯负责公交安全的管理机构包括：立法、执法和司法机关，特种部门，护法机关，非国有保安企业，负责交通安全与运输部门有直接关系的机构，与城市公交有关联的社会机构。

俄罗斯负责地铁治安的具体部门包括：地铁公司、内务机关、内卫部队和保安公司。如首都莫斯科，负责地铁治安的部门为莫斯科地铁公司、莫斯科内务总局、内务部莫斯科内卫军区、"盾牌"私人保安公司。内卫部队通常只在出现非常事态时才参与保卫工作。另外，莫斯科内务总局部门外保卫处负责通风井的技术保卫。

（二）莫斯科内务总局地铁治安机构

莫斯科内务总局负责地铁治安工作的有两个部门，即莫斯科内务总局地铁分局（简称地铁内务分局）和莫斯科市内务总局侦查局地铁侦查分局（简称地铁侦查分局）。

莫斯科内务总局地铁分局成立于 1935 年，目前共有 6000 余人，是最大的分局之一。地铁分局下辖后勤处、司令部、专家鉴定中心、刑警处（包括打击经济犯罪科、犯罪侦查科）、社会安全处（包括初期侦查科、未成年人事务科、社会秩序保卫科、群体活动安全科）、警犬处、外勤处（9 个）和随车警察团（1 个）。该分局主要预防犯罪案件，维护地铁的安全。

莫斯科内务总局地铁治安机构

莫斯科市内务总局侦查局地铁侦查分局是从莫斯科内务总局地铁分局独立出来的单位。1982 年 11 月，莫斯科市内务总局地铁分局成立了侦查处。2004 年 6 月，该处升格为莫斯科市内务总局地铁分局侦查局，人员编制扩大。2009 年 1 月起，该局脱离莫斯科内务总局地铁分局的指挥，转为隶属于莫斯科市内务总司侦查局，名称也改为莫斯科市内务总局侦查局地铁侦查分局。该分局目前下辖 3 个处：第一处负责经济和税务犯罪；第二处负责针对人员的犯罪，包括非法交易毒品、武器弹药；第三处负责财产犯罪。该分局主要对已实施的犯罪案件进行侦查。

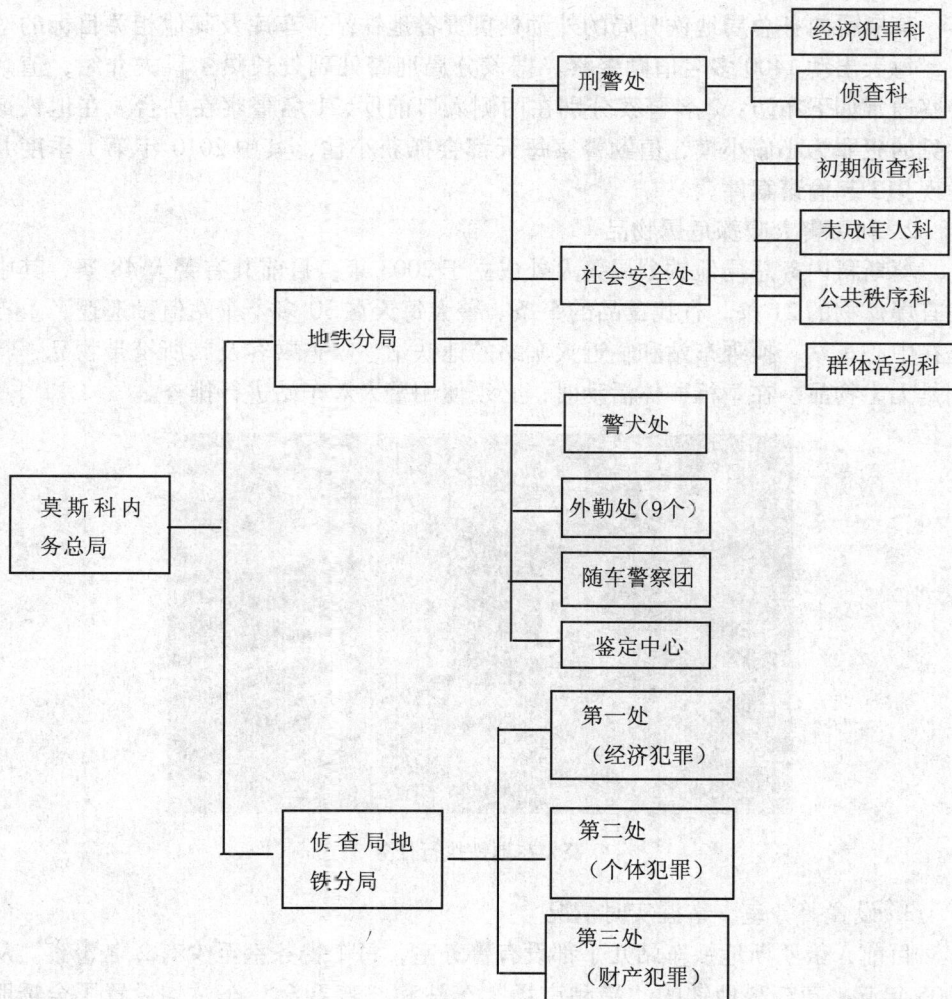

莫斯科内务总局地铁治安机构

三、俄罗斯警方的公交安保措施

为了确保公交，特别是地铁的安全，俄罗斯警方采取了多种措施。

（一）加强警力部署，预防制止违法案件

1. 派出警力进行巡逻

莫斯科内务总局地铁分局的外勤处负责各地铁站、车库及其他相关目标的巡逻，每天出动 1400 多名值勤警察。据该分局刑警处副处长热尔科夫介绍，值勤警察通常如下布防：2 名警察分别在两侧入口前厅，1 名警察在站台。在地铁最常见的犯罪为小偷小摸，值勤警察每天都会抓获小偷，其中 2010 年第 1 季度共发现 913 起偷窃案件。

2. 利用警犬嗅探危爆物品

莫斯科内务总局地铁分局警犬处成立于 2003 年，目前共有警犬 48 条，其中搜查爆炸物的 21 条，查找毒品的 5 条。警犬每天在 30 多个车站值勤巡逻，重点是在中心车站、换乘车站和临近火车站的地铁站，嗅查乘客及其所携带物品，特别是无主物品。在举行群体活动时，必须使用警犬对车站进行排查。

警犬在地铁执行任务

3. 设置警务室，掌握实时情况

目前，俄罗斯地铁车站几乎都设有警务室，每个警务室至少有 2 名警察。从 2005 年起，莫斯科地铁的"猎品市场"车站和"普希金"车站均设置了全透明的警务室，可直观地观察乘客，掌控局势，其他车站也正在推广这一措施。警务室内安装彩色视频监控设备和无线通讯设备，可与分局的指挥中心联网，直接向其发送信号，同步监控车站情况。

4. 加强检查，确保各种措施到位

莫斯科地铁内务分局每季度组织一次对车站、通风井、露天地段等区域的检查，每周检查一次地铁内被保护目标的通行制度，经常查验无线电传输设备和通信设备的可用性，以及出入口监控设备、车站车厢内的视频监控系统、紧急呼叫系统的完好性，并教育保安公司保安员和在地铁从事商业活动的人员提高警惕，向地铁工作人员和警察及时报告所发现的无主物品和举止可疑的乘客。

此外，为了提高处置突发事件的能力，特别是各部门间的协调配合能力，莫斯科内务总局地铁分局、各区内务分局、部门外保卫局以及其他部门多次进行联合演练。

（二）利用多种手段，加强技术防范

俄罗斯保证公交安全的技术手段包括建立视频监控系统、报警信号系统，配备安防设备等。

1. 视频监控系统

俄罗斯各城市的地铁站均建有视频监控系统。在莫斯科，各个车站和过道都安装有摄像头，录像资料保留 3 天。部分车厢内也已安装摄像头，并计划在全部4500 节车厢安装。地铁公司和内务总局地铁分局均设有中心监控室，可调阅任一车站的实时录像。

中心监控室

在萨马拉市，地铁站都安装了彩色视频监控系统，每个车站平均安装 25 个摄像头，实时观察站内目标情况，包括前厅、旋转门、电梯、大厅、站台、售货厅、进入隧道的门等。车站直班室一般设 3 台监视器，可观察任一摄像头拍摄的图像，可使值班员了解车站内任何地点的情况，地铁内务分局可随时根据需要进行调阅。下一步计划在隧道内安装图像信号传输设备，这样地铁调度指挥中心便可以"实时"看到每辆车车内的情况。

2. 报警通报系统

报警系统分为两种，一种是"乘客—司机"系统，另一种为紧急呼叫系统。

"乘客—司机"系统是乘客与司机进行联系的设备。在发生危机事件时，乘客可使用该系统将情况通报司机，司机通过视频数据传输系统将有关信息传至地铁公司和地铁内务分局值班中心，在犯罪团伙或个人实施违法行为时，及时采取措施。值班员依据所获取的信息，质询有关情况，获取该时段车厢内的视频图像，还可与列车司机或是乘客进行直接对话。

紧急呼叫系统是乘客寻求警方救助的设备。莫斯科的地铁站共安装了 418 个紧急呼叫柱，平均每个车站 2.5 个。该柱上设红色按钮和蓝色按钮。按压蓝色按钮可寻求帮助，乘客可查问行车线路、换乘车站等信息。按压红色按钮寻求紧急救助（也称"SOS"按钮），如出现犯罪、发现可疑物品或人员等时，乘客可按压该按钮报案，提供线索。地铁内务分局和莫斯科地铁公司值班员同步看到报警乘客，并作出反应，如立即派警察前往救助。

信息通报系统就是建立和推广向居民通报交通状态的系统，俄罗斯所有地铁将在 2013 年前安装向居民通报非常事态的系统，该项工作将由紧急情况部、联邦安全局、内务部合作完成。

此外，根据 2010 年 7 月 30 日俄罗斯政府决议"确保居民交通安全的一揽子规划"，还准备研制和应用保证交通安全的全国一体化信息系统，包括信息通信基础设施、自动化中央数据库，并将现有的保证交通安全的信息系统一体化。设计、购买、安装保证居民交通安全的设

紧急呼叫柱

备，包括建立信息—通信系统、研制新的软件、信息技术解决方案，购买和应用现有的软件设备等。

3. 安检系统

俄罗斯的部分地铁车站配备有安检设备，用以识别爆炸物、危险品、毒品。为处置爆炸物，还设置了防爆室，配备了防爆罐、防爆罩、防爆毯，地铁内务分局设有爆炸技术实验室。

莫斯科地铁 2010 年发生爆炸后，俄罗斯决定加大地铁的安检力度。铁路运

输局副局长奇别茨称，2011 年 3 月 31 日前，计划在莫斯科 30 个地铁站和圣彼得堡 7 个地铁站安装检测站；2011 年年底前，检测站将在另外 32 个车站建立，进入地铁站的所有旋转门和安检站都将配备金属探测环形天线。除此之外，该局建议推广个人身份识别系统。为查找化学危险品，计划在"系统—地铁"体系框架内，进行自动监测空气的样品设计制造工作，以尽早在空气中发现和通报乘客地铁中出现的化学威胁，如高毒性物质和病原体微生物。

4. GPS 系统

根据俄罗斯政府 2008 年 8 月 25 日的决议，运输乘客、特种货物和危险物品的汽车和铁路运输工具，须安装格罗纳斯或格罗纳斯/GPS 卫星定位系统。

（三）建立试验区，探索新的安保途径

为探索新的安保途径，俄罗斯决定建立试验区，进行先期试验，如果效果较好，再在全国范围内推广。莫斯科地铁"猎品市场"车站已作为第一个试验区，其他 7 个地铁城市也计划各浮出 1 个车站进行试验。此外，在北高加索地区，已确定在 7 个长途汽车站、11 个火车站设立试验区。

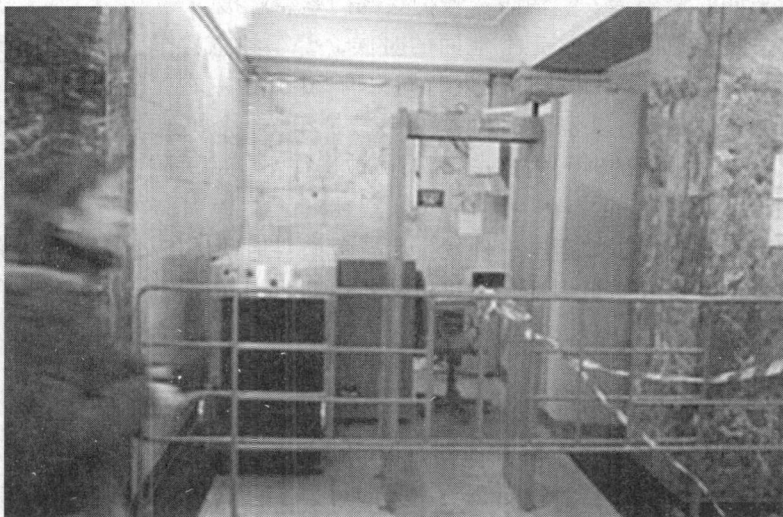

"猎品市场"试验区

莫斯科"猎品市场"试验区的工作由专门工作小组负责，莫斯科市交通通信局局长瓦西里·基切什任领导小组组长，成员包括：莫斯科市安全保障协调局、联邦安全局驻莫斯科市和莫斯科州分局、莫斯科市内务总局、莫斯科市紧急情况总局。根据护法机关的建议，计划在试验区内装备最新最先进的安保设备，对现有的设备进行现代化改造，提高在乘客中发现爆炸物、武器弹药的能力。除

此之外，还计划对软硬件系统"身份认定"进行测试，配备智能视频分析软件，乘客信息通报系统，爆炸物、武器弹药、毒物查验设备，无线仪器探测系统，以及其他技术革新设备。

四、2004 年莫斯科地铁爆炸后的救援与防范措施

2004 年 2 月 6 日莫斯科地铁发生恐怖爆炸。面对这一袭击，莫斯科市的救援机构训练有素、各司其职，地铁员工和乘客表现出了良好的组织性和纪律性。

(一) 紧急救援措施

"2·6"爆炸事件发生在上班高峰的时间，当驶往市中心的地铁列车发生爆炸后，事发列车随即停车，司机按照有关的程序向调度室报告情况，请求切断电源，打开紧急照明和车厢的两侧车门，同时通过车厢的广播系统通知乘客，轨道线已经切断了高压电源，请大家尽快离开车厢。第一节车厢的乘客沿着轨道步行走到下一站，其余的乘客返回另外一站。调度部门根据报告，马上安排各车站的人员疏散，同时请求治安、消防、救护等部门紧急救援。

当第一批被疏散的乘客走上地面的时候，警车和急救车已经赶到地铁车站，这时大约是 8 点 55 分，距爆炸发生时间只有 20 分钟左右，整个救援紧张有序。莫斯科市共紧急出动了 1 架直升机，60 台救护车，8 个快速医疗反应分队，3 个心理专家组，在很短的时间内 80 多名伤员被送往不同的医院，130 多人在现场接受包扎和治疗。

在这起地铁恐怖爆炸袭击事件发生后，莫斯科地铁员工处置措施准确，乘客在疏散中表现出良好的组织性，救援机构各司其职，互相配合，反映出平时训练有素。

(二) 安保预防措施

1. 改善地铁监控设施，提高地铁监控能力

"2·6"莫斯科地铁爆炸事件后，俄罗斯政府开始花费 1.11 亿卢布用于加强地铁的安保措施，除了车站和过道内已经安装的监控摄像头之外，计划在一年半之内在 4500 个车厢内安装监控摄像头，监视器安装在驾驶室，并计划在隧道内安装图像信号传输设备，这样地铁调度指挥中心可以实时监控每辆列车内的情况，录像资料保存期延长至一个月。

2. 加强"实战演习"，提高处理能力

从 20 世纪 50 年代开始，莫斯科地铁当局基本上每月进行一次指挥部演练，组织员工进行各种紧急状况训练，每季度至少一次出动近 8000 名员工以及车辆

和设备进行"实战演习"。因此，当地铁发生爆炸时，整个救援工作十分得力、有序。事件发生后，地铁停运期间，公交公司也增加了班次，运送地铁乘客直至地铁恢复运营。可见，莫斯科地铁的"实战演练"在应对突发事件的作用方面收到了积极效果。

3. 开展乘客安全教育，提高乘客自救能力

俄罗斯有计划地向城市居民宣传安全自救知识。近年来，针对恐怖袭击，从紧急处置入手，着力加强对民众的相关培训，组织安全专家编写了《个人安全百科全书》，介绍在遭遇恐怖袭击、地铁事故时的个人安全逃生方法，并提供免费网络下载和散发小册子，在民众中广泛传播。以"莫斯科综合安全论坛"为核心，发挥政府、公司以及非政府组织的合力，开展一系列的安全展览、安保讨论，推广安保技术与装备，传播危机处理知识和技能。这些日常教育可使地铁乘客在面对爆炸发生时，能具备良好的应对危机的素质。

4. 其他专业安保措施

俄罗斯国家安全保卫部门为加强地铁的安全保卫工作还采取了相关专业安保措施。莫斯科地铁管理局增设了监督分局，监督分局和莫斯科内务总局地铁分局以及"盾牌"私人保安公司紧密协作，共同维护地铁的公共安全。为了使维护地铁公共安全有法可依，莫斯科出台了地方性法规《破坏莫斯科地铁使用规则责任法》。采取严格的安全设施检查与巡查，地铁工作人员和警察定期对车站以及地铁的流动和固定的设施进行检查。为了加强员工预防和预警恐怖活动和其他暴力犯罪活动的能力，对地铁工作人员开展定期安全教育和培训。莫斯科所有地面公交车和地铁列车在报站时都会提醒乘客"下车时不要忘记自己的物品，看到可疑的物品千万不要动，请立即向司机或附近的警察报告"。

五、2010 年莫斯科地铁爆炸后的安保措施

2010 年 3 月 29 日莫斯科发生地铁连环爆炸案。恐怖爆炸发生后，俄罗斯采取了如下措施。

（一）提高警戒级别，严防类似案件

爆炸发生后，俄罗斯强力部门在对爆炸案进行调查的同时，也迅速采取了一系列紧急安保措施。俄罗斯内务部门提高了莫斯科各大火车站和飞机场的安全警戒级别，莫斯科警方也对商场、影院和集市等人群密集的地方增派了警力，同时还加大了在公共场所对可疑人员的身份核查力度，180 条警犬在各地铁站特别是换乘站和枢纽站执行任务。除莫斯科外，包括圣彼得堡、喀山、新西伯利亚和叶卡捷琳堡等拥有地铁的城市也都纷纷加强了对地铁运营线路的安保力度。此

外，很多地方还采取相应措施确保地面交通的安全。据悉，俄有关部门已获准研制能探测人体炸弹的特殊设备，未来莫斯科地铁站内可能将安装这一设备。首都护法机关正审议逐步在所有地铁车厢安装视频监控摄像头，延长其记录的视频信息存储期限，并准备在接近地铁的区域安装监控设备。

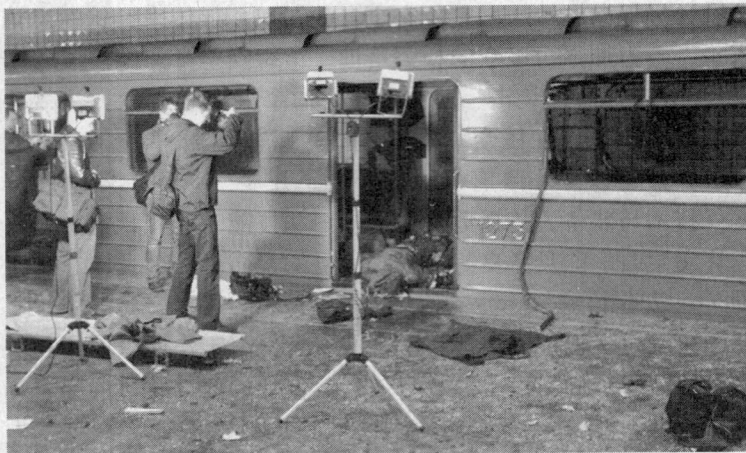

恐怖爆炸现场

卢比扬卡车站

（二）利用监控录像，查找嫌疑人

莫斯科市内务总局局长科洛科利采夫说，"超过3000个视频摄像头与地铁内务分局值班中心相连接，该中心的警察人员24小时监视并分析视频拍下来的所有信息。这些录像保留72小时，使我们可以利用录像锁定犯罪行为"。根据地铁监控录像，莫斯科警方初步确定，一名北高加索妇女在两名斯拉夫外貌的女性陪同下从"西南"地铁站上车，然后在"卢比扬卡"地铁站引爆炸弹，最后一节车厢遭炸毁。大约40分钟后，另一处地铁站"文化公园"也发生爆炸，自杀袭击者也为一名北高加索妇女，年龄在20～30岁之间。监控录像显示，列车被炸翻，该女子倒在车厢外。监控录像显示这些人的面目清晰，警方据此很快找出恐怖袭击者，在"卢比扬卡"地铁站引爆炸弹的犯罪嫌疑人名叫马里亚姆·沙里波娃，在"文化公园"地铁站引爆爆炸装置的犯罪嫌疑人名叫贾涅特·阿卜杜拉赫马诺娃，她们都来自北高加索的达吉斯坦。

（三）出台政策法令，强化公交安全

针对这次恐怖袭击暴露的公交安全问题，俄罗斯总统梅德韦杰夫于2010年3月31日签署"关于建立保障居民交通安全综合体系的命令"，责成政府在4个月内制订一整套的保障居民交通安全的计划，首先涉及地铁和其他公共交通工具。2011年3月31日之前，应当完成在交通基础设施中安保方面比较薄弱的设施和交通工具上安装"专门的技术设备和仪器，保护它们不受到违法行为的滋扰"。2014年1月1日前，应当建成"一整套保障居民交通安全的体系，首先涉及地铁等公共交通工具，预防在交通工具上发生紧急情况以及恐怖事件，保障居民的安全"。

六、公交安全防范存在的问题

尽管俄罗斯对地面公交和地铁采取了多种措施，也取得了一定的成效，但仍时常发生治安案件，特别是恶性恐怖案件。据俄联邦安全局对近10年的统计数据分析，50%～70%的恐怖活动与交通工具有关，其中包括公交，这说明俄罗斯的公交安保措施仍存在很大的漏洞，主要表现在技术问题和人为因素两方面。

从技术上说，目前无法在大规模人流中轻易识别出非法物质，许多探测设备的技术难题在于无法应对大批人流同时通过。现有视频监控系统的威力更多用于调查，而非防止袭击，这种技术可对普通犯罪分子或低层次武装分子起到威慑作用，但对自杀性袭击者无效。有的新技术能够在人流进入地铁或公共汽车时探测到爆炸物，但成本高昂。

从人为因素讲，尽管公共交通，特别是地铁配备了安检设备、视频监控系统等，地铁内务分局也规定地铁站段有警察巡逻，但实际上，在莫斯科乘坐地铁时，乘客不用通过安检设备就可直接进站，只有发现乘客携带可疑包裹时，才会要求其接受检查。日常情况下也很难看到警察巡逻、警犬巡逻，只有发生恐怖事件或犯罪案件时才能看到他们的身影，根本不会对犯罪分子起到震慑作用。

主要参考资料及来源：

1. 俄罗斯内务部网站：http：//www. mvd. ru/

2. 莫斯科内务总局网站：http：//www. guvdmo. ru/mo/

3. 俄罗斯生意人报：http：//www. kommersant. ru/

4. 俄罗斯消息报：http：//www. vesti. ru/

5. 宋有国．典型地铁恐怖爆炸袭击事件的紧急救援与防范启示．现代城市轨道交通，2008（5）

6. 闫长安．莫斯科地区的轨道交通．现代城市轨道交通，2008（1）

英国：伦敦维护公共交通秩序举措

　　英国是世界上最早发展公共交通（下文简称"公交"）的国家之一，各级政府高度重视公共交通建设，在制定城市发展规划时，通常会优先考虑公交线路设计，并且每年都会把税收的一部分投入到公交基础设施的发展和建设中。

　　首都伦敦是英国公交系统发展的引领者，本文主要以伦敦为例，简单介绍伦敦公交的发展历程及公交系统构成，重点介绍伦敦公交治安情况和管理机构职能，以及管理机构各方所采取的治安措施，最后以伦敦地铁连环爆炸案为例，总结如何更好地加强公交系统安全方面的经验和教训，突出公交反恐的重要性。

一、伦敦公交系统概况

（一）城市概况

　　伦敦是一座世界级城市，是欧洲主要的金融和商业中心。目前拥有 750 万常住人口，游客数量每年达 3000 万人次，还有 33 万家企业，就业人口达 470 万。

　　伦敦的行政区划分为伦敦城和 32 个市区，伦敦城外的 12 个市区称为内伦敦，其他 20 个市区称为外伦敦。伦敦城、内伦敦、外伦敦构成大伦敦市。大伦敦市又可分为伦敦城、西伦敦、东伦敦、南区和港口。伦敦城是金融和贸易中心，西伦敦是英国王宫、首相官邸、议会和政府各部所在地，东伦敦是工业区和工人住宅区，南区是工商业和住宅混合区，港口指的是伦敦塔桥至泰晤士河河口之间的地区。整个大伦敦市面积 1580 平方公里。

（二）城市交通发展概况

　　伦敦政府历来都高度重视发展公共交通系统，早在 20 世纪初就相继制定出台有关政策来引导城市交通规划和建设，形成了公共汽车与发达的轨道交通同步协调发展的交通模式，从而缓解了日益严峻的城市交通拥堵问题。

1. 发展历程

1933 年，伦敦成立了"乘客交通委员会"，负责统筹管理首都的公共交通。该委员会将客运铁路引入市内，加大了伦敦市轨道交通的密度，大大缓解了当时的交通紧张状况。

1970 年，隶属市政府的"伦敦交通署"接管伦敦公交的管理任务。

1984 年，为扩大公交基础设施建设的资金来源，伦敦开始实施公交私营化。

1985 年，"伦敦交通署"成立"伦敦地铁有限公司"和"伦敦公共汽车有限公司"，开始对外承包公交运营权，以招标形式引入竞争机制，大大减少了政府的财政补贴。

1997 年，伦敦市政府将轻轨的运营和维护承包给私营公司。

2000 年 7 月，伦敦成立了新的公交管理机构"伦敦交通局"，负责管理伦敦所有的交通运输服务，执行市政府的公交政策。

2003 年，"伦敦地铁有限公司"推出"公私合作伙伴计划"，由该公司负责包括车辆、站台、控制中心、票务等环节在内的地铁运营，将地铁基础设施的建设和维护交由私营企业经营。这不仅扩大了公交建设规模，也加强了政府对公交系统的监控和管理。

2002 年 10 月，英国交通部出台了一项减缓交通阻塞计划，投资 1.5 亿英镑，在 92 个堵塞严重地区实施改进措施，提高主要公路和高速公路的行驶条件，包括在使用频繁的高速公路和环城公路上设立新的公路转盘及更换车道标志。为满足每天 1000 万人次使用公交的需求，为迎接 2012 年奥运会在伦敦举行，伦敦交通局宣布了一项五年（2005—2009 年）公共交通基础设施投资规划，总额达 100 亿英镑，其中 60 亿英镑来自政府投资和银行贷款，40 亿英镑来自私营部门。根据这一规划，伦敦拟在泰晤士河上新建一座大桥，扩建轻轨，并建立更多的交通枢纽站点等。

新一届伦敦市政府制定的最新交通发展策略提出了一项中长期交通发展计划。根据此计划，在未来 20 年，伦敦将建立更加便捷的立体化公共交通系统（如下图所示）。如果这项中长期交通发展计划能够顺利实施，将对改善伦敦公交出行条件，减少交通拥堵状况发挥极其重要的作用。

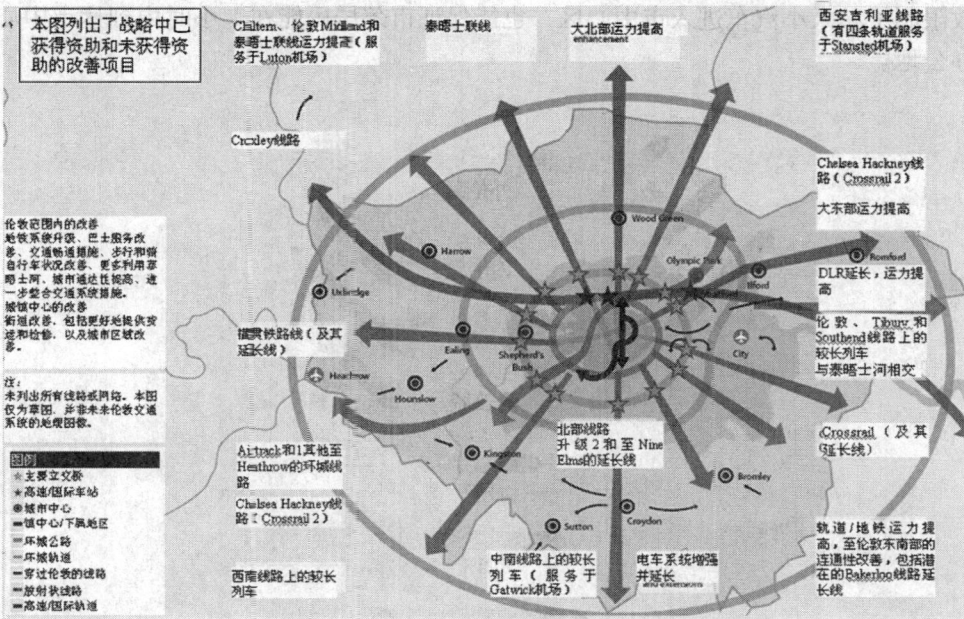

2031 年伦敦交通基础设施概略图（来源：Mike Keegan 的报告）

2. 公交网络构成

伦敦是世界上第一个建造公共交通系统的城市，在政府长期的政策支持下，目前伦敦已建成地上与地下、轨道交通与公路交通相交，集地铁、火车、轻轨、公共汽车、出租车于一体的立体化交通网络。

（1）轨道交通

伦敦轨道交通采用多层次多类型的交通模式，主要轨道交通系统分为地铁、快速轻轨（以地面或高架形式为主）以及高架独轨三种类型，还可再细分为七种不同层次、类型，从而组成一个综合的轨道交通系统。

伦敦地铁拥有较为完善的网络系统，全长 461.6 公里，每天运送旅客约 300 万人次，共有车站 273 个，年客运总量为 8.15 亿人次。运行间隔为 2～2.5 分钟，郊区为 10 分钟。

地铁是伦敦公交的核心，承担着 45% 的全市公交客运量。伦敦轨道交通共有 12 条线，加上高峰时间和星期日增开的 3 条线路共计 15 条，互相交错，四通八达。换乘时不用出站，只需在站内即可换乘其他线路，到达伦敦几乎所有地区。一些重要的公交车站和地铁站几乎都建在站舍内，而且出站就有公共汽车站或小汽车停车场，有 1/3 的地铁车站和小汽车停车场结合在一起，许多地铁车站设置在人流集中的大商店或办公楼底部，形成十分方便的换乘体系。这种体系有效限制了私人小汽车进入市中心区，也能保证市郊居民能在 1 小时内到达市中心办公地。

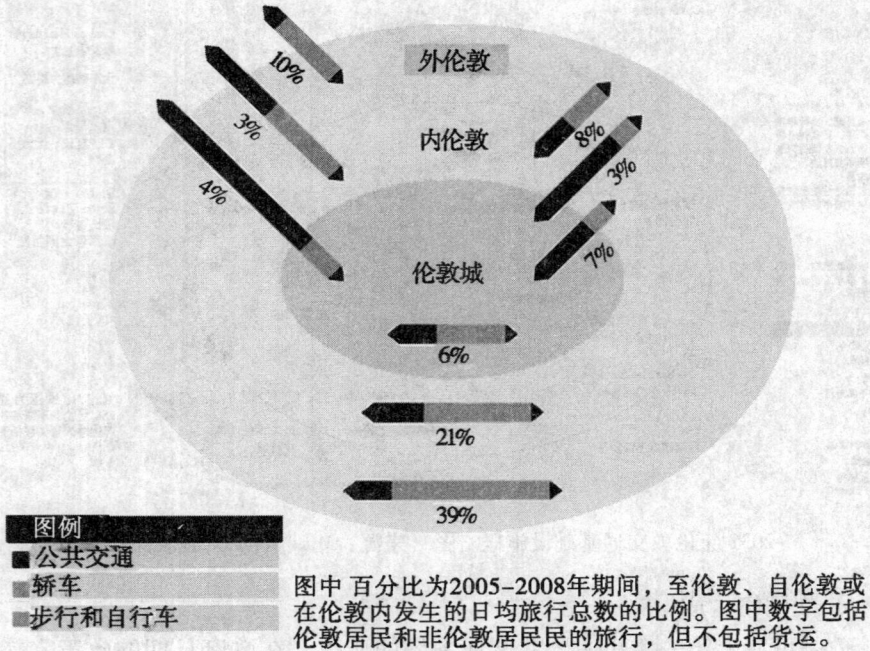

图中 百分比为2005-2008年期间，至伦敦、自伦敦或在伦敦内发生的日均旅行总数的比例。图中数字包括伦敦居民和非伦敦居民的旅行，但不包括货运。

伦敦交通工具类型（比例）

伦敦的地面轨道交通主要集中在泰晤士河南岸地铁较少的地区，其客运量占公交客运总量的12%。英国伦敦有两个新式轻轨系统：码头区轻轨（简称 DLR）和哥莱顿电车系统（Croydon Tramlink）。

码头区轻轨主要服务伦敦东部的码头区，共 31 公里长的网络，设有 5 条支线：分别前往南部的路维森站、北部的史特拉福站、东部的碧顿站和英王佐治五世站及市中心的银行站和塔门廊站。轻轨主要营运四条线路：史特拉福站至路维森站；银行站至路维森站；银行站至英王佐治五世站；塔门廊站至碧顿站。

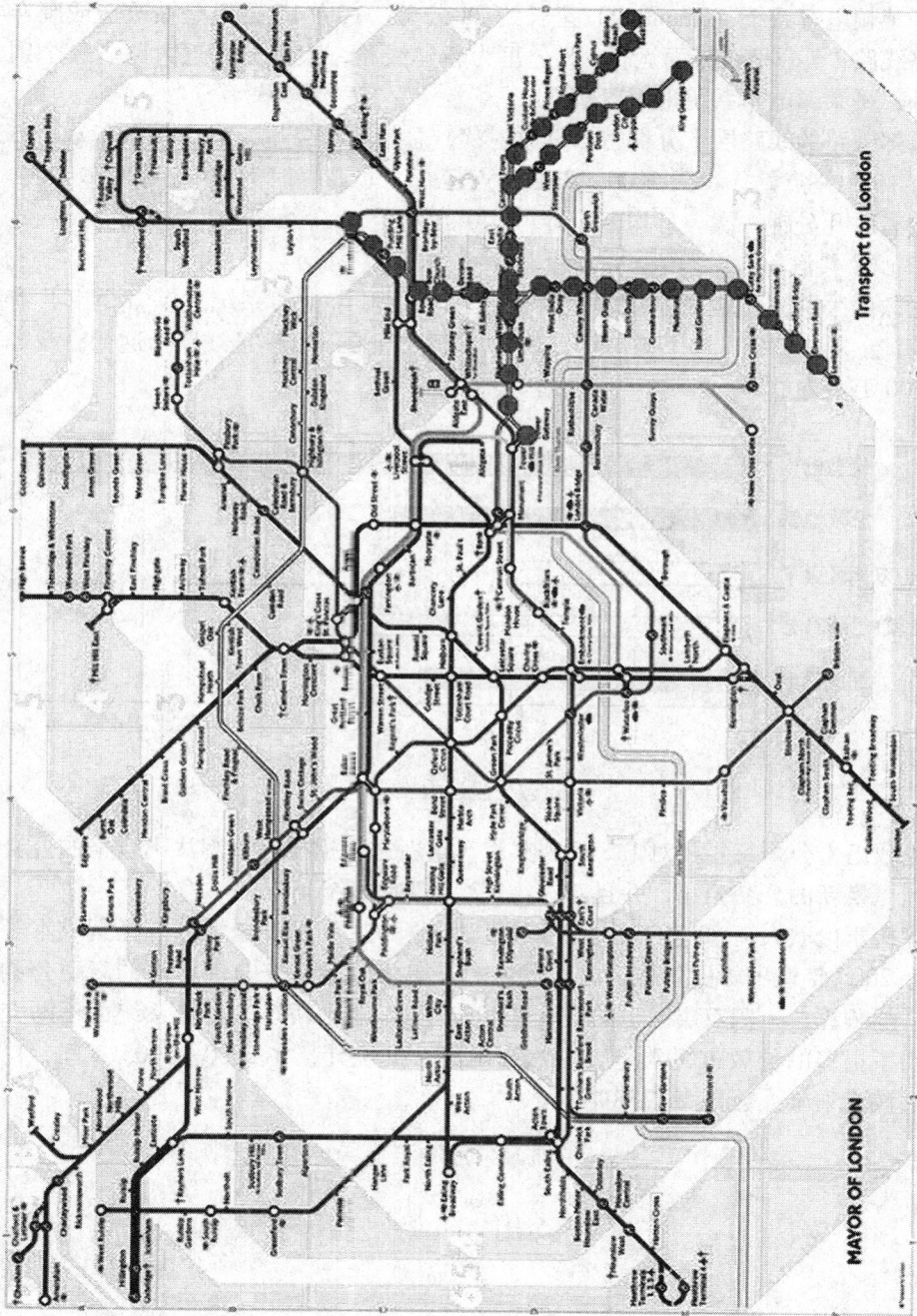

伦敦市地铁网络布局图（来源：www.BeiJing Di Tie. com）

哥莱顿电车系统（Tramlink）全长约 28 公里，其中 17 公里是被改造或废弃的铁路线路，3 公里在街面运行，8 公里为新建线路，大部分靠近大路。除个别路段外，哥莱顿电车系统采用双轨道。

市郊铁路的线路网十分稠密，呈放射状，总长 650 公里，有 550 个车站，市中心有 15 个终点站。每天 5：00～23：00 点运行，非高峰时间 30 分钟发车一次，高峰期有时几分钟一次。日均客运量为 140 万人。

（2）公共汽车

伦敦的公共汽车运营系统是世界上最庞大的城市交通系统之一，全市共有 1.7 万个公共汽车站，每个工作日有 6800 多辆巴士在 700 多条线路上通行，载客量为 600 万人左右。

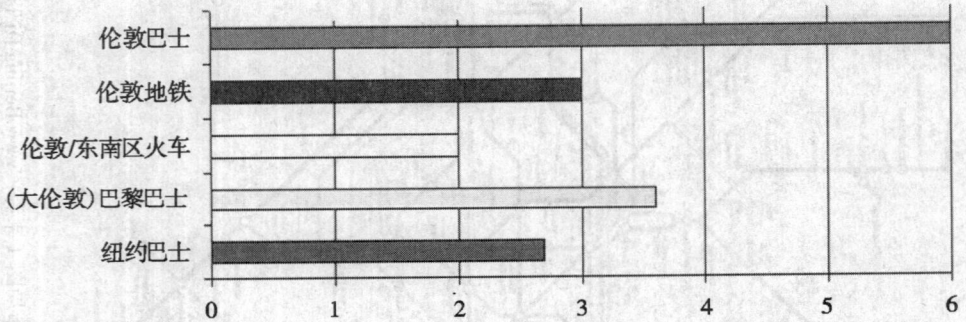

伦敦巴士运力

伦敦巴士公司每年要对 1/5 的公共汽车重新进行招投标，淘汰不合格的公交公司，更换新的公交公司，并且对大约一半的路线进行评估。

穿梭于伦敦大街 50 多年的老式双层巴士“路主”因安全性以及经营成本等因素在 2005 年退出历史舞台，取而代之的是更为宽敞、安全性更高的新型公共汽车。据测算，一辆双层巴士的载客量相当于 55 辆小轿车。公交系统的不断完善吸引了更多的伦敦市民乘坐公共汽车出行，据统计，在 2000—2005 年间，伦敦公共汽车乘坐人数提高了 38%。

伦敦公共汽车候车棚

英国的公共汽车候车棚里，站牌旁边有一个不太大的电子显示屏，上面标明各路线的公共汽车到达此站的时间，每个公共汽车上都有电子显示屏显示下一班车的预计到来时间。明净的候车棚（见上图）的玻璃墙上有每辆公共汽车行驶的路线和各个站点进出站点的时间，像火车时刻表一样详细、精确、明了，充分体现了英国公交系统的发达，细节处展示了英国细腻的公交文化和流动的公交文明。

（3）自行车：新形式的公共交通

为了减少环境污染和交通堵塞，不少英国城市呼吁人们骑自行车上下班。地处英格兰西南部的布里斯托尔是英国首个"自行车城"。在布里斯托尔，从市郊通往市中心的路途上设置多个自行车租赁点，让更多的人骑自行车进城，部分租车点附近还设有淋浴室和更衣室，以方便人们在骑车前后更换衣服。

据伦敦自行车运动协会（LCC）的估计，伦敦每天有55万人次骑自行车出行。每年的9月20日是伦敦的自行车日，这天，自行车爱好者、环保主义者和热爱户外运动的大人小孩都可以在市中心的道路上自由骑行，而大量排放尾气的机动汽车则被"排挤"到市中心道路之外。

伦敦市长伯瑞斯·约翰逊倡议并发起了"自行车革命"，2008年和2009年，伯瑞斯·约翰逊相继提出和补充了他的计划。这是一个旗舰计划，涉及很多方面，包括开通巴克利自行车高速公路计划、自行车租赁计划、自行车培训、增加停车点和新组建一个自行车警察部门、增强骑车人的安全，以及一系列提升自行车这一交通方式形象的运动和活动。

自行车革命

自行车高速公路计划

该计划是伦敦交通局和伦敦市长进行自行车革命的一项主要内容，目的是到2025 年使伦敦自行车出行与 2001 年相比增长 400%。伦敦公路上这些显著的蓝色标志线将极大地改善人们骑自行车出行的条件，鼓励骑自行车出行。

计划设立的 12 条自行车高速公路将为外伦敦到市区出行提供安全、快速、直接的方式。2010 年 7 月 19 日已经开通了 2 条线路，即从巴金到塔门的 CS3 线和从默顿到城区的 CS7 线。预计到 2015 年将开通另外 10 条线路。

自行车租赁计划

新的自行车租赁计划于 2010 年 7 月 30 日正式启动。开始阶段以会员的形式进行。参与新租赁计划的伦敦市民首先要在伦敦交通局的网站注册，并缴纳3 英镑（约合人民币 30 元）购买自行车"电子锁"，然后再根据自己的需要选择成为 24 小时、7 天或者 1 年的会员，会费分别为 1 英镑、5 英镑和 45 英镑。

计划初期，伦敦 10 多个地区的 315 个站点将提供 5000 辆自行车出租。目前已有超过 1.2 万人注册成为会员。预计该计划全面铺开之后，伦敦中心区每天将增加骑车出行 4 万人次。

自行车培训计划

英国政府计划投资 9400 万英镑，向 250 万人推广自行车的使用。并决定在未来 3 年内投入 3000 万英镑，对 10 万名孩子进行自行车技能培训，并扩展通往中小学校的自行车道。

（4）出租车及微型出租车

行驶在伦敦街头的出租车

出租车是方便公众出行的重要交通工具之一。伦敦主要有两种出租车：一种是黑色出租车（Black Cab）可以在大街上搭乘；另一种是微型出租车（Mini Cab），需要打电话预定。伦敦的出租车司机除了必须通过人品、健康、驾驶技术考核外，还须通过关于伦敦街道及风景名胜的知识考试。

（5）河道服务

泰晤士河河道公交

2007—2008 年度，伦敦大约有 70 万人选择乘坐泰晤士河河道公交（river-bus），大约有 230 万人选择伦敦河务有限公司许可的码头休闲和包船服务。

伦敦河务有限公司直属大伦敦交通委员会，管理泰晤士河上的 8 个码头，负责航运服务许可证发放，并协助私营企业开展多站点往返客运服务。

二、公交系统治安管理

1. 伦敦公交系统治安现状

英国公交系统发生的犯罪案件大致可以分为四种类型：一是暴力犯罪或扰乱公共秩序，通常发生在城市的中心和夜市区；二是破坏公交设施，主要是指破坏公共汽车、公交站牌、停车场等；三是反社会行为，主要是指年轻人利用公共汽车站或换乘点作为集会地点从事一些违法犯罪活动；四是抢劫行为，这是英国交通警察重点打击的一种犯罪行为。其中，最常见的犯罪类型包括盗窃乘客财物、攻击乘客或车上工作人员、破坏公共设施等。夜间行驶的公共汽车、出租车和私人雇用车辆的工作人员极易受到人身攻击，在搭载醉酒乘客时更是如此。

过去几年间，英国伦敦采用公共交通出行的乘客数量一直稳步增加，但犯罪率却持续下降。2007—2008 年度，每百万次公交乘客中有 15.2 起犯罪；每百万地铁乘客中有 14.4 起犯罪。到了 2008—2009 年度，每百万次公交乘客中犯罪下降到 12.1 起；每百万地铁乘客中犯罪下降到 13.1 起。

2008—2009 年度，伦敦地区的具体犯罪率参见下表。绿色表示有进步，黄色表示保持 2007—2008 年度水平，红色表示未达到预定目标。

优先考虑工作之一：提升乘客在交通运输系统中的安全感		
2008—2009 年绩效目标	绩效指标	状态
提升乘客的安全感，通过年度和季度安全调查进行考评，结合用户满意度调查（CSS）得分情况	CSS 个人安全感：在公共汽车上旅行时	●（绿）
	CSS 个人安全感：在公共汽车站候车时	●（黄）
	CSS 个人安全感：在伦敦地铁火车上旅行时	●（绿）
	CSS 个人安全感：在伦敦地铁站候车时	●（绿）

优先考虑工作之二：减少交通运输系统的反社会行为		
2008—2009 年绩效目标	绩效指标	状态
减少交通运输系统的反社会行为	公共汽车网络上发生的反社会行为的驾驶员事故报告（DIRs）	●（绿）

优先考虑工作之三：关注重点打击犯罪，减少交通运输系统的犯罪情况发生		
2008—2009 年绩效目标	绩效指标	状态
维持 2007—2008 年度每一百万乘客中的犯罪率	每一百万乘客（公共汽车网络）的有记录犯罪	●（绿）
	每一百万乘客（伦敦地铁和 DLR 网络）的有记录犯罪	●（绿）
降低公共交通严重暴力攻击等级和比率，包括谋杀、蓄意谋杀、非预谋杀人、重大身体伤害（GBH）、实际身体伤害（ABH）	公共汽车、伦敦地铁和码头区轻轨网络中发生的严重暴力攻击犯罪的数量	●（绿）
	公共汽车、伦敦地铁和码头区轻轨网络中，每一百万乘客发生严重暴力攻击犯罪的比率	●（绿）
采取措施降低公共交通运输系统中与武器、枪支、刀具有关的犯罪率	伦敦公共交通运输系统中持武器犯罪的情况不多	—
降低公共交通运输系统的抢劫犯罪率	公共汽车、伦敦地铁/码头区轻轨网络发生的抢劫犯罪数量	●（绿）
	公共汽车、伦敦地铁/码头区轻轨网络中，每一百万乘客发生抢劫犯罪的比率	●（绿）
降低公共交通运输系统的严重性暴力犯罪比率，包括强奸、严重性侵犯	此数据仅限于伦敦地铁/码头区轻轨和公共汽车网络上发生的强奸犯罪的数据	●（黄）
降低与出租车有关的性侵犯犯罪率		●（绿）
提高仇恨犯罪破案率	此数据仅限于伦敦地铁和码头区轻轨网络	●（绿）
减少伦敦地铁及码头区轻轨工作人员受攻击或辱骂的事件数量		●（绿）

续表

2008—2009 年绩效目标	绩效指标	状态
减少欺骗和习惯性逃避费用的行为	司机兼售票员路线上不遵守买票规则的情况（12 个月平均）	●（绿）
	无人售票路线上不遵守买票规则的情况（12 个月平均）	●（绿）
降低公共交通工具上乘客财物被盗比率	公共汽车、伦敦地铁/码头区轻轨上乘客财物被盗比率	●（绿）
	降低伦敦地区自行车被盗比率	●（红）
提高针对犯罪性质破坏案件的破案率和司法处置	公共汽车、伦敦地铁和码头区轻轨网络发生的犯罪侵害案件的破案率和司法处置	●（红）
监视交通运输系统中年龄在 18 岁及 18 岁以下的受害人数量和比率	年龄在 18 岁及 18 岁以下的受害人数量（仅限于公共汽车系统）	●（绿）
	每一百万乘客中的受害人比率（仅限于公共汽车系统）	●（绿）
伦敦地铁站、地面车站及码头区轻轨车站中 75% 必须达到安全车站的标准	在此计划的推动下，所有的伦敦地面车站都已经达标	
减少由于犯罪或反社会行为（特别是侵犯行为）引起交通中断的情况	取消公共汽车服务	●（绿）
	由于犯罪和反社会行为（如侵犯行为）引起伦敦地铁运输中断，耽误了乘客时间	●（绿）
与合作伙伴一起，把交通运输系统所面临的恐怖袭击及其他灾难事故的风险降到最低，并且提高恢复能力	伦敦交通局及其伙伴密切配合，尽量减少交通运输系统中发生恐怖行动及所造成的影响	

优先考虑工作之四：减少因犯罪或反社会行为引发车辆事故中人员死亡或受重伤情况		
2008—2009 年绩效目标	绩效指标	状态
通过执法行动减少伦敦道路上因危险驾驶而引发的车辆事故中人员死亡或受重伤数量	与撞人后逃逸有关的人员死亡或受重伤情况	●（绿）
	由于不遵守交通规则而导致的撞车事故	●（绿）
加强对无证驾驶、无驾驶资格证驾驶、酒后驾驶、吸毒后驾驶等情形的司法处置	针对危险驾驶行为的固定处罚通知（FPN）	●（绿）

从上表可以看出，伦敦整体治安状况是好的，只有个别预定指标没有完成，如伦敦的自行车偷盗情况有所上升；公共汽车、伦敦地铁和码头区轻轨网络发生的犯罪侵害案件（包括乱涂乱画）破案率有所下降等。

伯瑞斯·约翰逊 2008 年 5 月当选伦敦市长以来，采取了一系列加强安全的举措。例如，加派 500 多名警员在交通运输系统中巡逻，禁止在公共交通运输系统中饮酒，尝试在公交网络中应用闭路电视视频监控系统等，使伦敦公共交通治安状况得到极大的改善，公共汽车上的犯罪率下降 18%，火车上的犯罪率下降 8%，出行人在乘坐公共交通工具时的安全感有了很大提高。

2. 伦敦公交系统治安管理机构

在英国伦敦，负责公交系统治安的主要管理机构包括：大都市警察厅、伦敦市警察局、铁路交通警察和伦敦交通局。

（1）大都市警察厅

伦敦大都市警察厅负责伦敦路面交通警务的内设机构包括：交通运输勤务指挥大队、安全交通与枢纽分队、交通勤务指挥大队。

交通运输勤务指挥大队负责为伦敦地区的公共汽车、取得执照的出租车和私人租用车辆提供特殊的警务支持，同时还承担着疏导道路、减少拥堵等职责。交通运输勤务指挥大队与 21 个安全交通与枢纽分队配合，维护伦敦市以外的伦敦自治市地区以及 32 个公交枢纽分队分管的犯罪案件高发地区的勤务工作。

公交枢纽分队由伦敦交通局和大都市警察厅共同出资，负责在交通运输系统进行警务巡逻。另外，还与当地的邻里守望工作小组以及其他当地警务资源一起努力，维护伦敦各地交通运输系统的正常运行。

为了提高警务工作效率，大都市警察厅从 2009 年开始对这些机构进行整合，使其更加符合实际工作需要，进而提高交通运输警务服务效能。

交通运输勤务指挥大队、安全交通与枢纽分队以及公交枢纽分队将整合成为一个新的交通运输安全机构，整合工作于 2010 年 3 月完成。

成立于 2002 年的交通运输安全大队是目前伦敦大都市警察厅中最大的一支勤务指挥大队，与伦敦交通局共同建立，现有工作人员 1000 多名，另外还有大量警务社区支援官。

交通运输安全大队与伦敦公交有限公司共同维护一个叫做"地铁通信"的指挥与控制中心，它也是交通勤务指挥大队的指挥与控制中心。

交通勤务指挥大队是一个由专业人士组成的单位，致力于减少与交通相关的人员伤亡和道路犯罪数量，它与交通运输勤务指挥大队一起，在交通管理和减少道路拥堵方面发挥着重要的作用。

（2）伦敦市警察局

伦敦市警察局负责保卫伦敦城的安全。该局的特殊支援总队下设道路警务大队，负责普通道路警务、交通管理和行车等的安全。伦敦市警察局道路警务大队由 1 名督察、3 名警长、22 名警员和 1 名平民协管员组成，承担着交通监管及惩治相关犯罪的职责，其中也包括伦敦市警察局下达的旨在减少犯罪的各种任务。

伦敦市警察局道路警务大队警察在道路上遂行执法任务时驾驶摩托车，而不是驾驶警车，这样更加机动、灵活和高效。道路警务大队还承担着反恐方面的巡逻勤务和其他特种勤务。

伦敦市警察局在 2009—2010 年期间，重点加强夜间道路巡逻，以保障辖区内人员及车辆安全，严厉打击出租车非法运营和公交系统上的犯罪与反社会行为，从而大大改善了道路安全环境。

（3）英国铁路交通警察局

英国铁路交通警察局成立于 1948 年，其前身包括：大西部铁路警察，伦敦及东北铁路警察，伦敦、米德兰及苏格兰铁路警察，南部铁路警察。该局主要负责英国轨道交通安全，包括伦敦铁路、伦敦地铁、码头区轻轨和哥莱顿电车系统。

BRITISH TRANSPORT POLICE

英国交通警察局标志

英国交通警察是一支负责英国铁路治安的警察力量，承担着伦敦地铁、码头区轻轨、哥莱顿电车系统和伦敦地上铁轨网络的警务职责。

伦敦地区的英国交通警察可以分为三个区域：L 区域的英国交通警察由伦敦交通局提供资金，专门负责地铁和码头区轻轨的治安；北伦敦地区的英国交通警察负责伦敦北部地区最远至英格兰东部的地面铁路和车站的治安；南伦敦区域的英国交通警察负责伦敦南部、哥莱顿电车系统和英格兰东南部的地面车站及铁路的治安。

截止到 2009 年 11 月，英格兰、威尔士和苏格兰地区共有 2885 名交通警察，其中包括 218 名特殊警员，327 名警务社区支援官，1334 名警务工作人员。

值勤区域	值勤区域总部所在地
苏格兰	格拉斯哥
东北地区	利兹
西北地区	曼彻斯特
北伦敦	伦敦苏格兰路
南伦敦	伦敦大桥街
伦敦地铁	伦敦百老汇大道
威尔士及西部地区	伯明翰

在伦敦交通局出资的 146 名英国交通警官中，包括 27 名警务社区支援官，他们在伦敦北部和南部地区为伦敦的地面交通及其他重点郊区铁轨网络区域提供更加有力的警务服务。

（4）伦敦交通局

伦敦交通局负责整个伦敦地区交通运输系统的运营管理，直接向英国交通部负责。作为伦敦城市管理的重要机构之一，伦敦交通局的主要职责是将伦敦市长的交通战略付诸实施，并管理伦敦地区的整体交通运营。

伦敦交通局设立董事局，主要成员包括主席、副主席和董事，主席由伦敦市长担任。

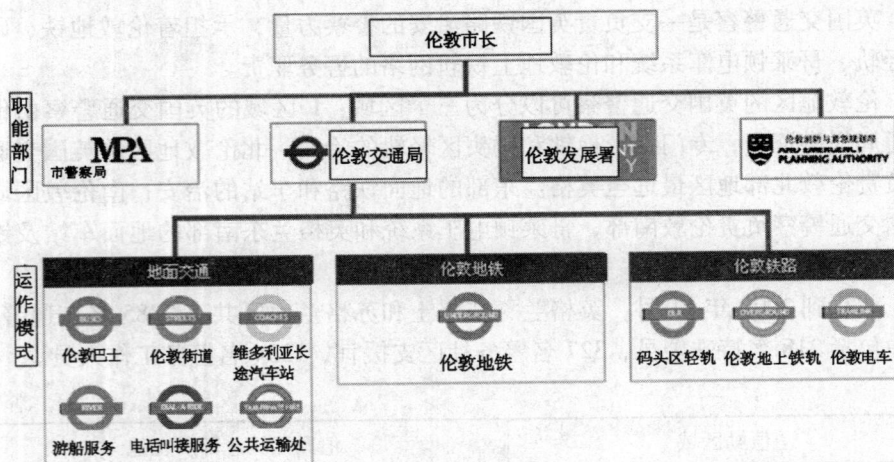

伦敦交通局组织结构

伦敦交通局全面负责伦敦主要道路网的管理，包括：决定公共汽车的运营线路及停靠站，轻轨的发车间隔和地铁的晚间运营时间；安装路面标识和要求运营公司提供乘客实时交通地图和市场宣传，建设换乘车站；决定建设新的铁路线或延长现有线路等。伦敦交通局还负责制定公共汽车优先的运营措施和交通管理方案。

3. 伦敦加强公交系统治安措施

为了打击和减少发生在公交网络犯罪和扰乱秩序行为，伦敦交通局主动与英国铁路交通警察局和降低犯罪与扰乱秩序伙伴关系组织以及当地社区加强沟通和协作，采取了一系列保卫公共交通网络安全的措施。

（1）成立打击工作地点暴力行为治安大队

2006 年，伦敦地铁成立了打击工作地点暴力行为治安大队（WVU），取得了良好的效果。2009 年，成立了类似的负责保护公共汽车一线工作人员安全的治安大队（Bus WVU）。

该大队由多个机构人员共同组成，包括伦敦交通局、大都市警察厅和公共汽车运营商，他们专门为调查和起诉针对伦敦公共汽车网络工作人员的侵害案件提供支持，并且提高对受害人的援助标准。打击工作地点暴力行为治安大队还将采取预防性的措施，努力减少一线工作人员的受攻击风险。

打击工作地点暴力行为治安大队已经取得了初步的成功，已经获得工作人员的好评。该治安大队牵头或辅助调查了 145 起袭击公共汽车工作人员的案件，50多名罪犯已被缉拿归案。

（2）进一步加强公交枢纽的安全

2008 年 5 月，伦敦市长宣布为交通运输安全分队增加一倍的力量，并且新增

440名治安员用于加强安全交通与枢纽分队的力量，成立32个交通枢纽分队，作为安全交通与枢纽分队机构的组成部分。枢纽治安分队负责处理发生在交通运输网络中或周围的犯罪与破坏社会秩序的行为，通过与当地情报单位和社区接触，发现并处置这些违法犯罪行为。32个分队已经于2009年6月全部组建完成，他们的行动为全面减少交通运输系统犯罪和破坏社会秩序的行为作出了重要贡献。

（3）实施"拉链方案"

伦敦市于2008年6月推出一项名为"拉链方案"的新举措，所有年满11周岁并且希望免费乘坐公共汽车的青少年可以办理牡蛎交通卡，交通卡上印有乘坐人照片。"拉链方案"要求使用此卡的青少年必须签订遵守伦敦交通局颁发的《行为守则》，以此作为免费乘车的条件。如果违犯了此守则规定，将有一套处罚措施，视情节严重程度实施处罚，包括永久性地撤销使用此卡资格。

此项方案的目的是通过与当地的安全交通与枢纽分队及其他警察单位一起采取预防性措施，帮助青少年改善在公共汽车上的不良行为，降低犯罪和反社会行为。此项新方案的实施简化了驾驶员和伦敦交通局工作人员的工作，使与青少年有关的犯罪和反社会行为大大减少，逃避买票的情况也有所减少。

（4）采取专项安全行动

2008—2009年期间，伦敦市采取多次行动，成功地处理了城市安全问题。"台风行动"就是其中一例，此项行动由伦敦市警察局发起，旨在提高骑自行车者和机动车驾驶人员在使用道路时的交通安全意识，行动的主要目标是推行道路交通法，从而提高城市的道路安全。类似的专项行动还有针对自行车骑行人员安全的"门廊行动"等。

（5）努力减少犯罪侵害行为

伦敦交通局及其伙伴2008—2009年还在公共汽车网络上采取了一些有效减少破坏和乱涂乱画行为的措施，并且发出名为"Etch（涂画）2"的倡议，鼓励民众报告犯罪侵害行为，并且通过闭路电视视频识别犯罪嫌疑人。通过这些工作，公共汽车网络上的破坏行为与上年相比减少了36%。

4. 重点关注目标

伦敦交通局与其警务合作伙伴，每年都对犯罪、扰乱社会治安和公众对各种犯罪形式的担忧问题做出年度评估，把评估结果反映在新的社区安全计划中，作为下一步改进工作的目标，并且特别提出加强对重点目标的保护。这些重点目标包括：

（1）青少年

公共汽车和轨道交通上约抢劫对象主要是18岁以下的青少年，多发时段是学生放学之后，大概在14~19时，受害者中14~15岁的男孩居多。与年龄较大的犯罪嫌疑人相比，青少年更容易构成群体犯罪，多数情况下是构成犯罪侵害、抢劫或暴力犯罪。此外，18岁以下的犯罪嫌疑人出现因仇恨而犯罪的倾向，14～15岁的男孩更容易受到暴力袭击[1]。

（2）女性

女性对安全的担忧通常更为突出。尽管女性在伦敦交通运输系统中受到性攻击的可能性很小，但是女性人群，特别是14～15岁的少女，更容易受到性攻击。70岁以上的老年妇女更容易在公交和地铁上成为小偷觊觎的对象。

为了能够使妇女放心，减少妇女旅程中所面临的暴力和其他形式的犯罪，大伦敦交通委员会与有关各方一起，在2009—2010年期间进一步加强对妇女出行的保护。

（3）饮酒

伦敦公交系统发生的扰乱社会治安或暴力案件中，大约有1/4与饮酒有关。饮酒对交通运输系统的影响难以量化，饮酒可以促成非法的、挑衅的甚至是暴力的行为，会加大乘客受害概率。尽管禁酒令的推行取得了成功，但是仍然存在着由于饮酒而导致犯罪和反社会行为的可能。

（4）自行车

随着伦敦市长所倡导的自行车倡议和2010年租车计划的执行，伦敦骑自行车的人数不断增加，与自行车有关的盗窃和骑车人被撞等情况也将相应增加。因此，加强自行车及骑车人的安全至关重要。

三、典型案例：伦敦地铁连环爆炸案

1. 事件经过

2005年7月7日，英国伦敦利物浦街和阿尔盖特站之间传出一声巨响，拉开了伦敦地铁连环爆炸案的序幕。随后，又有2个地铁站、1辆公共汽车相继发生大爆炸。多起事件发生之后，英国警方正式承认伦敦发生连环爆炸。同年7月21日，英国伦敦再次发生爆炸案，作案手段和形式与前次案件如出一辙，将伦敦的恐怖气氛推到最高点。

案件发生之后，伦敦警方通过仔细查看发生爆炸的每个场所，调取相关视频资料，发现每个场所都有可疑迹象的人，然后追溯其来路，最后发现四名犯罪嫌疑人。这四名犯罪嫌疑人先在伦敦机场提取爆炸物，再聚集到一个地铁站，然后

---

① 大伦敦交通运输委员会的数据表明：2007—2008年度，伦敦公交系统仅占到5～16岁学生上学旅程的25%；同样有25%的学生乘小汽车上学；超过40%的学生步行或骑自行车上学。由于地铁/码头区轻便铁路输送的18岁以下的年轻人较少，在地铁/码头区轻便地铁涉及年轻人的抢劫不构成问题，并且很少出现抢劫（850万乘客中有1起抢劫案）。在2008—2009年，整个交通系统共发生136起抢劫，大约有26%的受害者不满18岁。

分别到三个地铁及公共汽车站实施了爆炸行为。通过进一步对四人远期的视频监控资料研究，又发现了 6 月 28 日这四个人曾经在伦敦地铁进行了演练。这一天他们实施的行动与时间和 7 月 7 日这天的行动及时间基本一致。在通过视频监控资料发现了嫌疑人的情况下，其身份很快得到核实，最后在四人的住宿地点搜查出相关证据，进行了确认。

四名恐怖分子进入卢顿车站

英国警方为侦破伦敦地铁爆炸案做出了不懈努力，他们向爆炸亲历者收集了 12500 多份供述；获得了 26000 多件物证，并对其中 5000 多件进行了法医学鉴定；没收了 142 台计算机以及数千个与之相关的硬件和软件；查看了长达 6000 多小时的闭路电视视频监控录像，最终侦破了这次连环爆炸案，将多名犯罪嫌疑人抓捕归案。在伦敦地铁爆炸案侦破过程中，视频证据发挥了至关重要的作用。

2. 安全措施

（1）加强地铁安保

伦敦地铁爆炸案发生后，伦敦交通局和警方都加强了地铁安全措施，逐渐开始在地铁实施类似机场的安全检查，X 光安检机和警犬更多地出现在地铁以及火车站等人员密集的公共交通区域。

伦敦地铁闭路电视监控摄像机也增加了一倍，从原来的 6000 台增加到 12000台。整个地铁网中执行任务的英国交通警察从 450 名增加到了 650 名，伦敦地铁公司也增加了站台工作人员。

伦敦地铁一直设有专门的紧急情况处理小组，该部门的专家负责处理所有地铁网中发生的重大事件，包括：出轨、轨道断裂、有人卧轨、地铁列车故障、轨道进水等问题。伦敦地铁爆炸案后，伦敦地铁紧急情况处理小组开始与伦敦其他应急处理部门开展协调合作。例如，伦敦消防队已经开始接受伦敦地铁紧急情况处理小组提供的安全和救援技术训练。

2006年6月披露的一份报告表明，伦敦地铁系统中缺少数字无线电网络，这使得救援人员无法在不同的爆炸地点以及与地面人员和控制室人员之间进行正常通讯，从而阻碍了救援工作。目前伦敦市交通局已经开始实施一项叫做"联系"的工程，这一工程的主要目的就是使紧急救援人员能够在地下使用数字无线电手持设备，并能与地面保持联系。

许多车站还培训工作人员，提高他们的防范意识和技术水平。联防工作人员也有所增加，这意味着编外侦查队伍的扩大。

此外，伦敦交通局还采取成立"警方后援团"，设立专门联络负责人的方式，为英国铁路警察提供更加有力的支持。

（2）健全安全立法

英国是世界上较早采取打击恐怖主义的立法措施的国家之一。伦敦地铁爆炸案发生后，英国政府把反恐提到了新的战略高度，进一步加强了反恐立法工作。

英国于2000年7月20日通过了《2000年反恐怖主义法》，该法属于永久性立法，取代了临时性的《北爱尔兰（紧急规定）》和《预防恐怖主义（暂行规定）法》。《2000年反恐怖主义法》强化了原有的反恐权限，界定了"恐怖主义"的概念，包括认定和禁止恐怖组织、确立有关恐怖主义资产的犯罪以及警方的调查权力等内容。

为应对日益严峻的国际恐怖主义形势，英国于2001年12月19日通过了《2001年反恐怖主义、犯罪和安全法》，确立了预防和打击恐怖主义的基本法律框架。该法旨在改善英国当局对直接参与或支持恐怖主义活动者的打击效率，主要包括以下条款：一是金融监管和制裁；二是信息保存和搜集；三是航空、化学、生物和核安全；四是警察权力。

2005年3月11日，英国通过了《2005年预防恐怖主义法》，该法赋予内政大臣核发"控制令"的权力，制约包括英国或外国公民在内的恐怖分子嫌疑人。"控制令"包括一系列限制措施，如禁止使用电话或互联网，限制行动和出行，限制与指定人的交流，使用电子佩戴器监视禁止外出的执行情况等。

2005年7月伦敦发生两轮连环恐怖爆炸后，英国政府开始调整其反恐政策，出台了一系列应急措施，并根据形势的变化对反恐立法进行修订。2006年3月30日，英国通过了《2006年反恐怖主义法》，该法把鼓励、纵容恐怖主义定义为刑事犯罪，其范围包括颂扬恐怖主义，传播恐怖主义刊物，准备、计划或协助他人的恐怖主义活动，指导或接受恐怖主义培训和参加恐怖主义训练营等。同时，该法进一步延长了审判前拘留恐怖嫌疑人的期限。

2008 年 11 月 26 日，英国通过了《2008 年反恐怖主义法》。该法是对原有数部反恐法的补充完善，涉及情报收集和共享、讯问恐怖分子嫌疑人、警察的告知义务以及限制涉恐资产的程序等内容。同时，该法实际上禁止对警察或军事人员拍照，以防止恐怖分子窥探重点目标。

3. 经验教训

英国警方在总结办案经验时发现，当有类似突发性事件出现时，所面临的最大挑战是不同机构之间的协调配合，尤其是当危机在多个地点同时发生，或者媒体报道使公众的恐惧感加重的情况下，即使一个很小的问题也会使形势恶化。

为了更好地解决这个问题，英国警方认为，应从以下几个方面加强机构间的协调与配合：

●创设一种永久性机制，用于快速确认并告知涉及多家机构的重大事件；

●制定一种标准化程序，使多家机构通过定期举行演练的方式，为应对重大突发事件作好准备，继而推广到所有回应突发事件的机构；

●采用设立联络人的模式，将某个应急机构的工作人员派遣到其他机构工作一段时间，以这种互派人员的方式进一步加强不同机构之间的人员交流，当发生突发事件时，便于在现场进行更好的沟通和磋商；

●通过举行联合培训、计划制订研讨会及非正式社会活动（如场外会餐）的方式，发展不同机构之间的联系，从而更好地进行合作；

●鼓励所有相关机构的高级、中级工作人员积极参加联合培训和计划制订研讨会，以加强机构之间的关系建设，从而更好地进行沟通，建立彼此间的信任，认识和了解不同机构所发挥的重要作用；

●不断加强高级管理，对年度培训和机构之间的交流提供现实支持，为联合发起的倡议提供专门的资源；

●按程序进行协调，并将所获得的全面综合信息发布给新闻媒体，预防发生公众恐慌和对事件的夸大性认识。

四、结束语

公共交通是人们日常生活中不可缺少的组成部分。如何建立便利、高效、安全的公共交通网络是世界各国努力的最终目标。英国作为公交网络发展最早、效率最高的国家之一，其成功经验值得学习。

伦敦地铁爆炸案后，英国警方、伦敦交通局等机构所采取的多种公交安全保障措施，特别是地铁安保方面的一些做法值得借鉴。

主要参考资料及来源：

1. 《英国交通警察 2008—2011 年战略计划》：http：//btpa. police. uk/police - strategy/introduction

2. 伦敦交通局网站：http：//www. tfl. gov. uk/tfl/

3. 伦敦大都市警察厅网站：http：//content. met. police. uk/home

4. 伦敦市警察局网站：http：//www. cityoflondon. police. uk/

5. 英国交通警察局网站：http：//www. btp. police. uk/

法国：注重公共交通安全细节

　　法国是公共交通（以下简称"公交"）比较发达的国家，除了常规的公共汽车外，大运量快速轨道交通系统也发展迅速，巴黎、里尔、里昂、马赛、图卢兹和鲁昂等大城市拥有地铁，100 多个城市拥有有轨电车网。其中，巴黎大区的公交更是种类齐全，拥有 16 条地铁、4 条有轨电车、5 条巴黎大区地铁快线（RER）和一个扩大的郊区铁路网、1254 条公共汽车线路、10 万多个换乘停车位（中转停车场），形成了丰富完善的公交体系。

　　发达的公共交通在给法国城市居民日常出行提供便利的同时，发生在其中的治安问题也不可避免地给公交用户带来困扰。公交系统发生的治安事件一直持续不断，犯罪类型也是多种多样，比如盗窃、抢劫、性侵犯等。虽然发生在法国公交系统的案件都属于小型犯罪案件，很少发生恶性伤害案件，多年以来也未发生过严重突发事件和恐怖袭击事件，但法国政府注重细节，提高警惕，一方面加强了公交运营安全管理和治安管理力度，责成有关部门出台有力的管控措施；另一方面也在不断提高普通市民的安全预防和自我保护意识。现将法国公交系统运营状况以及该系统治安管理的有关做法介绍如下：

一、公交运营和治安情况

（一）城市公交运营管理现状

1. 总体情况

　　法国城市公共交通管理体制以"城市交通管理委员会"（AOTU）为管理机构，"城市交通服务区"（PTU）为责权范围，"城市交通税"（VT）为资金来源，三者相互支持，构成了法国地方化的城市公共交通建设与管理机制的基础。

　　法国的公交服务采用所有权和经营权分开的模式：所有权为公有，由行业主管单位"城市交通管理委员会"管理，地方政府收购公交设施的所有权并负责新的投资建设，经营权则由运营公司负责。法国城市公共交通企业包括私营、公私合营和国营三种不同的经营形式，公交企业与"城市交通管理委员会"之间存在服务合同关系。

　　由于公共交通的特殊性，在法国城市公共交通中，控制整个市场的仍是少数企业，国有部门或政府在城市公共交通发展中的作用更显重要。从城市交通的分担来看，外省的城市交通主要由三大运营集团所控制。威望迪集团100%控股的子公司承担了城市交通的13%，法国国家铁路公司的子公司凯欧利公司承担了38%，世界排名第四的公交私营企业Transdev公司承担了15%。三家公司共承担外省公共交通的66%，再加上市政府直属公司承担的10%的客运量，其他所有公司也只承担外省城市交通的10%。巴黎大区国有公司对城市交通的控制力更加明显。整个巴黎大区共有98个运营商，仅国有的巴黎独立运输公司（简称RATP，拥有4万名职工）承担的客运量就达75%，并主要集中在城市中心区域。法国国家铁路公司（简称SNCF，拥有2万名职工）承担的客运量占17%。其他96家私营公共汽车公司（仅5000名职工）承担的客运量只有8%，并且主要是在城郊。

2．巴黎大区公交类型及其运营现状

巴黎大区由8个省共1281个市镇组成。位于中心的巴黎市具有市镇和省的双重身份，划分为20个城区，分设区政府。围绕巴黎市，其余的7个省形成内外两个圈层：内圈由紧邻巴黎市的三个省（上塞纳省、塞纳圣德尼省、马恩河谷省）组成，其中的大部分地区已经形成和巴黎城区连续的共城市化地区，实际上是巴黎市的近郊区；位于外围的四个省（瓦兹河谷省、伊夫林省、埃松省和塞纳马恩省）规模较大，但城市化地区分散，保留着大量的森林和农业保护区。

巴黎大区拥有堪称世界上最完备的城市公交体系，这一系统由多种公交网络组成：

（1）地铁（Metro）：巴黎是世界上最早建设地铁的城市之一。首条地铁线开通于1900年万国博览会，发展到今天已经形成总长211公里由16条线路（14条主线和2条支线）交织成的密集的地铁网。这一网络主要分布在巴黎的市区范围内，共设有380个站点，87个交汇点。

（2）地区铁路快线（简称RER），又称"区域快铁"、"大区快铁"或"深层快线地铁"，是1963年开工建设的贯穿巴黎市区并延伸到远郊区的大运量铁路公交线。在巴黎市区内，地区铁

巴黎地铁标志

路快线从地铁网下方穿过，并通过若干换乘枢纽与地铁网接驳。目前共有 5 条线路：A（A1～A5）、B（B1～B5）、C（C1～C8）、D（D1～D4）、E，呈放射状分布。由于历史原因，地区铁路快线的路线分由两家公司管理：巴黎独立运输公司（RATP）和法国国家铁路公司（SNCF）。

地区铁路快线

（3）铁路郊线（Transilien）：在没有地区铁路快线通达的郊区市镇，原有的发达的铁路网就发挥了城市客运的作用。目前每天约有 5000 次郊线火车从 5 个火车站始发，年运送旅客 5.47 亿人次，线路总长 1286 公里，由法国国家铁路公司（SNCF）经营。

（4）公共汽车（Bus）：巴黎市区内现有公交线路 59 条（线路总长 566 公里），近郊公交线路 202 条（线路总长 2191 公里），远郊区公交线路 928 条（线路总长 15916 公里）。

（5）有轨电车（Tramway）：迄今已有 4 条路线，其中 3 条为巴黎独立运输公司经营。T1 和 T2 位于巴黎近郊区，T3 位于巴黎市区。

（6）马恩河谷公交专线（TVM）：这是在完全封闭的专用道上由特殊的公共汽车提供的快速公交服务。目前建成 1 条，位于巴黎东南的 94 省，线路长度 205 公里，停靠站点 34 个。

（7）出租车（Taxi）：整个巴黎大区约有 42000 辆出租车，但其中只有约 15000 辆可以在巴黎市及其近郊载客。所有的出租车均为个体经营，但需要个人持有许可经营执照。出租司机也可以自由加盟或联合创办出租车调度公司，但巴黎的出租汽车公司与司机之间并没有严格的雇佣关系。

3. 著名公交运营企业介绍

（1）巴黎独立运输公司简介

巴黎独立运输公司（简称 RATP）是国有企业，受巴黎大区运输联合会指派，负责巴黎市区及近郊大众运输工具的营运，包括：巴黎地铁（16 条路线）、公共汽车（路线长度达 3403 公里，遍及全区，其中有 569 公里处于巴黎市区）、巴黎有轨电车（1、2、3 号线）、大区快铁（RER）A（A1、A2 和 A4）线、B 线巴黎北站以南的线路、蒙马特缆车和马恩河谷公交专线（TVM）。（图为巴黎独立运输公司的标志）

（2）法国国家铁路公司简介

法国国家铁路公司（简称 SNCF）是法国最大的国有企业之一，也是欧盟区内仅次于德国铁路公司（DB）的第二大铁路公司，总部位于巴黎。国家铁路公司在全国范围内经营铁路货运和客运，并承担经营和维护国有铁路的任务。在巴黎大区城市公共交通中，国家铁路公司经营区域快铁（RER）的 A3、A5、C、D、E 线，以及连接市区和郊区的巴黎铁路郊线。

（二）城市公交治安状况

近几年来，法国公交运输中的治安事件不断增长。据法国国家犯罪观察所（OND）2007 年得出的一份数据报告显示，当年巴黎地铁共接到约 2 万起报案，其中约 1.85 万起为财产侵害，包括 13863 起盗窃案和 4653 起抢劫案，抢劫案中又有 117 起涉及性暴力。所有的盗窃案中，有 68% 发生在巴黎市区内，有 40% 的盗窃案是偷手机。在巴黎近郊地区的所有报案中，22.1% 为人身侵害，在偏远郊地区，这个数据则达 30%。

在巴黎各条地铁线路当中，4 号线占了所有案件的 17.5%，所有抢劫案的 13.3%，所有盗窃案的 12.6%；1 号线占了所有盗窃案的 11.8%；5 号线占了所有抢劫案的 10.3%；13 号线占了所有暴力威胁案件的 10.7%。1/3 的案件发生在 17～21 时之间，而侵害案则多发生于 21 时～次日 6 时之间（占所有抢劫案的 19.2% 和所有纯人身侵害案的 19.1%）。

法国国家犯罪观察所针对 6500 名受害者进行研究，发现其中有 53.6% 是男性，而且抢劫案 58.9% 和暴力威胁案件的 73.4% 的受害者也是男性。46.4% 的受害者为 30 岁以下的年轻人，其中 7.1% 的年轻人为未成年人，受害者的平均年龄为 31 岁。

2008—2009 年，在巴黎大区快铁（RER）B 线上发生的人身安全侵害事件大幅度增加，盗窃和侵犯乘客案件增加了 47.5%。根据巴黎独立运输公司（RATP）公布的内部数据，2009 年侵害乘客安全事件有 354 起，2008 年为 240 起。在这些统计数据中，暴力抢劫的增加最为惊人，2009 年为 217 起（2008 年 95 起），增长了 128%。扒窃增长了 40.54%（2009 年为 52 起，2008 年为 37 起），无端的暴力行为稍有下降（2009 年为 130 起，2008 年为 137 起）。

据法国《费加罗报》2010 年 12 月 30 日刊登的巴黎警察总局的一份报告披露，2010 年前 11 个月，巴黎大区公交运输工具中共统计到 9501 起盗窃袭击案件，比上一年同期增加 39.3%。其中，50.3% 的案件发生在巴黎市内铁路运输网络，上塞纳省、塞纳圣德尼省、马恩河谷省的近郊网络占 27.4%，瓦兹河谷省、伊夫林省、埃松省和塞纳马恩省的远郊网络占 22.3%。

2010 年发生的公交盗窃案件中，75% 与手机有关，其中半数与智能手机有关。根据巴黎警方 2010 年 12 月 22 日公布的题为"苹果手机效应"的内部材料显示，按照地铁、大区快铁、巴黎铁路郊线火车上失窃物品的类别而进行的犯罪现象分析，结果非常清楚地表明：在 2010 年 11 月乘客失窃的 2813 件个人物品当中，至少 1395 件是手机，占失窃物品的 1/2。其中，仅苹果手机就占失窃物品的 27.59%。鉴于这种公交治安案件大幅增长的趋势，巴黎警察总局向乘客展开了大规模的防范宣传运动，为乘客提供了 5 万份用多种语言撰写的教育性很强的简明手册。提醒乘客提高警惕，加强防范意识。

二、公交治安主管机构及其职能

从宏观角度而言，法国的城市公交治安工作是由内政部统一管理，制定相关政策，指挥和指导各地相关机构和部门开展公交治安事件预防和打击工作。

具体而言，法国承担公交治安任务的组织机构主要分为三类：一是国家政府机构中的警察和宪兵部队；二是公共交通运输经营企业中的保安和警卫团队；三是民间团体组织的志愿者巡逻队。

国家政府部门中的警察和宪兵部队是法国维护社会治安的两大主力，因此，保证公共交通运输安全，维护公交正常秩序，预防和打击公交线路及场所中的犯罪，是警察和宪兵日常工作的重要内容。通常，各省市警方设有相关主管部门，具体负责公交治安工作，比如巴黎地区交通运输警察局。

公共交通运输经营企业中的保安和警卫团队。公共交通经营企业不仅要保证完成公共交通承运任务，同时还要对乘客的人身和财产安全、企业的员工和财产安全负责，保证维护公交正常运营秩序。为此，这些企业要设立专门的团队，招募和培训专门的人员，用以保证本企业公交运营责任范围内的安全。在此方面比较著名的有巴黎独立运输公司（RATP）的路网保护和安全大队（GPSR）、法国国家铁路公司（SNCF）的铁路警戒队（SUGE），以及尼斯公交公司的"机动干预大队"（BMI）等。

民间团体组织的志愿者巡逻队是某些民间团体出于公交安全考虑组织的志愿者队伍，往来于公共交通线路，调解纠纷，制止不文明行为，遇有犯罪事件发生，及时通知警察。

以上三种力量相互配合，互为补充，共同为维护公交安全尽责。现以巴黎大区、尼斯和图鲁兹市的有关组织机构为例，进行介绍。

（一）巴黎地区交通运输警察局

地区交通运输警察局（简称 PRT），原名"地区交通运输治安管理处"（SRPT），于 2002 年成立，是巴黎警察总局专门负责巴黎大区公共交通运输安全的部门，现隶属 2009 年 9 月巴黎警察总局改革后总局内新成立的部门——巴黎近郊安防局（DSPAP）。地区交通运输警察局听从巴黎警察总局长的指挥，现有 1300 名公务人员。

1. 组织机构及其职能

地区交通运输警察局由以下 3 个主要部门组成：

巴黎大区交通运输警察局标志

（1）铁路网大队（BRF），包括：

①巴黎地铁路网安全科（SSRP），负责巴黎地铁安全；

②郊区路网安全科（SSRB），负责巴黎区域快铁和大区铁路郊线的安全；

③路网夜间安全科（SSNR）。

（2）巴黎火车站治安处（DPGP），包括：

火车站治安队（UPG），分别在巴黎的 8 大车站（奥斯特利茨站、里昂站、蒙帕纳斯站、东站、圣拉扎尔站、北站、夏特雷—大堂站、丹尼站）负责安全和警察分管的城市街区工作，并接待公众和受害者。

（3）司法调查处（DIJ），包括：

①司法处置队（UTJ），分别在北站、夏特雷—大堂站和里昂站负责实时处理事务，类似于医院的急诊室；

②搜查和调查队（URI），特别负责最为疑难或敏感案件的调查工作；

③反犯罪大队（BAC），穿着便装在巴黎地铁中行动。

从行动队伍角度讲，地区交通运输警察局包括以下队伍：

● 巴黎地铁路网安全科的 3 个着装的日间大队（代号 J1、J2、J3）；

● 郊区路网安全科的 3 个着装的日间大队（代号 J1、J2、J3）；

● 3 个着装的夜间大队（代号 N1、N2、N3）；

● 打击犯罪大队（BAC）；

● 路网支持队（UAR）；

● 设置在巴黎火车站中的司法活动中心（司法处置队）；

· 1 个搜查和调查队（URI）。

以巴黎北站为基地的司法身份验证活动中心负责保障巴黎司法处置队的个人标记识别以及现场验证工作。

地区交通运输警察局内还设有行政管理部门，以及涉及计算机维护等技术部门。行政管理部门包括：

· 总秘书处；

· 信息和指挥室：集中处理从安装在巴黎独立运输公司和法国国家铁路公司网络上的数千个摄像机发回的所有图像，指挥和管理地区交通运输警察局（PRT）所有现场工作人员和车辆；

· 每个巴黎地铁路网安全科和郊区路网安全科连队设置一个工作秩序办公室（BOE）；

· 设备器材办公室。

2．任务

· 打击巴黎大区交通路网上的犯罪；

· 保证巴黎大区快铁路网和车站的安全；

· 在巴黎大区交通路网上经常性地检查人员身份；

· 在巴黎独立运输公司进行例行检查时，或者在巴黎独立运输公司和国家铁路公司人员受到侵犯时，对其进行援助；

· 穿着便装开展巴黎警察总局反犯罪大队的工作。

3．权限和人员编制

地区交通运输警察局在组成巴黎大区的 8 个省中具有管辖权，在国家警察和国家宪兵控制区都可以行使权力。主要编制人员由治安警察和安全助理组成，每个大队大约 80～100 人。

4．装备

（1）无线电设备

地区交通运输警察局依据行动场所和行动范围配备了 5 种无线电联络手段：

· Tetra 无线电装置：逐步替代 Aigle 无线电装置；

· Aigle 无线电装置：巴黎独立运输公司路网联络使用的无线电装置（地面和地下）；

· Iris 无线电装置：法国国家

巴黎警察在地铁巡逻

铁路公司路网联络使用的无线电装置（地面和地下）；

　　● Acropol 无线电装置：所有警察部门使用的传统的无线电装置；

　　● GSM 电话：直接与无线电控制室联络使用的电话。

　　（2）制服

　　在编人员根据季节的不同在铁路网线上执勤时有两种不同的制服。

　　冬装为治安服，海军蓝粗麻布长裤，黑色高帮鞋。对于郊区人员，由于比市区寒冷，所以可能是"新式制服"夹克衫。制服的胸部刺绣有大号的"警察"字样。

　　夏装为城市邻近警察局的海军蓝衬衫，海军蓝粗麻布长裤，黑色高帮鞋。帽子是棒球帽式带"警察"字样的鸭舌帽（新式制服），或者是反犯罪大队类型的鸭舌帽。

　　（3）配发的武器装备

　　● T 型警棍；

　　● 300 毫升 CS 气体或凝胶催泪剂；

　　● 泰瑟枪；

　　● 可发射多种非致命性弹药的"闪光弹"

巴黎交通运输警察局警员着装

牌防爆枪和 40 毫米口径榴弹发射器。

　　5. 地铁治安维护工作

　　在巴黎地下铁路网中，地区交通运输警察局（PRT）管辖着 16 条地铁线和两条大区快铁（RER）总共 300 多公里线路与站台总面积达 30 公顷的 380 个地铁站、64 个 RER 车站、400 多名乘客过往大厅以及 100 多公里的地下通道。在每天客流量超过 600 万人次的巴黎地铁网中，地区交通运输警察局的警察们要预防和打击扒窃、抢劫、对乘客施暴、对地铁工作人员施暴、撬自动售票机以偷盗票款、违反铁路治安的犯罪行为等各种违法犯罪活动。他们管理和控制地铁内治安的主要手段：一是利用摄像机监控各站台、通道、大厅内的情况；二是进行巡逻检查，白天为二或三人一组，晚上是三人一组，为了能迅速对付可能发生的各种情况，这些巡逻警察都配备小型无线电通讯装置。

　　地区交通运输警察局与国家警察和国家宪兵的有关部门、巴黎独立运输公司的路网安全和保护大队（GPSR）以及法国国家铁路公司的铁路警戒队（SUGE）合作，确保每天乘坐巴黎大区公共交通工具的 700 万名乘客的安全。每天，大约有 130 个巡逻队在地铁、区域快铁（RER）、铁路郊线和公共汽车的 600 个车站和 700 个地铁车厢进行安全巡视，重点关注最为敏感的线路和时间段。自地区交通运输警察局创建以来，巴黎大区铁路网中的犯罪减少了近一半，特别是扒窃案大幅度减少。

（二）路网安全和保护大队

路网安全和保护大队（简称 GPSR）或称巴黎独立运输公司保安队，是 1994 年 11 月 1 日由 1989 年成立的巴黎独立运输公司路网保护和干预大队（GIPR）与法国国家铁路公司的铁路警戒队（SUGE）合并成立的公司内部安全机构。路网安全和保护大队大约有 1000 名安全员，负责在巴黎地铁和区域快铁（RER）的归属巴黎独立运输公司经营的所有路网上（包括车厢和车站中）巡逻，保证人员（乘客和职员）的安全，保护巴黎独立运输公司的财产和设施，尊重（不妨碍）铁路警察的工作。

成为路网安全和保护大队队员的要求是无犯罪记录，拥有携带武器许可证。他们必须穿着带有登记号码的藏青色制服，制服的正面和背面都明显地标有"RATP"的公司标志，他们巡逻时配备的狼狗也同样穿着带有"RATP"字样的背心。路网安全和保护大队队员装备有无线电通讯装置、催泪弹、T 型警棍和手铐，可以说是真正的全副武装。其中一些职员配有鲁格牌手枪，通常是原国家铁路公司铁路警戒队（SUGE）的老队员，他们在路网安全和保护大队成立之前就已配备武器。

巴黎独立运输公司保安员

路网安全和保护大队的所有工作人员均是宣誓就职，有时是经过共和国检察官授权（在铁路警察岗位上），共和国检察官授予他们证实和确定违法犯罪的权力，特别是有关犯罪笔录方面的权力。因此，路网安全和保护大队队员在巴黎独立运输公司经营的各种运输工具上巡视时，作笔录是他们最惯常的工作之一。但是，他们没有执法权，仅仅是扣留犯罪嫌疑人直至警察到来。事实上，他们大多时候的半官方任务是清除地铁中的无家可归者、卖花生和卖报纸的小商贩，劝阻他们不要在地铁中停留。

（三）铁路警戒队

铁路警戒队（简称 SUGE），由法国国家铁路公司的 2200 多名安全员组成，其中一半以上在巴黎大区，组成大队形式工作。铁路警戒队的安全员均穿着制服，持有携带武器许可证，宣誓就职。制服上有传统式样的徽章（见右图），徽章的上半部分有"铁路保安"和"法国国家铁路公司"的标记，徽章的下半部分有"警戒队"字样围绕一个双色区（划分蓝红两色的垂直区），上面以白色清楚地显示法国地图的形状。铁路警戒队队员腰带上别着手枪、催泪弹和 T 型警棍，与国家警察的外表相似。

1845 年 7 月 15 日法律规定，铁路警戒队的任务是"保护铁路设施的完整性，保证良好秩序和旅客的安全与安宁"。2007 年 3 月 5 日的法律规定铁路警戒队的任务是预防犯罪。他们的行动范围限于火车站、火车内以及法国国家铁路公司的领地。具体而言，他们要保证乘客的安宁、保护运输的货物、保护铁路场所安全，避免未经允许进入上述场所的人员遭受危险。他们以可见性的出场而使人安心，遇到违章事件时采取干预行动，必要时与国家铁路公司的全国安全指挥部联系，请求支援。他们可以通过笔录方式证明违犯铁路治安的犯罪，包括：无正当理由启动报警信号，损坏设备，没有运输凭证（车票）乘车，等等。他们可以盘问犯罪行为人，甚至将其扣留以便送交治安主管部门。他们与治安部队紧密合作，必要时求助于治安部队。此外，铁路警戒队的工作还涉及以下内容：

铁路警戒队制服徽章

- 看管和保护企业财产；
- 监视铁路服务的良好运转；
- 为其他企业服务在安全方面提供建议；
- 对企业职员个人情况进行调查；
- 监视和干预企业内部请愿示威活动；
- 检查运输凭证（车票）；
- 维持秩序。

在培训方面，铁路警戒队队员要在法国国家铁路公司的国立安全学校接受为期 5 个月的初始培训。这些培训的内容包括：刑法、治安、射击和干预技术。除此之外，队员们不断接受在职继续培训，使他们调整服务态度以适应安全工作的需求。

（四）尼斯公共交通公司"机动干预大队"

从 2000 年起，尼斯公共交通公司（ST2N）招聘宣誓职员，保证该公司所有公共汽车和有轨电车通行线路的安全。这些职员的任务是介入小事件，使司机和乘客安心。他们是法国第一个进行这种尝试的公交网。

名为"机动干预大队"（简称 BMI）的这个部门以国家、城市及经营企业之间签署协议的方式创建，现有 20 名职员。通过无线电与尼斯公共交通公司指挥中心联系，这些公交网络"守护天使"承担预防和控制任务，干预解决各种问题，包括：对公交通道或车站因汽车与有轨电车碰撞而堵塞进行管理，解决喧哗、不礼貌的言行、投掷臭弹、伤害和争吵等问题。机动干预大队平均每天处理 15 个问题。

尼斯机动干预大队巡逻车

据尼斯市民反映，由于机动干预大队的存在，除了解决不安全问题，还成功地克服了他们的恐惧感，公交气氛发生了改变。例如，过去公交司机在车内乘客喧哗时不干预，现在会毫不犹豫地加以制止，因为他们知道自己不再孤军作战。

如今，在尼斯的每辆公共汽车和有轨电车内都安装了摄像机和车载扬声器等安全装置，其中包括一个紧急呼叫按钮，可使司机请求支援。一旦按下此按钮，公交公司的控制中心就会看到和听到发生问题的公交车内的情况，于是派机动干预大队队员给予支援。

（五）图卢兹地铁守护天使

很多人都知道美国纽约地铁的"守护天使"，这些在纽约地铁中打击犯罪的志愿者大队成立于 20 世纪 80 年代。2010 年 2 月，法国图卢兹市地铁也有了自己的守护天使。这支地铁安全队有 47 名年轻的调解员，隶属调节预防接力协会。他们往来于公交线路，倾听乘客的声音，致力于解决不礼貌言行和犯罪问题。这些青年大部分来自贫困街区，曾经是问题青年，经过成人教育培训，获得城市公共交通中的社会调解员证书。巡逻时遇到严重问题时，他们就呼叫警察来解决。

三、城市公交系统治安管理措施

法国内政部一直比较重视公交治安问题，面对近年来公交治安事件频发的状况，内政部主管的各相关机构纷纷采取应对措施，预防和打击并举。例如，巴黎警察总局在 2010 年前 4 个月中在巴黎 8 大火车站之一的巴黎北站，针对公交犯罪问题开展了一系列名为"拳击"的重拳突击行动，取得了较好的效果。2010年 4 月，内政部又提出全国公交安全计划，更是把公交安全问题提升到一个新的高度加以对待。现将有关情况进行介绍。

1. 各方配合，共同努力，形成公交安保长效机制

尽管法国公共交通治安事件时有发生，但大多是小偷小摸、小打小闹类型的事件，多年以来并未出现过严重的突发事件，公交总体运营秩序趋于良好。这与治安部门和经营企业的共同努力，与老百姓的配合是分不开的。

例如，巴黎地铁多年来运行良好，得益于两个"制度"，即"三级巡逻"制度和"定期消防演习"制度。治安警察、地铁和巴黎独立运输公司的保安人员联手在地铁站内巡逻，检查可疑人员和物品，遇到无人认领的包裹，会有专业人员爆破处理。消防人员选择凌晨 1~5 点列车非运营时间，定期在地铁站进行防火、防爆、防毒气的演习。

巴黎公交系统负责人曾表示，城市公交系统的安全依赖于民众的主动配合。巴黎百姓安全防范意识普遍较强，在公交线上有许多爱管"闲事"的人，一有异常他们就可能上前干预或报警，而在巴黎的道路边、车厢内和站台上，报警点多处可见。

2. 巴黎北站的公交安全举措

巴黎北站是欧洲最繁忙的铁路交通枢纽站。近几年来，巴黎警察一直在努力应对北站的治安问题。特别是 2010 年前 4 个月，巴黎警察总局在这里开展了 147次名为"安全封锁"和"拳击"的安全行动，巡逻过程中盘问可疑人员 963 人次。2010 年 1 月 1 日至 3 月 31 日，清查出犯罪 593 起，比 2009 年同期的 710 起减少 20%。

巴黎警察总局在北站的做法可概括为三种行动：预防、打击和协作。

第一种行动：利用视频监控保护手段进行预防。众所周知，视频监控可以威慑、识别犯罪，甚至可以抑制犯罪。截至 2010 年年底，北站视频监控摄像机的数量已从过去的 350 台发展到 504 台。

第二种行动：增加"拳击"行动的次数。警察突击包围一个区域，现场全面检查：筛选、检查身份，必要时进行盘问。此类行动每周随机组织多次，不仅可以使场所使用者安心，更可以令犯罪分子不安。犯罪分子会感觉被警察封锁，

无法进行危害活动。

第三种行动：努力开展现场协作。北站的火车站治安队针对安全的各个方面采取行动。

● 通过经常与商户接触以及同国家铁路公司发展合作关系，采取预防措施；

● 广泛接待公众，倾听公众的声音（每周 7 天，每天 6：30 ~ 22：40 接待和接受投诉）；

● 至少安排 2 支巡逻队保持在北站持续巡逻，对犯罪起到威慑和抑制作用。

北站的火车站治安队进行旨在确保车站及其周边环境安全的更广泛的部署，因为其行动的目标显然不是把北站的暴力犯罪转移到它的周边地区，因此，他们努力与以下警察和宪兵单位同心协力开展联合行动：

● 铁路路网大队（BRF）；

● 司法调查处，每周 7 天，全天 24 小时开放，2009 年处理诉讼案卷 2 万多件，其中 1/4 的结果是当事人被拘禁；

● 地区交通运输警察局的巡逻队（SRDPT）；

● 反犯罪大队（BAC）；

● 路网支持队（UAR）；

● 打击团伙犯罪专业化路网支持队；

● 3 支增援巡逻队（共和国保安部队或者宪兵）；

● 在"维吉海盗"反恐怖计划范围内应募入伍的军人。

此外，北站的火车站治安队不断尝试与公交经营企业，如巴黎独立运输公司（RATP）和国家铁路公司（SNCF）合作行动，特别是与国家铁路公司的铁路警戒队（SUGE）进行紧密而有效的合作。

在实施上述 3 种行动的同时，巴黎警察总局制订了以下 3 个明确目标：

第一个目标：打击团伙犯罪。

由于有关部门提供较好的情报信息以及实时利用视频监控，安保人员能够尽早探测到危险团伙出现在路网中，可能向北站聚集。大部分团伙乘坐在北站交汇的交通线或在北站中移动，都会被认出和确定。通过与交通运输经营商的保安部门密切合作，巴黎警察将确保对交通运输场所最理想的保护，并在发生事件时快速地反应。

第二个目标：打击暴力抢劫和扒窃。

具体而言，要求巡逻队要同时做到以下几点：

● 通过更多地向场所使用者和商户提出谨慎忠告，预防此类危险；

● 劝阻，进行明显的安全部署；

● 打击非法携带武器和隐蔽盗窃等行为。

第三个目标：打击毁坏物品的行为。

借助机械手段和对建筑物的保护，营造安全的环境。在此方面，与经营运输企业的合作比较到位。同时，加强对涂鸦者的管控。

内政部部长希望使巴黎北站开展的治安行动成为其他地方警察部门学习的榜样，并要求在全巴黎大区范围内推广这一模式。2010 年 6 月，巴黎警察总局局长已按照内政部部长的要求，提交了一份有关巴黎城市及其郊区最敏感的 20 条线路和 100 个车站的明确的安全评估报告。地区交通运输警察局根据实际情况调整了这些线路的安全目标，确定在最敏感线路上明确的行动计划。

同时，在地区交通运输警察局的指挥中心成立了一个巴黎大区全路网监控办公室，负责实时监控团伙犯罪，并及时指导现场巡逻行动。

3. 全国公交安全计划

内政部鉴于在巴黎北站治安管理工作中的有益尝试，2010 年 4 月 14 日，内政部部长奥尔特弗宣布了加强全国公交安全计划，目的是消除交通运输中的暴力，最大限度地减少影响公共服务质量的事件和破坏行为。此项计划包括两大主要方面：一是最好地预防，二是不同参与者之间最大程度的协作。为此，增设视频监控系统，并成立一支"特遣队"。全国公交安全计划的具体举措如下：

（1）通过以下措施进行预防工作

①发展视频监控保护计划。截至 2010 年年初，在法国公共汽车和有轨电车上大约安装有 17000 台车载摄像机，在列车车厢和火车站有 14400 台。法国国家铁路公司已经保证到 2012—2013 年，将视频监控摄像机的数量发展到 25000 台。为此，法国政府在 2010 年投入 3000 万欧元用于推广公交视频保护计划。

②更好地确定威胁目标。某些线路集中了大部分被观察到的犯罪现象，是犯罪分子的首选目标。内政部部长要求治安不良地段的有关省长在 2010 年 5 月底以前"按每个火车站、每列火车、每辆公共汽车、每列有轨电车的情况，列出一张摄像机保护地图"。计划在已经详细研究过的地方全力对付最敏感的线路。

③占领已完成安全评估的区域中最重要的场所。在巴黎，加强对法国国家铁路公司的 6 大火车站和巴黎独立运输公司的车站，特别是对北站的重点关注。在巴黎郊区，圣丹尼斯火车站和拉德芳斯火车站作为真正的枢纽，将受到更多的监控。涉及具体线路，内政部部长宣布了大巴黎的 4 大中心线需要加强安全措施，即：巴黎—博韦，巴黎—芒特拉若利，巴黎—克雷伊，巴黎—德勒。在其中的每个火车站中，将实施以下行动：

● 司法处置：目的是将火车站治安队发展为真正的火车站派出所；

● 发展地铁/区域快铁（RER）/火车/公共汽车等路网的多用途巡逻，以便使巡逻与疑犯的移动同步。

（2）通过以下方式加强协作

①建立一支"交通运输安全特遣队"，内政部部长每两周召集一次交通国务

秘书、国内治安部队最高长官（巴黎警察总局局长、国家警察总局局长、国家宪兵总局局长）和大型经营企业负责人会议。"特遣队"是对公共交通领域的不安全现象展开联合作战的"司令部"，根据新设的公共交通安全协调单位每日传达的情报，决定和调整公交安全行动的政策。

②所有地方参与者的共同参与，即强调集体性，因为安全是一种艰难的斗争，是大家共同的责任。这需要借助以下手段来实现：

● 2010 年年底前在国家和地区之间签订"交通运输安全地方契约"。内政部部长强调："在安全方面，地区应该更多地成为国家政府的合作者"；

● 支持经营企业设备的现代化，照亮火车站，在地方行政单位的帮助下消除车站墙壁、地铁车厢等处的涂鸦；

● 与公交经营企业一起开发大城市公共汽车和有轨电车上的仪表板警示系统，使与其最接近的警察分局或宪兵队能够确定遇到麻烦的公共汽车或有轨电车的地理位置。

4. 维护公交安全的技术手段

为应对公共交通运输中的安全问题，技术解决方案必不可少。法国有关部门使用的技术手段主要包括以下几种：

（1）设置防止侵犯的小隔间

为了保护司机免受侵犯，可以安装一个完全封闭的驾驶室。但是，很少有司机接受这种解决方案。他们认为自己的工作是一种与顾客接触的职业，不愿因此把自己与乘客隔离。

法国公共汽车制造者建议选择一种防止侵犯的小隔间，使用一种可以快速升起的气动玻璃窗，可按照司机的要求，瞬间将驾驶的位置封闭。

（2）使用车载视频监控装置

为了限制公共运输车辆中的恶意行为，越来越多的经营企业应职员和乘客的要求，安装了车载视频监视装置。一台或两台较好地测定安装位置（前门或中心走廊）的摄像机足以监视到一辆公共汽车的安全情况。

随着视频技术的发展，法国公共交通线路上的车载视频装置也随着时间的推移在不断变化。

车载视频监控装置

视频记录可以是连续的，也可以按照司

机的要求启动。公交车内拍摄的数据由于使用的系统不同,保存的平均有效期限从数小时到数天不等。

视频监控系统可以与无线电通信网络互联,使得调度员可以听到车辆内发生的情况,还可以将声音传送到警察局。

许多公司提出附自动记录仪的车载视频监控解决方案。所有这些产品将图像存储在 20 ~ 200G 容量的硬盘上。存储期限取决于硬盘的大小以及所使用的压缩法。某些制造商提出移动视频解决方案,通过无线连接将图像传输到车外。远处接收端可以利用图像显示模块,在遵守法律规定的前提下,向相关人员显示存储的图像。

车载视频监控系统显示的图像

(3)报警装置

巴黎的公共汽车大多装备有连接巴黎独立运输公司(RATP)安全指挥部(PC2000)的报警装置,一旦发生事故,司机会隐蔽地按下报警装置,通知指挥部,指挥部立即联络警察局或者路网安全和保护大队(GPSR)行动队,随即采取相应的行动。

在 2010 年发布的全国公交安全计划中,内政部部长指出:国家将协助公交经营企业在公共汽车和有轨电车的仪表盘上研制设立一套报警系统,以便在车辆遭遇攻击时可紧急向警方求救并立刻展开行动。此项部署尤其涉及大巴黎地区的敏感街区。

鉴于公共交通系统运营安全的重要性,法国政府近年来不断加大资金和人员投入力度,持续改进该系统的治安防范措施,集社会各方之力确保公交系统运营安全。其良好的做法对我国完善公交系统安保措施,改进相关工作模式无疑会起到积极的作用。

主要参考资料及来源:

1. 法国内政部网站:http://www. interieur. gouv. fr
2. 巴黎警察总局网站:http://www. prefecturedepolice. interieur. gouv. fr
3. 法国著名周刊《观点》杂志网站:http://www. lepoint. fr
4. 法国主流媒体《费加罗报》网站:http://www. lefigaro. fr

5. 法国欧洲时报网：http：//www. oushinet. com

6. 卓健．"法国城市公共交通的发展建设与组织管理"．国外城市规划，第19卷，总81期，2004－05

澳大利亚：加强警察监管力度

澳大利亚地广人稀，国土面积约 770 万平方公里，是全球土地面积第六大的国家，但人口却不到 2300 万①。虽然私家车是必不可少的交通工具，但越来越多的澳大利亚人正在开始使用相对便宜的公共交通出行，并希望拥有一个完善的公共交通系统。这也促使澳大利亚各级政府积极采取措施，大力发展公共交通事业，同时加强警察对公共交通的监管力度，提高公共交通系统的服务水平和安全状况，为民众提供生活便利，提高出行效率，保障出行安全。

一、地面公共交通运营和治安概况

澳大利亚虽四面环水，但沙漠和半沙漠却占全国面积的 35%，地形除平原外，还有山地和高原，河道、暗礁和港口众多。复杂的地理环境催生了各种形式的地面公共交通方式。

（一）公共交通类型

澳大利亚的地面公共交通包括：火车、长途汽车、公共汽车、有轨电车、出租车、轮渡等。

澳大利亚的首府城市通常是几种公共交通方式并存。悉尼市的公共交通工具包括客运轿车、摩托车、城市轻轨、公共汽车和轮渡等。相对悉尼而言，墨尔本、阿德雷德没有轮渡；布里斯班、珀斯没有轻轨；霍巴特、达尔文、堪培拉则没有铁路、轻轨、轮渡。②

在墨尔本，出租车是许多人出行选择的交通工具，有轨电车则从中心城区一直通到郊区，其公交车也四通八达，运营至深夜。珀斯市的特色交通是在中央商务区有红、黄、蓝 3 路"猫"线公共汽车，为乘客提供免费服务。由于珀斯被天鹅河分为两部分，所以渡轮也成为这个城市公共交通的一部分。悉尼的公共汽车网络延伸至绝大多数市郊，单轨铁路和城市轻轨则是市中心出行的很好途径。单轨铁路环绕达伶港，将其与市中心连接起来；城市轻轨经过达伶港与唐人街，在

---

① 参见：澳大利亚统计局网站（http://www.abs.gov.au/）公布的数据，2011 年 10 月 9 日登录。
② 参见：澳大利亚基础设施与交通运输部发布的《澳大利亚交通统计年鉴（2009）》。

中央火车站与派蒙区之间全天 24 小时运行。悉尼港中央商务区与北部沿海区之间的交通工具主要是渡轮。这是因为北部沿海区没有火车，公共汽车又比较绕路，渡轮便成为最快捷的交通工具。在塔斯马尼亚州（以下简称塔州）运营的"塔斯马尼亚精神号"可以运送乘客和车辆。该轮渡每周往来墨尔本港和德文波特市三趟，夕发朝至，航程约 14 个小时，可以驾驶汽车、野营车和旅行篷车上船，并提供狗舍。

在澳大利亚，火车是最常用的公共交通工具，火车线路四通八达，州际和州内铁路服务连接着城市和各区域中心，还有横穿全澳的铁路线。这里的客运铁路有多种类型。例如，悉尼城市铁路系统分为三种不同类型的客运铁路：地铁、郊区通勤铁路和市际铁路系统。中央地铁核心区以地铁型运行，支线则按郊区通勤型铁路运行。其路线统称为铁路；车站统称为铁路车站。

悉尼马丁广场地铁站入口标志

在澳大利亚，很多城市的中央车站（central station）都是很重要的交通枢纽，除了众多火车线路在此交汇，许多公共汽车、长途汽车也在这里停靠。

（二）运营管理

在澳大利亚，地面公共交通的运营存在多种形式。新南威尔士州（以下简称新南州）的市区公共汽车运营商既有公有机构，也有私营企业，它们都需要与政府签订合同，保证提供一致的票价和服务。如威立雅交通公司（Veolia Transport，世界最大的私营公共交通运营公司）即与新南州政府签订了合同，由威立雅交通新南威尔士有限公司在悉尼西部和西南部郊区运营公交网络，成为该州最大的公交公司。而悉尼城市铁路系统则为州政府所有，是新南州铁路管理局的一个"产品系列"。具体而言，是由新南州政府的法定机构——新南州铁路公司、运营、维护悉尼市区、郊区、市际客运铁路，并提供长途服务。而根据悉尼城市交通公司（私人公司）与新南州政府签订的 30 年租约，悉尼轻轨系统则由该家私营企业所有，并由威立雅交通悉尼有限公司运营该市轻轨和单轨系统。

塔州公共交通服务最主要的提供商是州有公司塔斯马尼亚城市公交公司，因该州的客运交通没有火车、有轨电车、电车，所以该公司只提供公共汽车服务。该州的轮渡服务很少，由其他公司提供。

而根据维多利亚州（以下简称维州）交通部公布的数据，截至 2010 年 6 月，该州有市区铁路（有轨电车除外）运营商 1 家、市区有轨电车运营商 1 家、市区公共汽车运营商 32 家、偏远地区铁路运营商 1 家、偏远地区公共汽车运营商 66 家、偏远地区长途汽车运营商 21 家。首府墨尔本市区有轨电车网络由州政府所有，以雅拉有轨电车公司的商业名称运营。

而西澳大利亚州（以下简称西澳州）公共交通管理局除负责规划、设计、建造、维护交通基础设施，制定与这些活动相关的政策、立法外，还运营该州四类公共交通系统：珀斯市区的铁路、公共汽车、轮渡服务，以"珀斯公交"商业名称运营；偏远地区中心地带的公共交通服务；到达偏远地区的长途汽车、铁路服务，以"西澳公交"商业名称运营；校车服务。

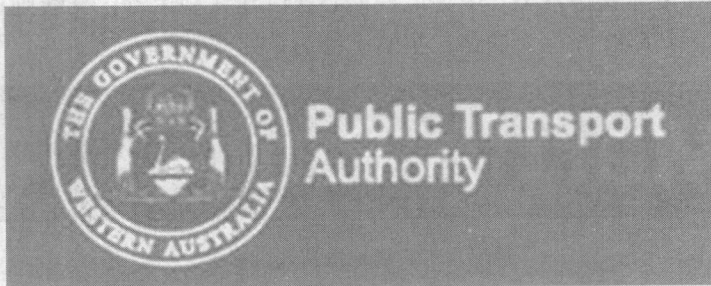

西澳州公共交通管理局标志

（三）公交犯罪案件

根据澳大利亚刑事科学研究所的调查统计①，2004—2008 年，澳大利亚交通系统发生的犯罪案件均在 4 万件以上，其中 2004、2005 和 2008 年度超过了 6 万件，犯罪数量的变化呈 U 形曲线。

2004—2008 年度澳大利亚交通系统犯罪统计表

年度 犯罪类型	2008	2007	2006	2005	2004
袭击	6516	0	0	0	0
性侵犯	622	0	0	0	0
绑架	29	29	29	40	45
抢夺	1509	1495	1427	1548	1635

① 数据来源：http://data. aic. gov. au/aic16/#view = locationOfCrimeDetailDualPieView&selectedWafers = 9,2011 年 1 月 4 日登录。

续表

犯罪类型＼年度	2008	2007	2006	2005	2004
武装抢劫	0	0	0	0	394
非武装抢劫	0	0	0	0	1241
盗窃机动车	6535	5612	5797	10485	12122
其他盗窃	44985	41535	38059	48449	52442
故意未经授权进入	788	1180	748	1054	1102
总计	50984	49851	46060	61576	68981

　　而根据维州警察部门统计①，2008—2009 年度，维州有报告记录的公共交通系统犯罪案件多达 9000 余件，暴力等级及违法行为达到令人难以接受的水平。2009—2010 年度，该州公共交通系统发生的犯罪下降了 7.3%，占全州该年度犯罪总量的 2.4%，而 2010—2011 年度该州公共交通系统发生的犯罪下降了 4.9%，占全州犯罪总量的 2.3%。

维州 2008—2011 年度在公共交通系统发生的犯罪行为

犯罪类型＼年度	2008—2009 年度（件）	2009—2010 年度（件）	2010—2011 年度（件）	犯罪类型	2008—2009 年度（件）	2009—2010 年度（件）	2010—2011 年度（件）
强奸	15	10	14	盗窃机动车	956	792	660
性侵犯（非强奸）	212	182	193	盗窃自行车	299	339	294
抢劫	349	335	368	盗窃（其他）	1372	1280	1198
袭击	1152	1264	1284	毒品（种植/生产/运输）	24	16	23
诱拐/绑架	8	16	14	毒品（持有/使用）	331	330	390
纵火	19	26	35	持械盗窃	15	8	17

---

① 数据来源：http：//www.police.vic.gov.au/，2011 年 11 月 2 日登录。

年度 犯罪类型	2008— 2009 年 度（件）	2009— 2010 年 度（件）	2010— 2011 年 度（件）	犯罪类型	2008— 2009 年 度（件）	2009— 2010 年 度（件）	2010— 2011 年 度（件）
财产损害	1418	1286	1361	妨碍司 法程序	188	143	148
夜盗 （其他）	40	28	29	违反公 共秩序	114	127	76
诈骗	227	403	222	武器/爆 炸物	307	317	296
销赃	139	103	89	骚扰	21	27	22
从机动车 中盗窃	1497	1087	963	公共场所 的行为	213	212	214
盗窃 （入店）	6	5	8	其他	490	461	482
				犯罪总数	9412	8798	8400

分析上述数据可知，2010—2011 年度，该州公共交通场所发生的针对人身的犯罪增长了 2.6%，针对财产的犯罪降低了 9.2%，毒品违法行为上升了 20.4%，其他犯罪下降了 4.1%。增幅最大的是持械盗窃，提高了 1 倍多，增长超过 40% 的分别为盗窃（入店）（60%）、纵火（52.2%）和强奸（40%），而下降最多的则是诈骗（－44.8%）、违反公共秩序（－39.7%）和骚扰（－18.5%）。在公共交通场所发生的抢劫案件中，按发生地点统计，火车车厢中 36 起、火车站 225 起、铁路停车场 24 起、电车站 18 起、公共汽车站 53 起、交通枢纽 2 起，出租车 10 起。

与 2008—2009 年度相比，2009—2010 年度公共交通场所发生的抢劫下降了 4.3%，其中火车站抢劫下降了 6.8%，但还是占据了全部抢劫案件的 60.9%。公共交通场所发生的袭击行为则增加了 8.7%。其中，在公共汽车上或公共汽车站发生的袭击行为增加了 31%，火车站增加了 10.8%，火车车厢内发生的袭击行为增加了 0.6%。铁路停车场发生的袭击行为下降了 49%。上述场所的袭击行为占据了 2009—2010 年度整个公共交通场所袭击行为的 86.8%。

而与 2009—2010 年度相比，2010—2011 年度公共交通场所发生的抢劫下降了25%，但火车站抢劫却上升了13.6%，占全部抢劫案件的61.1%。公共交通场所发生的袭击行为则下降了0.3%。其中，在电车上或电车站发生的袭击行为增加了2.2%，火车站增加了3.7%，铁路停车场发生的袭击行为增长了92.3%。

2009年，在维多利亚州城市公交公司运营网络的201个车站中，85个车站共发生了385起袭击事件[①]，其中45%集中发生在10个车站，且近50%的袭击发生在白天。

据媒体报道[②]，在西澳洲的珀斯，2009年火车和公共汽车网络共发生了近万件暴力事件、刑事犯罪和反社会行为，尤其是盗窃、非法持有武器和骚乱行为急剧上升。根据该州公共交通管理局所做的调查，2009—2010年度，火车网络发生的案件提高了16%，达到2919件，几乎每周有56件。毒品、暴力、过激行为以及袭击公职人员行为大幅下降，但骚乱行为上升了39%，袭击犯罪提高了7%。有记录的公交网络案件为6697件，比2008—2009年度提高了2%。其中抢劫（上升61%）、非法持有武器（48%）、非法吸食及持有毒品（43%）犯罪上升幅度较大。

综上可见，澳大利亚公共交通系统的犯罪案件仍处于频发状态，如何提升其安全性仍是有关各方的关注点，也是保障城市公共交通安全有序运营，保护城市公共交通活动当事人合法权益，促进城市公共交通发展亟待解决的问题。

二、地面公共交通安全管理机制

澳大利亚联邦政府设立了基础设施与交通运输部[③]，该部负责就交通安全问题向联邦政府提供政策建议，制定国家交通安全战略。但联邦政府的关注点集中于由国家控制的基础设施，因此，航空与海运安全规定主要由联邦政府制定，而地面交通（包括铁路、轻轨、公共汽车、客运轮渡）则由该服务提供地的州或地区管理，即由该州或地区提供资金，负责其安全，并对威胁做出响应。在澳大利亚，联邦政府、州政府、警察部门以及地面交通运营商，形成了四维一体的地面交通安全管理机制，相关机构各司其职，共同维护地面交通安全。

（一）联邦政府

澳大利亚各级政府深知，为了实现良好的地面交通安全，需要同一管辖区内

---

① 参见：http://www.ptua.org.au/2010/09/12/staffing-crime-stats/，2010年12月28日登录。

② 参见：http://au.news.yahoo.com/thewest/a/-/breaking/8137039/public-transport-crime-on-the-rise/，2010年12月28日登录。

③ 该部成立于2010年，是将运输与地区服务部同基础设施、交通运输、地区发展与地方政府部合并而成。

各级政府的积极努力、不同管辖区间的全国性合作，以及地面交通运营商及全社会的支持与合作。为此，联邦政府与各州、地区政府于 2005 年 6 月 3 日签订了《关于地面交通安全的政府间协议》，明确联邦政府、各州及地区政府的主要职责。根据该协议的规定，在地面交通中，联邦政府的作用主要是提供战略领导与指导，并同州、地区政府合作，制订协调一致的全国性方法，保障地面交通安全。该项工作主要是由交通常设委员会下属的安全常设子委员会依据《国家地面交通安全战略》实施，并向交通部长委员会和澳大利亚交通委员会负责。该战略旨在确保地面交通系统更加安全，应对恐怖主义威胁，是对国家反恐、应急管理安排以及航空、海运部门交通安全框架的补充。

（二）各州、地区政府

澳大利亚地方政府在地面交通安全中扮演着非常重要的角色，是地面交通系统的规划者、开发者、管理者以及投资者。

根据《关于地面交通安全的政府间协议》，各州、地区政府的主要职责包括：领导管辖区内的地面交通安全工作，制订、实施全国一致的方法，实现管辖区内的预防性地面交通安全；决定以安全为识别标准的地面交通操作；确保协议合理有效，以便对地面交通操作安全计划进行评估和审计；向地面交通运营商提供安全指南和教育材料，并向其传达相关情报及地面交通安全信息；确保适当的事件及可疑活动报告协议有效；确保根据《国家反恐计划》，州及地区政府的响应协议有效，持续开展或参与包括地面交通安全内容在内的演习。

澳大利亚各州、地区政府都设有交通行政管理部门。如维州为公共交通部，北部地区为土地与规划部，西澳州为公共交通管理局，而塔州则是基础设施、能源与资源部。各州交通行政管理部门是《关于地面交通安全的政府间协议》中各州、地区政府职责的主要执行部门，具有交通政策制定、规划以及协调职能，对辖区内的公共交通、道路、港口进行管理，以构建一个更加安全、公平、绿色的交通系统。

（三）警察部门

在澳大利亚，参与公共交通安全管理是州警察部门的职责之一。新南州警察早在蒸汽时代就已经涉足交通安全领域。该州警察部队设有打击通勤犯罪小队，主要职责是提供见警率高的交通网络警务。该队警察、当地指挥官以及其他专业警察与新南州铁路公司（RailCorp）交通执法员、其他相关机构紧密合作，打击犯罪，鼓励在交通网络中的负责任行为，并根据情报，对交通犯罪热点地区和时段（如新年夜庆祝活动、澳新军团日以及重大体育赛事）做出响应。

维州警察局则设有交通安全处，负责提供警力服务，确保全州公共交通系统的安全。其职责包括：向交通网络尤其是墨尔本市区的交通网络提供可见的警力；调查在维州公共交通网络中发生的、针对人身或财产的犯罪行为；当非法毒品活动涉及维州公共交通系统时，对其进行调查；对特殊事件，如澳式足球赛事、国际汽车大奖赛、城市新年庆祝活动、啤酒节、春季赌马嘉年华等活动的往来交通进行执勤。

该处提供的服务包括：

着装巡逻。由交通警察（transpit police）对墨尔本城郊铁路系统、市区有轨电车系统、公共汽车、车站以及其他附属设施进行着装巡逻，以确保乘客在搭乘火车、电车、公共汽车时的安全。交通安全处的警察经常会得到其他警察的支持，后者会定期乘坐公交系统。特别行动队着便装以隐秘方式在已确定的问题区域巡逻。

在维州有轨电车上执勤的警察

在维州火车站执勤的警察

犯罪调查。犯罪调查队负责调查在所有公共交通系统中发生的、针对人的犯罪，还包括涉及刑事犯罪的列车出轨事件。

分区响应。分区响应队负责调查财产犯罪和非法毒品活动（包括种植、制造和运输），还负责调查盗窃自动售票机案件，打击反社会行为。

主动服务。就犯罪预防提供辅助性服务，制定、实施战略和教育计划，以减少犯罪，改善公众对公共交通系统安全性的看法。

（四）公共交通运营机构

根据《关于地面交通安全的政府间协议》的有关阐述和具体实践，尽管政府在保护地面交通系统安全方面负有职责，但地面交通运营商才是"第一责任人"，即交通所有人和运营商，无论是私有还是政府所有，应各就其位、相互沟通，对各自经风险评估的安全措施承担责任。

三、地面公共交通安全措施

2004 年以前，澳大利亚对地面交通安全的关注远远不及航空和海运。联邦政府认为应将资源用于少数最优先领域，显然，航空和海运即是此类领域。因此，联邦政府 90% 的交通安保预算（包括公共部门工资和对运营商的拨款）流向了航空和水路运输部门。

2004 年马德里"3·11"事件后，情况发生了根本改变。人们普遍认为恐怖主义分子选择目标的根据是能否引起公众伤亡和严重后果，而不是经济或象征影响。地面交通因其客流量大、开放且不需登记姓名就可搭乘而更具吸引力。此后，澳大利亚各级政府尤其是警察部门做出重大努力，改善地面交通系统的安全性，2005 年 7 月伦敦地铁爆炸案更促进了这些措施的实施。

（一）制定全国性战略、政策，确保各州协调一致

澳大利亚联邦政府采取了一系列措施，强化地面公共交通安全的全国性战略和政策。如制定《国家交通安全战略》，其重点是采取措施，加强安全评估和规划，培养交通运营商的安保专家，使通信战略和过程更为流畅。澳大利亚交通委员会还发布公报，将城市交通安全作为国家重点。在司法部管理的可信赖信息共享网络中，成立交通基础设施保证组（Transport IAG），该保证组负责航空、水运以及铁路部门，而不包括公共汽车部门。所有上述措施都集中于重载铁路或轻轨，对于公共汽车或船只的重视不够。

为加强各州地面交通安全措施的一致性，联邦政府基础设施与交通部还发布了《制定地面交通安全计划指南》，其目的是帮助地面交通运营商制备安全评估

和计划，以应对现有及潜在安全威胁。该指南兼具指导和范本功能，它示范了计划的基本框架和撰写方法，同时对计划应包含的内容作出了明确规定。根据该指南，地方政府制订的地面交通安全计划，其内容应包括：管理细节（机构、文件保护），适用范围（地面交通运营商、地面交通客运商、货运服务提供者、地面交通设施运营商、地面交通支持提供者），咨询、沟通、合作，实施计划（审查与审计、训练与演习、责任、知识和培训），安全措施与程序（安全评估、安全措施与程序）。此外，指南规定计划还应包含实施区域地图、地面交通运营商联系方式、地面交通安全评估、安全措施与程序四个附件，并附地面交通安全事故报告样表。

在对具体内容作出规定时，该指南明确要求安全计划应包括安全评估。安全评估应与《地面交通安全评估指南》相一致，并应考虑适用于地面交通行业的全部强制性安全规定。而安全评估中确认的风险应对措施，应在"安全措施与程序"中得以体现，并要求在"安全措施与程序"部分应确认根据计划实施的每一个安全措施或程序，但是具体细节应在计划的附件中详细阐明。每一个地面安全计划均应包含应对一定范围内不同安全风险的安全安排，以及能够处理运营商已经确认的一些风险的个人措施和程序。如果地面交通安全计划的范围涵盖了不止一项操作或设施，在该部分应明确每一项措施及程序由谁负责。

根据指南的要求，有关方应采取闭路电视、门禁、有效物理栅栏等措施预防、阻止无授权人员进入地面交通服务区或设施的非公共区域。该指南还建议应加强在非公共区域工作的管理人员、职员的安全意识，并与安保人员签订协议，确保对非公共区域的入侵及对上述区域内发生的安全事件做出响应。

指南还要求各有关方应规定识别可疑包裹的程序，有效、有秩序地将人员从可能放置可疑包裹的部分或全部区域疏散的程序，以及处理爆炸物及其他威胁的程序。

联邦通过制定全国性战略和政策，为各州、地区采取地面交通安全措施搭建了基本框架，提出了最低要求，既保证了这些措施的有效性，同时也实现了协调性和一致性。

（二）各州完善制度建设，确保科学决策

1. 加强地方立法

澳大利亚各州、各地区均非常重视公共交通立法工作。完善的公共交通法律体系，规定了运营商的职责，规范了乘客行为，并为相关人员行使职权提供了法律依据，从而为构建更安全的公共交通环境奠定了法律基础。

如新南州主要客运法律包括《1990年客运法》、《2007年客运条例》，铁路法律有《1988年交通行政管理法》、《2003年铁路安全法》、《2008年铁路安全

（违法行为）条例》等。

　　而维州关于公共交通的立法主要涵盖铁路、公共汽车等领域。其中，该州铁路安全立法对铁路（有轨电车、列车）运营商增加了某些义务，包括：《2006 年铁路安全法》、《2006 年铁路安全条例》、《2010 年交通整合法》以及《1983 年交通（遵守与其他规定）法》。适用于维州公共汽车运营商的立法主要是《2009 年公共汽车安全法》，其他涉及公共交通安全的立法还有：《2006 年交通立法（安全调查）法》、《2004 年职业健康与安全法》、《1996 年铁路合作法》、《1986 年铁路安全法》。

　　2. 专门机构提供咨询

　　维州成立了安全旅行行动队，就全州公共交通网络的公共安全问题向州政府提出建议。该行动队的主要职责如下：

　　●评估犯罪及其他涉及乘客及职员安全事件的统计资料；

　　●审查乘客满意度调查以及就公共安全问题向公共交通职员所作的调查；

　　●在维州警察、公共交通运营商之间，交换具体事件、趋势、安全计划、资源及安全措施合作等方面的信息；

　　●监控公共交通运营商就具体公共安全措施（包括政府资助计划、顾客服务活动以及在火车、电车、公共汽车系统上的安全员）提交的报告；

　　●规划、实施措施，提高公共交通使用者和公共交通工作人员的安全。

　　塔州也成立了安全与应急管理咨询组，负责向政府提供政策性建议。

（三）加大投资力度，促进安全措施升级

　　澳大利亚联邦政府通过实施有关项目，向地方政府相关机构提供资金。在 2004 年起开始实施的 4 年"国家社区犯罪预防方案"中，维州米尔迪拉市政府获得了 49.4 万澳元的拨款，用于降低犯罪与反社会行为，改善该市中央商务区的社会安全，尤其是夜间安全，其中就包括交通安全战略。塔州克拉伦斯市和朗塞斯顿市的两个项目，则共获得了 93.7 万澳元的联邦拨款。

　　澳大利亚各州也加大了对公共交通安全措施的拨款力度，如新南州政府拨款 1 亿澳元对城市铁路网络、悉尼公共汽车队以及悉尼轮渡的闭路电视摄像头进行升级，并单独向铁路网络拨款 1.2 亿澳元提高反恐预防能力。此外，还向城市铁路车队约 620 节新车厢投资了 25 亿澳元，用于采取最新的防火、安全措施，安装闭路电视系统以及改善应急出口。而维州政府耗资 400 万澳元将墨尔本 57 个列车车站的白炽灯改为强光照明；并投资数百万，在墨尔本全市铁路网络安装 3000 个摄像头，提供对车站、站台、停车场以及交通枢纽更强大的闭路电视覆盖。

（四）加强人防，震慑犯罪

1. 增加巡逻警力

为保护享受交通服务的乘客安全，各州、地区采取的措施之一即是由警察巡逻。如新南州警察局指派了300名打击通勤犯罪小队警察，着装对下列交通网络进行定期巡逻：铁路系统，包括铁路、铁路车站、公共汽车和铁路换乘站、铁路线和旁轨、单轨、轻轨；公共汽车系统，包括换乘站、公共汽车站、公共汽车；渡轮系统，包括小飞轮、渡口。

新南州警察还与新南州铁路公司合作，开展了一项新计划，即在学校放学后，由派驻学校的执法人员在学校附近的铁路车站进行随处可见的巡逻，以保护学生安全。除着装巡逻外，便衣特别小组主要负责处理已确认的问题区域和乱涂乱画等破坏公物行为。通过与铁路公司安保处的合作，新南州警察打击铁路破坏公物行动队侦办并起诉了一些包括故意损坏、乱涂乱画、侵害铁路地带在内的犯罪。

而塔州西部地区警察则定期在伯尼和温耶德区域的公共汽车上巡逻。维州警察安全处官员和当地警察也对铁路车厢进行巡逻，并定期巡视全部车站。虽然许多官员穿制服，但很多工作都是着便装开展的。

自2009年11月开始，维州警察局940名经过专业培训的保护服务警官，将每周7天、每天18点后出现在墨尔本市区各车站及主要区域中心，直至末班车结束；交通安全处还派遣了350名警察对列车、有轨电车、公共汽车网络进行全天巡逻，另派1000名警察在公共交通系统服务。着装警察将对吉朗、巴拉腊特、本迪戈以及特拉拉尔根的所有车站进行保护。保护服务警官可以逮捕、迫使其离开或阻止任何疑犯或具有威胁性的人员。而此前，乘客服务员被要求不得卷入任何事件，而把民众留在车站上无人照管。

同时，维州耗资2亿澳元，实施4年"阻止犯罪"计划，对公共交通中发生的犯罪、暴力行为及反社会行为采取零容忍政策。维州政府希望通过此项计划，阻止、惩罚非法及反社会行为，包括暴力、恐吓、攻击行为、公共场所醉酒及故意破坏公物行为，为维州民众创造一个安全的公共交通环境。

2. 运营公司设立专员，保障乘客安全

（1）交通执法员

澳大利亚多个州的公共交通系统都有交通执法员，但其职权范围不尽相同。

西澳州地面交通系统约有400名交通执法员巡逻。该州交通执法员主要在珀斯郊区铁路网络行使职权，其关键职责是确保乘客在铁路专用范围内的安全。具体职责包括：在车上和列车车站来回巡视，为乘客保持安全环境，进行例行车票检查；向乘客提供信息，并在市区铁路、市区公共汽车和轮渡服务商提供帮助；

提供医疗紧急救助；依照《公共交通管理局乘客宪章》处理乘客投诉和问询；在紧急、安全、系统崩溃或其他情况下，发挥辅助应急与安全控制官作用。

2002年10月，新南州铁路公司开始实施交通执法员计划，该公司雇佣了600名经过严格培训的专业人员作为交通执法员，分派到整个网络，对 CountryLink 列车、车站进行着装和便衣巡逻，获取情报，并与警察合作，以保障乘客、职员及铁路财产安全。交通执法员依据新南州《2008年铁路安全（违法行为）条例》获得授权，在适当情形下，可行使的职权包括：要求乘客提供其姓名、住址，如果拒绝提供，可以将其扣留；检查乘客车票、要求其出示特许卡；在获取相关信息期间扣留乘客；没收特许卡；要求乘客离开火车或车站；签发处罚通知单；在某些情况下，逮捕违法者并将其移交警察局。

新南州交通执法员执勤

为打击乱涂乱画，交通执法员与新南州警察及当地政府合作，利用护卫犬在停车场和维护保养中心进行巡逻，并乱涂乱画"标签"数据库，记录乱涂乱画出现的地方，当乱涂乱画者被逮捕时，常因其以前所有破坏行为而被定罪。

而根据北部地区《2008年公共交通乘客安全法》，交通执法员作为地区规划与基础建设部公共交通处的一部分，是地区政府着装执法官，由交通主任办公室负责人任命，在市区公共汽车网络日常运营中提供重要服务。其职责包括：定期巡逻市区公共汽车和校车网络、换乘站以及公共汽车站；与北部地区警察合作，并有权识别和处理公共交通系统设施附近的非法行为，包括警告、传唤或逮捕等权力。例如，交通执法员可在公共汽车内或附近行使下列权力：要求说明姓名、住址和出生日期；作好相关指示；要求任何人下车，如果不遵从，则使用武力迫使其下车；逮捕和扣留；搜查、没收危险物品。

（2）安全员、乘客服务员

维州公共交通系统设有安全员，与交通执法员相比，其职责多为服务性质，执法权较少。该州在市区列车、郊区列车及电车系统都雇佣了旅客服务员，在市区列车系统中，旅客服务员负责检查车票、确保乘客行为适当，并对列车、停车场以及站台进行巡逻，在车站和列车上确保乘客安全。高等车站从早晨头班车至晚上末班车都有旅客服务员。其他车站在工作日早晨和下午的高峰时间有旅客服务员。授权官的灵活调度使他们能够和交通警察合作，在履行全部预订服务时，更好地关注交通网络中的高危地带。如维州地铁乘客服务员在列车上巡逻，并巡视车站，帮助乘客解决旅行所需。而在有轨电车系统，乘客服务员在电车上巡视，出现在电车站，以便提供车票、时刻表信息、联系服务和旅游名胜信息；检查车票；确保在乘坐电车时乘客行为适当；帮助乘客上下车，尤其是老人、带小孩的父母以及有特殊需求的人、残疾人。

维州乡村铁路车站除雇佣乘客服务员外，该州偏远地区公共交通运营商 V/Line 公司还雇佣了 120 多名售票员，在车上售票、检票，并协助、确保乘客安全。

3. 发动群众，及时发现犯罪

维州在墨尔本铁路服务中开展了"举报罪行公共交通"计划（crime stopper），旨在通过与公众合作，减少列车、有轨电车、公共汽车上的犯罪，维护交通系统安全。任何人在公共交通中发现犯罪行为，均可拨打电话号码"000"报警，这提高了乘客向警察报告犯罪和可疑行为的机会。如果只有在旅程完成后才能报警，乘客既可通过电话举报罪行，也可通过举报罪行网站告知相关信息。

维州、新南州等还实施了"看到什么，说什么"运动（See Something, Say Something campaign）。该运动鼓励民众报告发生在铁路车站、火车、有轨电车、公共汽车上或附近的任何可疑事项。该运动鼓励应尽可能快地向在车上或交通地点现场的交通职员报告可疑活动。职员将判断是否有必要将此事报告警察，如果必要，会立即拨打报警电话。

新南州警察局"看到什么，说什么"运动海报

通过上述人防措施，相关机构提高了维护公共交通系统安全人员的可见度，有利于制止反社会行为，同时增强了公众对公共交通的安全感。

（五）完善物防，夯实基础

完善公共交通设施的硬件措施，对打击公共交通系统发生的犯罪案件起到了基础性保障作用。

新南州整个城市铁路网络共安装了700多盏强光灯，在公共汽车内、公共汽车站实施了安全措施，包括在悉尼和纽卡斯尔公共汽车站对职员、来访者进行身份扫描。

西澳州在19个主要铁路车站安装了智能检票系统，对车站照明进行重大改进，在所有列车及站台上安装紧急呼叫按钮，与中央控制室相连；在铁路车站安装远程PA系统，使中央监控室官员能够与正在实施反社会行为的人员进行通话。2009年7月31日在西澳州珀斯市郊区阿马代尔，一群青年袭击了一名59岁的公共汽车司机，致其面部严重受伤，左眼失明。此后，警察决定实施登临珀斯公交公司公共汽车措施，并在公共汽车上安装威胁警报及300个附加司机安全隔离罩。交通管理局也同意将增加超过1.2倍的机动巡逻时间，即每周增加820小时的巡逻，使安全队可以对公共汽车上的重大事件作出快速响应。

维州所有火车站照明良好，并在站台上划定了特定区域作为安全区。这些区域用清晰的黄线在站台地面上标识，在车站用符号指示。安全区的照明非常明亮，且在公共应急通信系统的覆盖范围内。在火车站运行时间内，安全区将接受视频监控。而且每一个车站站台都装有公共应急与信息通信系统。该系统由一个红色和绿色按钮操控，按绿色按钮，可以获得火车时刻信息；在紧急情况下按红色按钮，可以获得车站职员的帮助。许多车厢也安装了应急通信系统，在紧急情况下，乘客可以按下红色按钮与火车司机通话，司机可以与警察联系。站台及车厢内的视频监控均被直接传到公共应急与信息通信系统。同时，该州还加强了市区地铁循环站出入口的安全管理，并采取不同措施，提高铁路车站的易到达性，也使这些车站更加安全。

为提升在深夜或凌晨工作的出租车司机的安全，维州交通部要求自2008年12月31日起，在22时至次日5时之间于上述地区运营的出租车，必须安装由透明聚碳酸酯制成的司机保护屏，这在一定程度上降低了司机被乘客从后面攻击的概率。

（六）提高技防，构建体系

安全摄像头系统因其可以记录事件，并协助识别疑犯而广泛应用于公共交通安全系统。

　　目前，新南州整个城市铁路网络共在车站安装了 9000 多个安全摄像头，可以从新南州铁路公司安全控制中心以及其他战略性地点进行监控。新用列车车厢全部装有闭路电视系统及乘客求助点。每个城市铁路车站还安装有至少一个紧急求助按钮，全网共有 700 多个。

　　安全控制中心提供全天候 24 小时监视，并与交通执法员、警察和应急部门保持联系。乘客在遇到安全问题时，可以触发按钮，寻求帮助。当求助按钮被触发后，闭路电视监控器上出现触发人的图像，并可获得受过培训的城市铁路操作员的帮助，而触发信号将被中继到当地安全组远程监视站或者是铁路公司安全控制中心。如果需要警察协助，安全控制中心有专用链接与警察联系。交通执法员还配有对讲机和移动电话，确保对安全事件作出快速响应。

　　当乘客通过报警电话报警时，警察将向城市铁路安全控制中心发出警报。

新南州铁路公司安全控制中心

　　西澳州公共交通系统则采用了复杂的闭路电视系统，在公共汽车站和铁路车站安装摄像头 1300 多个，为中央监控室提供图像，实现 24/7 监控；在全部列车及绝大多数公共汽车上安装摄像头。

西澳州公共交通管理局官员通过闭路电视系统监视公共交通运营情况

维州在所有铁路车站（站台和车站入口）及许多车厢都安装了闭路电视摄像头，可以捕捉视频监视安全脚本。这些脚本将由高等车站的控制室人员进行监控。所有没有雇员的车站通过紧急按钮都可以与这些控制室联络，并直接与负责处理该事件的职员取得联系。该州全部新车、整修车上都安装了强制按钮和闭路电视系统，电车安装了内部摄像头，帮助司机监视乘客上下车，并照亮门口区域，还可监控乘客车厢。

为改善出租车的安全环境，维州交通部要求每一辆在市区、城镇以及远郊区运营的出租车内必须安装安全摄像头。安全摄像头须安装在车内后视镜正上方，并能根据开关车门等具体事件自动启动录制图像。维州警察在收到事件报告后，可以下载图像。只有警察可以决定是否有必要下载图像，且只有有限的几个维州出租车理事会（即出租车管理局）职员有权从该监控系统下载图像。出租车司机和出租车所有人在任何情况下都无法获取摄像头采集的图像。安装摄像头是为了调查目的而记录车内发生的事件或袭击行为，任何人都无法查看、保留日常载客期间的图像。为了提醒乘客，出租车门的外部以及挡泥板都贴了图标，告知乘客车内有摄像头。

北部地区则规定所有出租车和小型公交车自 2010 年 11 月 1 日起都要安装已经获得批准的安全摄像头系统，以便为这两类公交工具的司机和乘客提供更安全的环境。

四、公共交通安全管理典型案例——塔州

（一）立法完备

塔州关于公共交通安全的立法包括：《1952 年联邦权力（航空交通运输）法》、《1998 年危险货物（安全交通运输）法》、《1997 年 METRA 塔斯马尼亚法》、《1997 年旅客交通运输法》、《1967 年导盲犬与助听犬法》等，覆盖了公共交通安全的多个方面。

此外，塔州还积极建言联邦反恐政策。伦敦地铁恐怖爆炸案后，在澳大利亚政府议会特别会议上，塔州支持制定法律给予相关机构授权，赋予其作出最高 14 天预防性拘禁的权力，以及在交通中心、公众聚集区的拦截、询问和搜查权。

（二）部门分工明确

针对恐怖主义威胁，塔州采取了一系列措施，形成了多部门联合反恐的态势，共同保障地面公共交通安全。

1. 部长安全委员会

在发生恐怖主义事件或重大威胁时期，部长安全委员会对塔州与反恐相关的战略负有终极责任。该委员会主席由塔州州长担任，副州长、警察与应急管理部部长为常任委员，其他部长应州长邀请可以参加。

2. 州危机处理中心

如果将要发生事件或事件已经发生，则州危机处理中心开始发挥职能，提供综合性战略指示，在咨询警察及其他应急服务行动中心后协调反恐响应，并负责与联邦及其他州、地区的危机处理中心联系。

3. 安全与应急管理咨询组

该咨询组由国家反恐委员会中警察与应急管理部、州长与内阁部的代表，州消防部、急救部、州应急服务、法庭科学部、公共卫生、州安全队等部门的高级官员组成，负责向政府提供政策性建议，监控、协调全州安全及应急管理能力，审查安全计划与安排，还负责与私人部门、联邦机构进行联系。

4. 州安全队

州安全队隶属于警察与应急管理部，其设立目的是方便实施反恐一体化政府政策，建立与恐怖主义威胁相关的预防、响应、恢复行动能力。主要职能包括：就反恐及安全相关问题向政府提供研究和政策性建议；确定重要基础设施，并就与风险评估及风险评估计划相关的问题向私有企业提供咨询，审计安全计划、实施与重要基础设施保护相关的演习，就反恐问题同私人部门、联邦和其他地区联系。

州安全队对塔州地面交通进行审查，以判定薄弱点并评估风险，包括就在公共汽车上安装闭路电视向塔斯马尼亚城市公交公司提供建议。

州安全队定期与一定数量的重要基础设施部门（如能源、交通、水利、食品）的所有人、运营商会谈，处理安全问题，并协助制订安全计划。

（三）资金保障有力

塔州多渠道筹措投资资金，除本州拨款外，还积极争取联邦资金，切实增强资金支付能力。在前述联邦项目中，该州克拉伦斯市政府即获得了联邦 49.8 万澳元拨款，用于实施"罗斯尼公园安全第一"项目。通过该项目，克拉伦斯市政府与塔斯马尼亚城市公交公司、塔州警察以及联邦政府合作，在城市公交公司公共汽车以及罗斯尼公交运输中心内安装电子监视设备，改善照明，以阻止反社会行为，降低犯罪恐惧，鼓励安全使用公共交通系统，并提供一个安全的公共汽车站区域（罗斯尼公园交通运输中心）。

该项目于 2009 年 6 月完成，安装的摄像头覆盖了公交步行街及其出入口以及内部的商铺，将实时图像直接传给塔州警察设在霍巴特的闭路电视监视区，另有 150 辆公交车安装了闭路电视摄像头。贝尔里夫警察局警官参加了该项目，并发挥了重要作用，其已成功利用闭路电视摄像头脚本辨认、起诉疑犯。

该州朗塞斯顿市政府"安全公共汽车站及搭乘"项目也获得了 43.9 万澳元拨款。该项目旨在通过提供监视职能，阻止发生在公共汽车内、公共汽车站的反社会行为，并在公共汽车内、新确定的中央商务区内紧邻公共汽车站的不安全地点安装闭路电视系统，从而加强该市预防犯罪活动，改善公共汽车交通系统安全状况。

（四）安全措施得力

在塔州，公共交通安全措施注重警察与公交业界的合作，是一大特色。

1. 实施安全计划

塔州警察积极与公交业界开展多种形式的合作，为创造安全公共交通环境共同努力。例如，该州警察与公共安全部（现为警察与应急管理部）与该州公共交通服务主要提供者塔斯马尼亚城市公交公司签订了一项协议，于 2003 年开始实施"警察与城市公交计划"，共同致力于公共交通安全问题，改善公共交通安全。

根据此协议，塔斯马尼亚城市公交公司同塔州警察与公共安全部建立了合作伙伴关系，在 Metro 公共汽车上雇用警察执勤。最初，该措施在塔州南部地区派遣 4 名警察阻止和调查在公共汽车及公共专用路上发生的犯罪，其目标是加强公众对公共交通的安全观念、维护乘坐公共交通工具的乘客安全，降低反社会行为以及在公共交通、公共场所（如公共汽车换乘站）实施的犯罪行为。警察部门还负责对位于霍巴特、格莱诺基和罗斯尼公园的公共交通走廊、公交枢纽以及在乘公共汽车到地铁的途中进行随机巡逻。该措施使乘客在享受公共汽车服务时可以清晰地看到警察服务，有助于降低犯罪事件，加强公众乘车的安全性。

虽然该计划是以南部地区为基础的，但是如果需要，也会向提供公交服务的该州其他区域提供警察协助。自 2007 年开始，虽然该计划仍以该州南部地区作为基础，但该计划成员会不时地与北部和西部地区的警察一同对这些区域内的公共交通中的活动进行监控。作为其例行职责的一部分，全州各公共秩序响应队成员也将关注点放在了公共交通以及诸如公共交通走廊这样的区域。

该计划对降低公共汽车上的犯罪包括反社会行为发挥了重要作用。2005—2006 年度，因向公共汽车抛扔投掷物的报告空前增长，塔斯马尼亚城市公交公司报告了财产损失以及对某些路线公共汽车上乘客安全的关注。在参加"警察与城市公交计划"警官的协助下，该问题以逮捕并对疑犯进行起诉的方式得到解决。

2. 警察负责巡逻

公共秩序响应队警官也对与公共交通（如公交走廊）相连的公共区域进行巡逻，并随公共交通旅行。该行为以公开或秘密形式进行。犯罪管理部门会确定犯罪发生的时间、地点，使警察、城市公交公司和公共秩序响应队官员在城市公交公司运营路线上的巡逻更具有针对性。

3. 安装监控系统

2007—2008 年度，塔州警察已可以通过安装在 11 个不同地点的约 110 个摄像头查看图像，重点在公众社会活动聚集区域以及交通系统。2008—2010 年，塔斯马尼亚城市公交公司继续在公共汽车上安装闭路电视基础设施。

作为城市公交公司、朗塞斯顿市议会以及塔州警察共同合作的成果，朗塞斯顿也改善了其闭路电视在高风险地点（包括重要公交站点）的覆盖范围。

4. 各界合作联防

该州警察与公共安全部代表定期与一定数量的所有人、运营商会谈。在 2008—2009 年度，该部的工作重点是拥挤场所、公众聚集区域的安全问题，因此，这成为当年会谈的重要议题之一。

2008 年，城市公交公司的公共汽车在朗塞斯顿市雷文斯伍德一带遭到了石头和其他投掷物袭击，随后，10 名青年被指控犯有扰乱社会治安罪，并举行了社区会议，由雷文斯伍德社区代表、地方政界人士、朗塞斯顿市议会民选议员、塔州警察、青少年工作者、教师、公共汽车司机来共同确定一些战略。塔州警察继续与塔斯马尼亚城市公交公司、雷文斯伍德社区公众一起对情况进行监视，以预防和降低进一步的损害及反社会行为。

5. 加强专业培训

塔州警察行动技能教官向城市公交公司培训员提供冲突与袭击意识培训，而其又将这些培训传授给了城市公交公司司机和职员，有效地提升了其在应对安全事件时的能力。

（五）成效

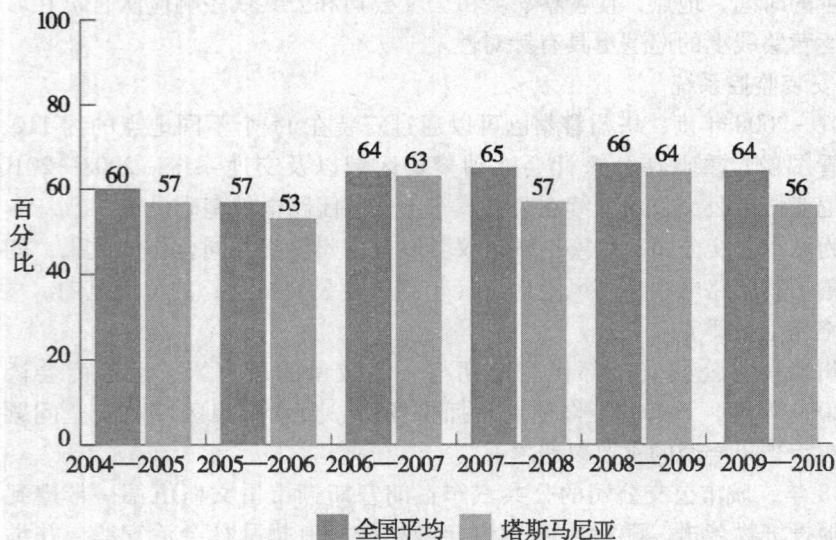

白天乘坐公共交通感觉安全人数百分比

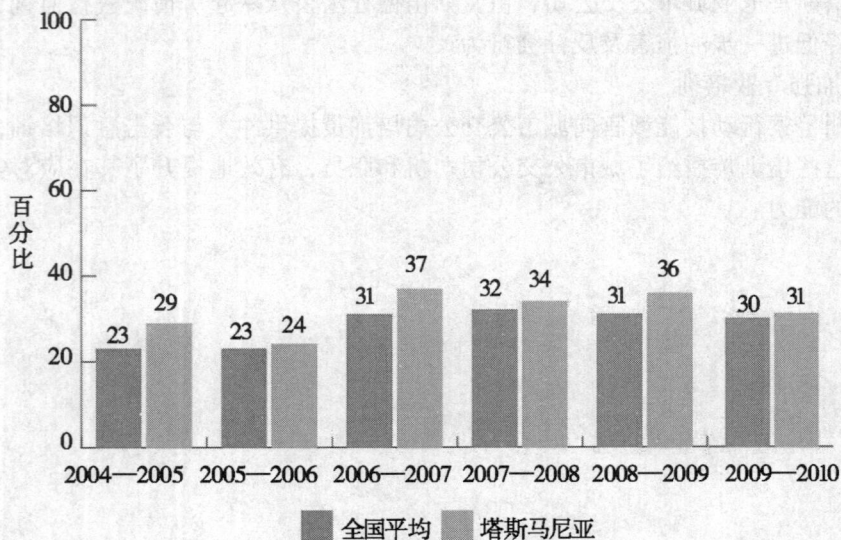

夜晚乘坐公共交通感觉安全人数百分比

根据澳大利亚罗伊摩根研究公司（Roy Morgan Research）所做的"关于警务社会满意度的全国调查"，与 2007—2008 年度相比，在塔州受调查人中，白天乘坐公共交通感觉安全或非常安全的人数在 2008—2009 年度有了大幅增加（由57% 升至 64%），而感觉夜晚乘坐公共交通安全或非常安全的人数则增加至36%，比全国平均值 31% 高出了 5 个百分点；但 2009—2010 年度塔州这两项数值均有所下降，分别回落到 56% 和 31%。数值的变化表明，塔州公众对乘坐公共交通安全性的信心涨落交替，这意味着虽然采取了多项措施，但还有很多既有问题需要解决。

从上述情况可以看出，澳大利亚政府部门尤其是警察机构一方面加强对公共交通安全的日常监管力度；另一方面也在动员全社会力量共同预防和打击犯罪。由于各种新情况、新问题不断出现，澳大利亚各级相关管理机构将继续加大对公共交通安全的关注和投入力度，积极探索公共交通安全管理的长效机制，将广大民众的交通出行安全真正落到实处。

主要参考资料及来源：

1. 塔斯马尼亚州安全网"塔斯马尼亚交通安全战略"：www. statesecurity. tas. gov. au/.../ Tas_Transport_Security_Strategy_07 – 11 – 12. doc

2. 公共交通系统安全网　http：//www. masstransportsecurity. org. au/

3. 维多利亚州警察局：http：//www. police. vic. gov. au/

4. 西澳州公共交通管理局：http：//www. pta. wa. gov. au/

5. 北部地区政府官网：http：//www. safeterritory. nt. gov. au/

日本：防范爆炸恐怖活动

日本是一个狭长的岛国，1.27 亿人生活在 37.8 万平方公里的国土上，而且 80%居住在城市，人口密度很高，但多年来日本一直致力于发展公共交通，城市公交体系非常完善。在管理方面，日本政府也采取了多种措施，公共交通的治安状况较为良好。但由于近年来爆炸恐怖事件频发，日本从多方面加强了应对爆炸恐怖袭击的能力。

一、公共交通运营现状

（一）公共交通类型

在日本，市民出行依赖的公共交通工具主要有地铁、巴士等。在政府的大力扶持下，日本的城市公共交通系统日臻完善，为广大市民提供了良好的出行服务。日本的公共交通系统，就陆路交通而言，主要有以下几种：

1. 轨道交通

轨道交通即铁路交通，日本的铁路分为一般铁路和高速铁路，它们包括城市轨道交通系统（亦称地下铁路或地铁，在本文涉及高速铁路的内容中已然包括了地铁，文中将不再另作说明）、区域铁路（亦称近郊铁路）、通勤铁路、轻便铁路（亦称轻轨或轻铁）、有轨电车、缆索铁路（亦称索道）。此外，还有高速铁路、单轨铁路、磁浮铁路等。

本文主要以地铁为轨道交通的研究对象。

在日本，地下铁路，即地铁，包括在高速铁路的范畴中。从经营管理上看，日本的地铁系统由公营地铁、民营地铁/准公营（第三部门铁路）地铁构成，且很难将地铁与拥有地下路段的铁路区别开。狭义上讲，存在将自治体（地方公营企业的交通局）直接运营的公营交通以外的路线全部归类于铁路的情况。也就是说，第三部门铁路路线（路线的大部分都是地下路段）被视为地铁，例如埼玉高速铁路、横滨高速铁路、东京临海高速铁路、神户高速铁路等。不容易区别的情况还表现在路线检索网站也没有统一的标准，即按照"民营铁路路线"检索还是按照"铁路路线"检索没有定论。另一方面，有的地铁沿线会在都市与郊区之间的陆上、沟渠、高架上行驶，例如东京的东京地铁东西线和都营地铁三田线，大阪的大阪市营地铁御堂筋线和中央线，神户的神户市营地铁西神和山手线，横滨的横滨市营地铁绿色线（即横滨市高速铁路 1 号线、3 号线）等路线。

2. 道路运输

道路运输包括公共汽车（在本文中称为巴士）、公共汽车快速交通（亦称快速公交）、社区巴士、通勤巴士等。

（1）按照运行方式分类

大致可分为路线巴士、租赁巴士（亦称观光巴士或旅游巴士）、特殊运送巴士（亦称接送巴士）三类。

路线巴士是指在规定的时间行驶规定的路线，应对不特定多数乘客输送需求。其中包括一般路线巴士、深夜巴士、高速巴士、机场巴士、定期观光巴士、公共小型客车。租赁巴士所行驶的路线、时间、输送人员等根据每件事个别制定，通常用于学校、企业、团体举行的活动或婚丧嫁娶等大量人员移动的场合，也有旅行社以观光为目的设定旅游路线时使用的情况。特殊运送巴士是指输送特定范围内的旅客的巴士，例如从车站向工厂、学校等输送上班、上学的人员，或输送在宾馆、医院等地工作的人员。

（2）按照巴士的运营方式分类

大致可分为民营巴士（株式会社、有限公司、合作公司）、公营巴士和国铁巴士三种。

①民营巴士（株式会社、有限公司、合作公司）

日本的巴士企业一般可分为三类，即巴士企业、铁路轨道系统企业、从其他行业中转入的企业（特别是从租赁巴士、出租车、卡车运送业加入到路线巴士行业的企业）。

②公营巴士

是指地方公共团体（都、县、市町村等）运营的巴士，其中包括地方自治体直营的路线巴士、第三部门运营的巴士。地方自治体直营的路线巴士一般多在人口少、地域社会活力低的地方使用。第三部门运营的巴士是地方自治体出资给株式会社运营的。

③国铁巴士

是由日本国有铁路汽车局运营的巴士，据说是从铁路未修好的部分由路线巴士来行驶而开始的。而随着 1987 年实施的国铁分割民营化，国铁巴士均由 JR 各公司继承。

（二）运营现状

1. 地铁

日本目前共有 10 个城市拥有地铁系统，即东京、大阪、名古屋、神户、札幌、横滨、京都、福冈、仙台、广岛。地铁系统的具体情况如下表①所示。

以东京为例，东京是全日本乃至全亚洲最早开通地下铁路的城市，现今银座线的上野站至浅草站的路段于 1927 年 12 月开通。东京目前共有 13 条路线（东京 9 条、都营 4 条），285 个车站（东京 179 个、都营 106 个；当中复数路线共用的车站重复计算），路线总长 304.1 公里（东京 195.1 公里、都营 109 公里；不含与私营铁路直通运转的路段），每日平均客运量近 800 万人次，发达程度居世界前五名。

此外，东京的每一条地铁路线都与环状运行的日本铁道东日本（东日本旅客铁路，JR East）山手线上行车站交会，其中包括几个日本铁道、私营铁路与地铁路线共同汇集的大型转运车站（例如池袋站、新宿站、涩谷站），增加了转乘上的可选择性。不过，有时转乘所需步行的距离略长，而且部分车站构造如迷宫般复杂。许多路线与部分日本铁道线及其他私营铁路路线相互贯通（直通运转），整体服务范围覆盖东京都、神奈川县、埼玉县、千叶县与茨城县。

日本地铁系统一览表

属性	名称	公司	路线数量（括号内为未开通）	总长度（未开通）（km）
公营地铁	札幌市营地铁	札幌市交通局	3	48.0
	仙台市地铁	仙台市交通局	1（1）	14.8（13.9）
	都营地铁	东京都交通局	4	109.0
	川崎纵贯高速铁路	川崎市交通局（计划中）	（1）	（16.7）
	横滨市营地铁	横滨市交通局	3	53.5
	名古屋市营地铁	名古屋市交通局	6	89.1（4.1）
	京都市营地铁	京都市交通局	2	31.2
	大阪市营地铁	大阪市交通局	8（1）	129.9（23.1）
	神户市营地铁	神户市交通局	4	30.6
	福冈市地铁	福冈市交通局	3	29.8

---

① 维基百科。

续表

属性	名称	公司	路线数量（括号内为未开通）	总长度（未开通）（km）
民营地铁/准公营（第三部门）地铁	东京地铁株式会社	东京地铁	9	195.1
	埼玉高速铁路绞	埼玉高速铁路	1	14.6
	临海线	东京临海高速铁路	1	12.2
	港未来线	横滨高速铁路	1	4.1
	神户高速铁路	神户高速铁路	2	7.6
	广岛新交通1号线	广岛高速交通	1	0.3

2. 巴士

自 2002 年 2 月开始实施的《道路运输法（修订版）》，不仅放宽了对巴士制度的限制、进入该行业的方式由特许制变为许可制、撤销赤字路线，而且地区巴士的存废均由各市町村（包括财政措施）决定。该法修改后，出现了很多争先下调运费的路线，而且这些路线的运营者主要是租赁巴士公司，或是以主要都市为中心新加入到巴士业的船舶、出租车、卡车运输公司。根据国土交通省于 2008 年度公布的统计数据显示①，巴士公司的数量共计 1347 家，其中民营 1311 家，公营 36 家；租赁巴士公司（主要以观光用巴士为主）的数量共计 4196 家，其中民营 4166 家，公营 30 家。在国土交通省于 2009 年公布的《巴士产业学习会报告书》（以下称为《报告书》）中明确指出，出现上述现象的背景是由于各巴士公司陆续设立分公司的缘故。

此外，该《报告书》还指出，按照资本金可将巴士企业分为：资本金在 5000 万日元以下的占 49.3%，资本金在 1 亿日元以下的占 20.5%，资本金在 5 亿日元以下的占 18.2%，资本金在 10 亿日元以下的占 3.5%，资本金在 10 亿日元以上的占 8.6%。与此相比，租赁巴士企业资本金在 5000 万日元以下的占 87.1%，占绝大多数，可以说与巴士企业相比，在租赁巴士企业中，中小企业占绝大多数。

---

① 国土交通省,http://www.mlit.go.jp/statistics/details/jidosha_list.html。

二、公共交通管理机构

在日本，地铁、巴士的安全防范工作主要由警察部门负责，有关设施的建设、安全防范设备的安装、安全运营、安全管理体制等由国土交通省下设的铁路局和汽车交通局、都道府县知事本部和市政府机关下属的交通局，以及从事铁路和公路建设事业的各个株式会社负责。

（一）警察厅及都道府县警察本部

警察厅内部组织机构中设有交通局，根据《警察法》第二条第二款的规定，警察厅交通局掌管警察厅有关交警的事务，但它与都道府县的警察本部及其警察署的交通科不同，不执行具体业务，专门负责国家的行政事务，主要管理道路交通行政警察的全部工作，制定交通法、交通规则、驾驶执照的有关法令，驾驶学校的制度等。

警察厅交通局内部设有交通企划科（下设立有交通安全企划官和高速公路管理室）、交通指导科（下设立有交通事故事件搜查指导室）、交通管制科（下设立有交通管制技术室）、驾驶执照科（下设立有外国司机对策官）。

警察厅下属的都道府县警察本部也都设有交通科（或称作"部"），其组织机构基本与警察厅相同。此外，都道府县警察本部中的生活安全部地域科还设有铁路警察队，专门负责铁路包括地铁及车厢里的安全防范工作。而都道府县警察本部下面设立的交通科和铁路警察队，是具体执行警察厅和本部制定的有关市营巴士和市营地铁安全防范对策的基层单位。

长官官房　总务科　人事科　会计科
薪酬福利厚生科　国际科　国家公安委员会会务官

生活安全局　生活安全企划科　地域科　少年科
生活环境科　信息技术犯罪对策科

刑事局　刑事企划科　搜查第一科　搜查第二科
犯罪鉴定官

组织犯罪对策部　企划分析科　黑社会组织对策科　药物枪械对策科
国际搜查管理官　防止犯罪收益转移管理官

交通局　交通企划科　交通指导科　交通管制科
驾驶执照科

警备局　警备企划科　公安科　警备科

外事信息部　外事科　国际恐怖主义对策科

信息通信局　信息通信企划科　信息管理科　通信设施科
信息技术解析科

内阁总理大臣
（所辖）
国家公安委员会
塔当国务大臣的委员长及委员5人
（管理）
警察厅
警察厅长官
次长

附属机构
警察大学校
科学警察研究所
皇宫警察本部

地方机构
东京都警察信息通信部　北海道警察信息通信部
东北管区警察局　关东管区警察局　中部管区警察局　近畿管区警察局
中国管区警察局　四国管区警察局　九州管区警察局

（指挥、监督、调整）

都道府县的警察组织
都道府县知事
（所辖）
都道府县公安委员会
委员3人或5人
（管理）
警视厅、道府县警察本部
警视总监、警察本部长

总务部　警务部　生活安全部　地域部　刑事部
组织犯罪对策部　交通部　警备部　公安部　市警察部
警视厅、道府县警察学校
警察署　派出所　巡警岗亭

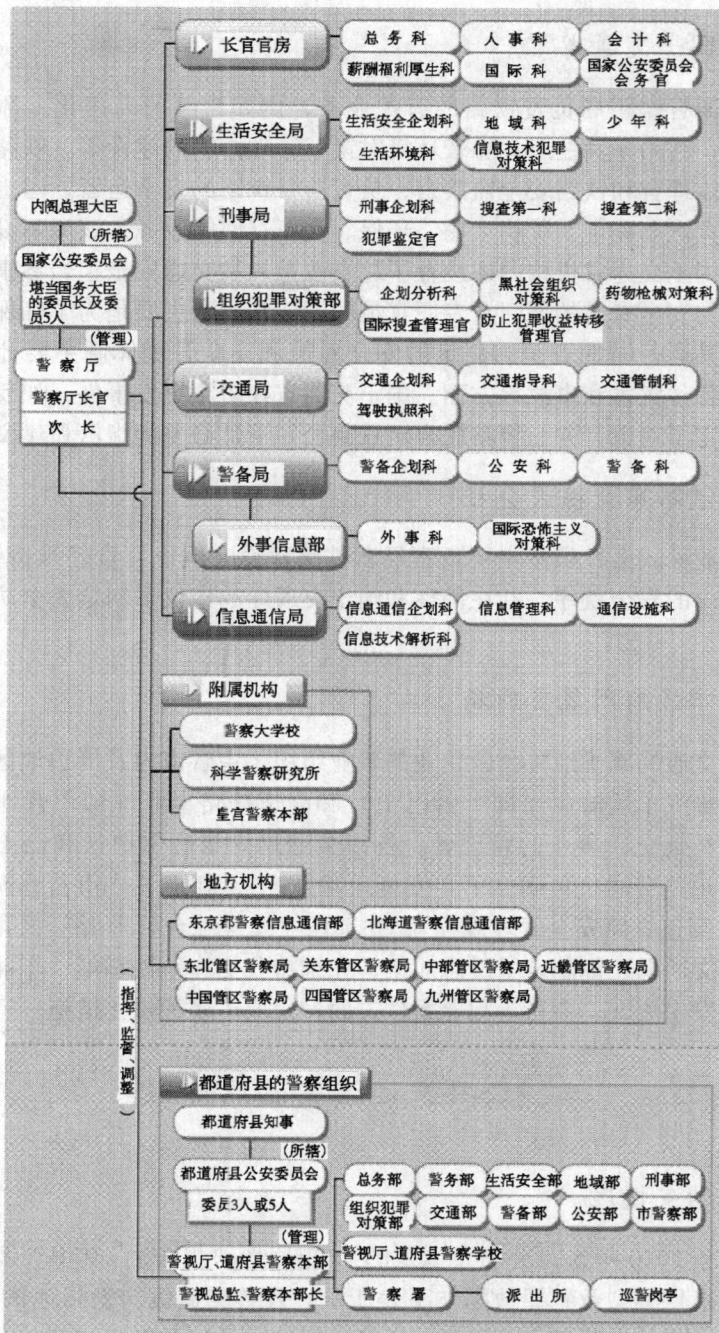

日本警察警务组织机构图

（二）国土交通省

国土交通省铁路局负责铁路的有关业务，例如铁路的高速化、都市铁路建设、运输业、铁路车辆注册、噪音环境对策、管理体制的建设等。铁路局下面还设置了安全监理官和铁路安全监察官，负责监督铁路的安全运营。国土交通省汽车交通局负责汽车登记、货物运输、环保、汽车召回等业务，该局下设总务科安全对策室。国土交通省机构内还设置了综合政策局和交通安全担当参事官。国土交通省内部与安全有关的部门及专职官员的职能和职责主要是为了确保铁路、列车、巴士及其运行时的安全。制定的安全对策和安全管理体制主要针对预防火灾、地震、各种灾害和事故等方面。国土交通省在防止突发事件，如反恐活动等方面，也制定了对策，并与警察联合对铁路公司下达必要的指示和建议。

（三）铁路事业株式会社

铁路事业株式会社虽然主要负责经营铁路建设，但也有责任维持铁路沿线、车站、列车内的安全秩序，并在警察和国土交通厅的建议下制定安全防范对策和反恐对策。

（四）市政府所属交通局

各市的交通局属于地方公营企业的事业组织，主管市内及周边地区的公营交通业务，负责汽车运输业（即市营巴士）和高速铁路事业（即市营地铁）的运营，交通局长是交通事业的管理者。各市交通局为了确保地铁和巴士的安全运营，根据《道路交通法》确立了"安全运营方针"，制定了"市营地铁安全管理体制"或"高速铁路安全管理规程"，并选任"安全综合管理者"强化安全管理体制。各市交通局还都制定了反恐对策，在维持公交和地铁车站、车厢内的治安秩序，防止发生流氓、盗窃等犯罪案件方面，采取了多种强化措施。

三、公共交通治安管理措施

（一）治安情况

警察厅于 2010 年 5 月公布了《2009 年犯罪形势报告》，其中涉及公共交通机构的治安事件类型及犯罪数据如下表所示。公共交通机构是指地铁、新干线、列车、车站、其他铁路设施、飞机、机场、船舶、港口及巴士。其他交通机构是指出租车及其他汽车。

公共交通治安事件类型及犯罪数据

犯罪类型	2008 年		2009 年	
	公共交通机构	其他交通机构	公共交通机构	其他交通机构
路上抢劫	1	2	4	1
抢夺	25	0	29	0
强奸	15	98	7	68
强迫猥亵	528	88	433	80
绑架、拐骗	4	5	4	2
暴行	2893	348	2778	360
伤害	1125	196	1061	217
恐吓	117	79	107	67
汽车盗窃	17		38	
摩托车盗窃	241		290	
自行车盗窃	4163		4432	
从车内盗窃	194		268	
零部件盗窃	424		394	
自动售货机盗窃	217	0	234	1

注：表中斜线代表警察厅没有做相关的统计。

（二）地铁治安防范措施

2004 年，警察厅向全国的都道府县警察本部下达了加强铁路设施的具体警戒对策的指示，这是针对铁路安全下达的最大规模的指示，警戒对象涉及车站、列车、设施以及铁路沿线等。

措施包括：投入的警力除车站派出所的警官和铁路警察队队员外，还派出机动队队员努力查寻和发现可疑者或可疑物品，从而加大车站内的巡逻力度；加强对可疑行人的询查；为加强对爆炸物的搜查，使用警犬巡逻或对始发列车进行检查；增加对变电所和隧道等设施的巡逻。此外，警官执勤时应着警服，以提高遏制能力。

不仅如此，警察厅还要求铁路公司检查、确认安全防范摄像机的工作状况；加强自主警备工作；为使信息的通报工作顺畅通达，核实是否建立了联络通报体制；通过车内广播委托乘客大力协助，从而达到加强设施安全管理的目的。

1. 国土交通省公布的地铁系统防爆等反恐对策

（1）国土交通省的防爆等反恐方针①

①国土交通省内部建立反恐对策小组

目的是促进和加强省内各部门在发生重大事件时相互之间的合作，提高对反恐对策的认识，以及对恐怖活动的应对能力；

②建立各部门之间的联络体制，并进行训练；

③对重要设施的管理者、交通工具公司等进行总检查；

④加强与相关省厅的协作，迅速共享相关情报，通过与内阁办公厅、警察等部门的共同努力，加强合作；

⑤加强国际间的合作和协助。

（2）国土交通省的防爆等反恐对策②

①设定危机管理等级

国土交通省与相关机构合作，根据地铁和车站发生恐怖事件的威胁程度设定了危机管理水平等级，共有3级。危机管理水平1级是指日常警戒体制，用绿色表示，代表正常状态，或是虽然来自于国外情报说需要整体警戒，但没有特定向国内铁路设施进行具体攻击情报时的状态；危机管理水平2级是指高度警戒体制，用黄色表示，代表有特定向国内铁路设施进行具体攻击情报时的状态；危机管理水平3级是指严重警戒体制，用红色表示，代表发生了攻击国内铁路设施的恐怖事件，并且处于危险情况的状态。同时，铁路公司通过采取与危机管理水平相应的措施，执行灵活的反恐措施。

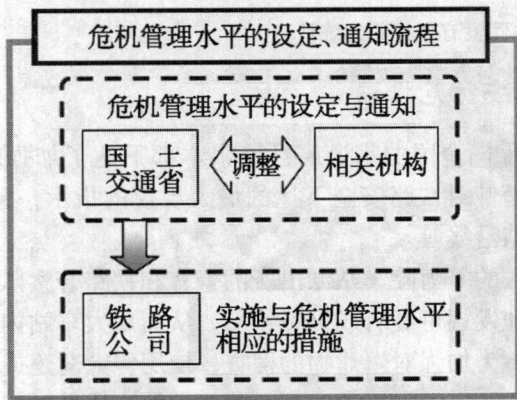

危机管理水平的设定及通知流程

---

① 国土交通省,http://www. mlit. go. jp/sogoseisaku/terro/measure_. html#006。

② 国土交通省,http://www. mlit. go. jp/tetudo/index_tr. html。

②实施以"公开（让市民看得见）的警备和乘客参加"为中心的新的铁路反恐对策

a. 发放乘客使用的危机管理卡；

b. 安装发生紧急事件时可使用的内线自动电话机等设备，以及充分利用车内通报器来作为发现可疑物品时的联络手段；

c. 要求乘客利用与发现可疑物品有关的电子告示牌、广播、广告画进行协作；

d. 地铁车站的商铺职员等佩戴协助预防恐怖事件的徽章；

e. 标示出"利用防范摄像机加强警戒"的标识。

③制定地铁恐怖活动对立方针

作为地铁的反恐对策，国土交通省制定了指导原则，作为电车轨道公司日常应采取的标准方针。

④对于有利于实施地铁反恐对策的新技术进行应用性试验

对于充分利用"既不妨碍乘客顺利流动和方便性，又能保证完成安全和放心地运送乘客的任务"的新技术，进行应用试验研究，包括进行验证实验等在内的调查。具体来说，采用地铁使用者抵触情绪较小的最新技术对爆炸物品、可疑物品、可疑者等进行调查研究。必要时，为了验证该项技术在车站等地的实用性，还要进行验证试验等。

例如，由运输政策研究机构（财团法人）主持召开的"使用人脸认证系统的新型摄像机研究会"，目的是从摄像机拍摄的图像中，根据人脸的面部特征，与特定人物进行比对和认证，对该系统的准确性进行技术方面的验证。2006 年 5 月 1 日~19 日，在东京地铁霞关车站进行了验证试验[1]。

⑤加强车站内、车内等处的警备工作

a. 加强巡逻警备；

b. 利用防范摄像机加强监视，并增设台数。在 2004 年 3 月西班牙发生恐怖事件之前，日本全国范围内车站内的防范摄像机共计 2 万台，2005 年 7 月伦敦发生恐怖事件后增至 2.7 万台，截至 2006 年 2 月共计 3 万台[2]；

c. 垃圾箱集中摆放于车站工作人员视野可及的范围内或设置可看到内部的垃圾箱，或将其全部撤除。

⑥成立铁路（包括地铁）恐怖对策联络会议组

2005 年 7 月伦敦地铁几个车站同时发生了爆炸恐怖事件。以此为鉴，为了研讨今后铁路（包括地铁）运输中的反恐对策，于同年 8 月 10 日设立了以国土交

---

① www. mlit. go. jp/tetudo/kiki/pdf/3_b。

② www. mlit. go. jp/tetudo/kiki/pdf/3_b。

通省铁路局、主要铁路公司为成员的铁路恐怖对策联络会议组。

⑦进行国际合作和协助

a. 通过参与筹划于 2008 年 4 月开始的"陆上交通安全国际工作组"的聚会，推动国际间的合作和协助；

b. 参加 G8 等及其他有关铁路反恐工作的国际会议。

2. 警察厅及各都道府县警察本部关于加强地铁防爆等反恐、维持治安、预防犯罪的对策①

（1）警察厅关于防爆反恐对策的指示

在 1995 年东京都地铁发生沙林毒气恐怖事件、国外屡次发生列车爆炸事件等形势下，日本警察厅加大了对高速铁路及公交车的反恐力度，向都道府县警察本部下达了加强警戒的指示。指示要点如下：

①加强新干线以及铁路车站的警戒工作：

除管辖车站的地域科科员、铁路警察队队员外，必要时可派机动队队员加强警戒。采取的措施包括：加强车站及其周围的巡逻、利用警犬巡逻、在地铁车站周围配备警察车辆，用以加强巡逻工作。

②加强列车车厢内的警戒工作：

a. 除铁路警察队队员外，还应调动机动队队员加强警戒；

b. 加强对列车的警戒；

c. 与乘务员协作，加强始发车辆的内部检查。

③加强对铁路沿线和重要设施的警戒，使用警车加强对隧道、桥梁等重要设施的巡逻。

④要求国土交通省和铁路公司加强自主警备工作：

a. 彻底实行自主警备体制；

b. 重新落实联络通报体制；

c. 通报有关情报和可疑情报；

d. 加强全面管理有关设施；

e. 利用宣传画、车内广播等方法要求乘客协助查找可疑者或可疑物品。

（2）都道府县警察本部维持地铁治安所采取的措施

各都道府县警察本部下面设置的铁路警察队担负着地铁及车厢内的治安和安全工作，队员属于警察本部的警员。铁路警察队在一些区域设立分队，并设有执勤办公室。警察本部负责制定并及时修订铁路警察队运营规程或训令，如京都府警察本部于 2010 年 3 月 30 日修订了其《关于铁路警察队运营训令》（详见《典型案例》中"典型城市做法"部分）。

---

① 警察厅，《关于加强铁路警戒的通知（概要）》，http://www.npa.go.jp/pressrelease/keibi2/keibi.htm。

铁路警察队队员正在巡逻

3. 都道府县警察本部在地铁和巴士内防止发生流氓、盗窃等案件所采取的措施

（1）总体对策

在地铁等电车上，经常发生盗窃、暴力事件，或是流氓、精神不正常者等制造的犯罪事件。为此，在各车厢都配置了保安员，并用摄像机进行监视，对犯罪行为给乘客造成的麻烦予以全面关注。具体措施如下：

①派穿警服的警官到车厢内跟随车辆进行巡逻；

②安排穿警服的警官在站台上巡逻；

③在各车窗旁边安装紧急通报麦克风；

④安装和增设防止犯罪用的摄像机，在车站较暗视距较近的通道上、车厢里、车站的检票口、检票口内侧、检票口附近和检票口外侧及所有的电梯上都安装了摄像机，车站办事处内安装监视器，这些都极大提高了预防犯罪的能力；

⑤引进由已登记的市民志愿者担任"犯罪预防监视员"制度；

⑥发行非交通高峰时使用的乘车券和月票，以便达到缓解高峰时乘客过于集中而造成的混杂状况的目的；

⑦引进妇女专用列车，在上下班高峰时段，男乘客不得乘坐妇女专用的车厢，从而杜绝发生流氓案件。

（2）反扒和打击流氓对策

地铁车厢内不断发生妇女遭受恶劣流氓的骚扰案件，早上 7 点左右上班高峰时段发生率最高。为此，东京都警视厅与埼玉、千叶和神奈川县警察联合召开官民会议，呼吁铁路公司在地铁车厢内安装防范摄像机等，协助落实预防流氓犯罪的对策。除了四个都县警察部门之外，日本铁道东日本和小田急电铁①以及京王

————————

①　电铁，相当于电气化铁路。

电铁首都圈的 16 个铁路公司也参加了会议。警视厅一直与上述部门密切协作，为确认和落实对利用车内广播和广告画呼唤乘客警惕流氓犯罪的措施，达成了"采取一切手段杜绝车内流氓犯罪"的共同宣言。

另外，警视厅等部门采取的打击流氓对策还包括要求铁路公司在车厢内的顶棚上也安装高性能的防范摄像机，目的是提高预防流氓犯罪的效果。同时，也能作为搜查设备使用，用来锁定犯罪时人们的位置关系。

警视厅曾经通过网络连接车厢内安装的摄像机，用以作为预防流氓的对策。对妇女进行的调查结果显示，73.7% 的人都表示支持，同意在车站内和车厢内安装。

在日本铁道大宫车站，埼玉县警察于 2009 年 9 月抽调 150 名女警官组成了防止流氓巡逻队，加强了打击流氓犯罪的力度。例如，巡逻队采取在地铁车站内发放防止流氓犯罪的传单、在地铁电车内巡逻等措施加强警戒。防止流氓巡逻队的队员一旦在车内巡逻时发现流氓，则可以以违反《县防止骚扰行为条例》嫌疑人的名义，现场逮捕。

此外，神奈川县警察投入一定警力，加强打击地铁车厢内的流氓盗窃犯罪活动。2009 年 9 月 18 日至 10 月 20 日，制定了"流氓盗窃扑灭计划"，开展了专项集中打击行动。专项集中打击行动除了日常担任车厢内警戒工作的铁路警察队之外，还有擅长追随扒手的刑事部门的搜查员，男女共 30 人参加，在日本铁道东海道线和京滨快车等受害案件多发的路线，以早晚上下班等高峰时段为主，打击流氓盗窃活动。

4. 其他铁路反恐措施

（1）警察机构与铁路公司以及其他相关部门的合作

①利用车站内店铺的"车站内 110 店铺"

当车站或车内发生犯罪时，为了能够让被害者到位于车站内的店铺内避难并报警，铁路公司、店铺经营者与警察之间签订了协议，在店铺门口贴有"车站内 110 店铺"的标识。

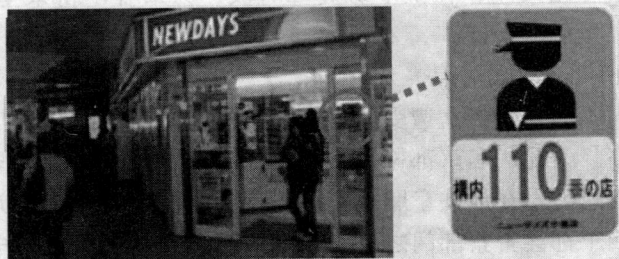

店铺入口处的标志牌

②共享犯罪信息的存储区网络（Storage Area Network）系统

存储区网络系统是一个警察与铁路公司、车站内店铺之间相互传递犯罪信息的系统，即警察将在铁路设施内、沿线发生的犯罪信息用传真的形式传给铁路公司、车站内的店铺。同时，铁路公司、店铺将可疑者的相关信息通报给警察。

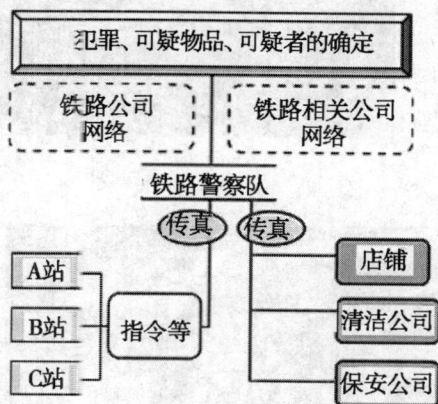

SAN 系统网络图

③沿线居民报警体制的建立

建立铁路公司、警察机构委托沿线居民通报与沿线、设施相关的可疑信息（如有无可疑者或可疑车辆等）的报警体制。

（2）发生恐怖事件时的紧急事态应对措施及减轻受害措施

①生化恐怖事件训练的实施及其装备

为防备发生生化恐怖事件，车站设置防护面具等装备。不仅如此，为在发生恐怖事件时能够采取迅速、正确的应对措施，警察及消防等机构经常会举行恐怖事件模拟训练。

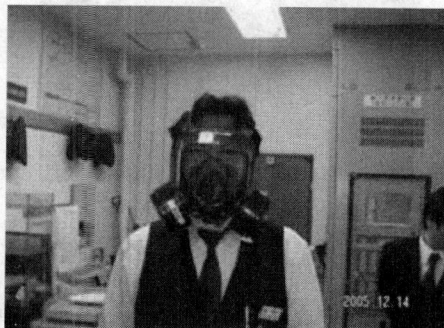

东京都交通局所有地铁车站配发的防护面具

生化恐怖事件模拟训练

②急救讲习班

为在发生恐怖事件时能够及时采取相应的急救措施，以铁路公司职员为培训对象，积极举办急救讲习班。

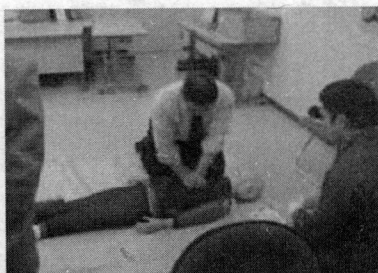

急救讲习班

③紧急联络体制的建立

为在发生恐怖事件时能够将紧急信息一并传送出去，建立紧急联络体制，该体制以手机短信的形式将指令发送给与运输、安全相关的管理职员。

（三）国土交通省公布的关于汽车系统防爆等反恐对策

1. 巴士及其终点站

（1）在开始工作和结束工作等时间段，对车内进行检查；

（2）在公交车的始发站和终点站均应对车内进行检查；

（3）在营业所和车库内外巡逻；

（4）工作结束后要把车窗锁紧；

（5）加强对车辆、身份证、司机制服等物品的管理，当被盗或丢失时应尽快与警察联系；

（6）加强对主要营业所和车库的巡逻；

（7）加强对位于主要火车站（地铁站）的汽车终点站的巡逻；

（8）向主要的公交车站派遣警戒人员，监视可疑者或可疑物品；

（9）在主要的公交车站张贴写有"正在实施反恐对策"和"发现可疑者或可疑物品时请予以协助"的广告；

（10）通过车内广播等方式，告知乘客车内禁止携带危险品，并在发现可疑者或可疑物品时要求乘客予以协助；

（11）一旦得到关于可疑者的情报时，应尽快向警察通报联系；

（12）建立发生爆炸等恐怖事件时的报警、联络和指示体制；

（13）重新确认根据日本公交协会（社团法人）的《巴士接电插孔统一处理手册（2000.7.17）》制定的巴士插孔对策，开展事故发生初期的应对训练等活动。

2. 出租车

（1）在开始工作和结束工作等时间段，对车内进行检查；

（2）在营业所和车库内外巡逻；

（3）工作结束后要把车窗锁紧；

（4）加强对车辆、身份证、司机制服等物品的管理，当被盗窃或丢失时应尽快与警察联系；

（5）发现可疑物品时要求乘客予以协助；

（6）建立向警察通报可疑者的联络系统；

（7）建立发生恐怖事件时的报警、联络和指示体制。

四、典型案例

（一）典型城市做法

1. 市交通局的反恐措施——以横滨市交通局为例

在 2001 年 9 月美国同时发生多起爆炸恐怖事件、2004 年 3 月西班牙列车爆炸事件、2005 年 7 月伦敦地铁同时发生多起爆炸恐怖事件以后，横滨市营地铁加强了车站范围内、电车内的检查和自主警戒体制，至今仍在继续实施这些措施。其具体措施如下：

（1）在车站范围内巡逻检查

车站工作人员佩戴"警戒"臂章，加强对车站范围内的巡逻检查；加强乘务员在返回车站对电车内的检查，努力预防发生爆炸等事件。另外，对车辆基地和变电设备等重要设施进行巡逻检查。

交通枢纽站警察的警戒

巡逻警戒

（2）加强站内安全广告宣传

在车站范围内张贴广告画，希望乘客在发现可疑物品及通报方面予以协助。广告画上用日文和英文书写着"通知：万一在车厢内或车站内发现可疑物，请通知乘务员或车站工作人员——横滨市交通局"。另一张书写着"跑步上车危险，请止步。万一在您的身边发现可疑物品，绝对不要用手去触摸，请通知车站工作人员或乘务员"。

车站范围内的警戒广告画

（3）设置防范摄像机

在车站设置防范摄像机，同时标示出"已设置防范摄像机"。

防范摄像机的设置标识与防范摄像机

（4）向乘客发放危机管理卡

为唤起乘客对可疑物品等的注意，2005 年 11 月 2 日全日本一起行动，有组织地开展了向乘客发放使用危机管理卡的宣传活动。市营地铁主要在早高峰时间段，在横滨地铁站及主要的 7 个车站发放了 15000 张危机管理卡。卡上写着："一旦发现可疑物品，请向车站工作人员或警官报告。发现可疑物品时的三原则：不触摸、不嗅闻、不移动。"

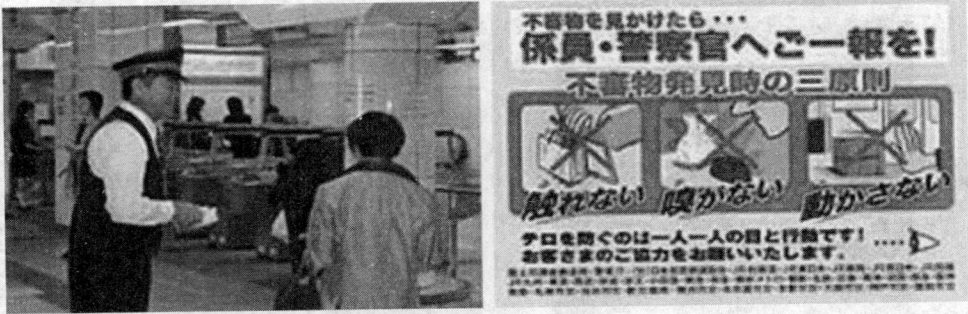

发放危机管理卡的情况和乘客用危机管理卡

（5）佩戴防止恐怖活动协助者臂章

为了加深乘客对危机意识的理解和提高防止恐怖活动的效果，在车站商店等场所工作的店员和在车站内工作的职员都要佩戴防止恐怖活动协助者臂章，上面写着"我们也在协助预防发生恐怖事件，当发现可疑物品时请向有关人员报告"。

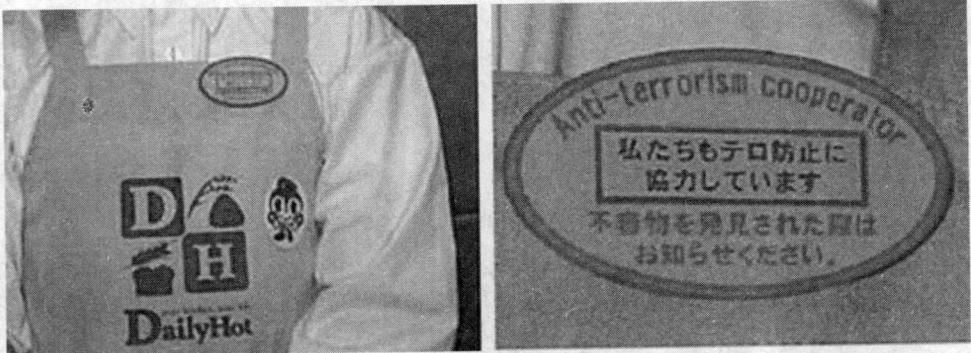

防止恐怖活动协助者臂章

（6）设置对讲机等

在车站内的站台上设置能够与车站办公室的车站工作人员直接对话的对讲机。除此之外，还在电车内（一部分车辆除外）设置了能够与乘务员直接对话的紧急通报器。当发现可疑物品等情况时，或者有乘客患病等意外发生时，乘客可以用这些装置直接与工作人员联系。

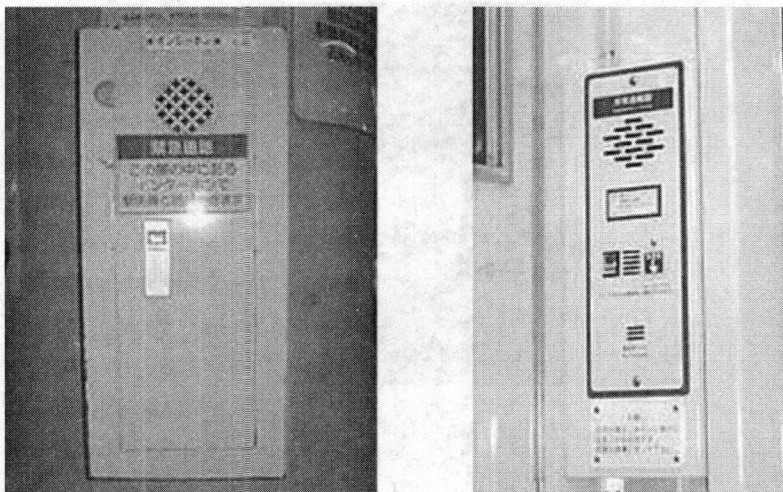

车站内的对讲机和电车内的紧急通报器

（7）撤除垃圾箱

作为地铁防恐对策之一，为了在车站内巡逻检查和监视时不留死角，撤除了所有垃圾箱。

2. 地铁公司的防爆等反恐措施——以仙台市地铁公司为例

仙台市地铁公司以确保乘客安全为目的，为了防止发生地铁爆炸等恐怖事件，提高员工等人员对地铁爆炸事件的警戒意识，研究制定了相应的措施。

从乘客角度来说，当发现可疑物品时，应向最近的车站工作人员和司机等人报告。制定的措施如下：

（1）在地铁车站内和车厢内等处进行巡逻检查

车站工作人员、副站长、乘务员助理等人员应每天在整个车站的站内以及车厢内进行检查和巡逻，警戒可疑者或可疑物品。

副站长在车站内进行检查和巡逻

巡逻检查时佩戴写有"特别巡逻"的臂章

（2）车站商铺店员、保洁员、维护人员协助警戒

在车站内工作的车站商铺店员、环保业的清洁员、车站设备的维修员都要佩戴下面的胸章，胸章上写着"我们也在协助预防发生恐怖事件"，他们对可疑物品进行警戒等工作，协助预防发生爆炸等事件。

各工作人员佩戴的胸章

（3）车站内广播和车厢内广播

利用车站内和车厢内的广播，随时提醒乘客"要注意可疑物品"。

当发现可疑物品时请求协作的提示

（4）在车站内开展广告宣传

在车站内和站台的台阶上，张贴呼吁乘客要注意可疑物品的广告画，广告画上面写着"恐怖事件警戒中，当发现可疑者或可疑物品时，请立即与车站工作人员或乘务员联系"。另外，还在检票口竖立标明"特殊警戒中"的金属板。

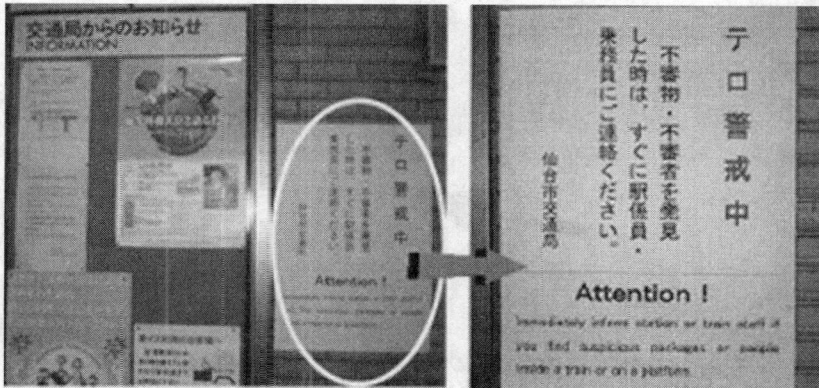

车站内广告宣传

（5）车厢内紧急通报器

在每个车厢内的两个位置上设置向司机进行紧急报告的通报器，通报器上面写着"当发现车内有可疑物品时，绝对不能用手触摸，请用该紧急通报器通知乘务员"。

车厢内紧急通报器

（6）车站站台联络用对讲机

在车站站台的三个地方设置了与车站工作人员联络时使用的对讲机，上面写着"当发现急病病人或可疑物品等紧急情况时，请按下面的按钮与车站工作人员取得联系"。

车站站台联络用对讲机

（7）防范摄像机

在车站内的各个位置都设置了防范摄像机，车站工作人员可通过其监视可疑者或可疑物品。与此同时，为了提高预防发生爆炸等恐怖事件的效果，用非常醒目的字体标出"防范摄像机正在拍摄"。

防范摄像机正在拍摄

上述措施在震慑恐怖威胁、维护公交场所的安全方面起到了积极的作用。

3. 京都府警察本部加强对铁路警察队的管理措施

京都府警察本部于 2010 年 3 月 30 日修订了《关于铁路警察队运营训令》（第 8 号训令），具体情况如下。

铁路警察队的工作区域主要是京都府警察管辖区域内的铁路设施，此外还有警察厅指定的列车（以下称为"指定列车"）以及经与有关府县警察协商后在规定的路线区间运行的列车（以下称为"协议列车"），此时，铁路警察队在管辖区域外开展工作。

铁路警察队运营的基本方针是，根据工作区域内的治安情况开展工作。同时，与其他警察部门、管辖铁路设施的警察署（以下称为"管辖铁路署"）、铁路公司及其他有关团体和机关等（以下称为"铁路公司"）、其他府县警察合作，充分发挥该队的组织功能。

为了妥善处理与其他府县警察管辖区域的铁路警察队的有关事务，铁路警察队特设有联络主任，该职位由副队长担任。

铁路警察队开展的工作包括铁路设施内的基本工作和特殊工作两种。日常的基本工作包括巡逻、警戒警卫、列车乘警和警察队办事处应履行的职责。特殊工作包括以下几种：

（1）紧急分配的工作；

（2）发生事件或事故等案件时，保护现场，协助搜索救助、押送嫌疑人以及其他与处理该案件有关的活动；

（3）必要时，可不依据基本工作中规定的内容而开展预防和检举犯罪、收集犯罪信息、指导和管理交通等活动；

（4）当乘客拥挤时或利用列车押运现金及其他物品时，作为警戒保卫工作人员而开展的工作；

（5）铁路公司及其他有关团体、机关、市民为预防铁路事故而开展的各项活动，或与市民共同开展的与此有关的活动；

（6）为了与铁路公司及其他有关团体、机关等联络而开展的工作，以及其他为了完成《铁路规则》中第三条第一项的任务而开展的认为必要的特殊活动；

（7）其他根据特别命令而开展的特殊活动。

此外，按照规定，当铁路警察队在采取初期措施处理完事故或事件后，应移交本部有关部门继续处理。其具体工作如下所述：

（1）巡逻：徒步在工作区域内巡逻；巡逻时，要发挥周密敏锐的观察力和注意力，通过询查可疑者达到预防和检举犯罪、防止发生危害公共安全的事件及保护市民的目的，同时帮助乘客解决问题，并在交通拥挤时进行疏导和管理工作；队长应研究工作区域内的治安形势，在必要时可派多人或集体去巡逻。

（2）警戒警备：设施警备，指对铁路线路、运输安全设备及其他重要铁路设施进行警备；站岗，在工作地点前面或周围适当的位置站立执行警戒；警卫，在工作地点设施内的出入口附近坐在椅子上执行警戒任务。在站岗和警卫时，应耐心并迅速地接待市民的来访。

（3）列车乘警

列车乘警以指定列车、协议列车或队长指定的列车为主，两人一组在列车上维持公安秩序，在列车上担任乘务工作。主要工作内容包括预防和检举犯罪、防止发生事故、发现和保护需要保护的乘客。

担任列车乘警时，应事先在接待室及其周边巡逻，努力发现举止可疑者或需要保护者。同时，在处理乘务工作时，与该次列车的列车员联系，在执行乘警工作中，要在车内巡逻，注意旅客的动向、手提行李的保管状况、有无可疑物品等。

（4）在执行设施警备、站岗、警卫、列车乘警和分队办公室执勤的工作时，需要敏锐的观察力和注意力，通过询查可疑者，努力查清异常或可疑的事情及真相。

（二）公共交通治安事件案例

1. 1995 年地铁沙林毒气事件

（1）事件原委

1995 年 3 月 20 日，开往霞关站的东京都内的 3 条地铁（丸内线、日比谷线、千代田线）共计 5 节车厢内被喷洒了作为化学武器而使用的神经毒剂沙林，导致

12 人死亡，5000 多人受害[①]。此事件是日本二战后最大规模的一次无差别杀人事件，同时也是大都市中针对一般市民的第一起使用化学武器的恐怖事件。之后，警察展开了大规模搜索　逮捕了奥姆真理教的创始人麻原彰晃（原名为松本智津夫）及其他相关嫌疑人，并在之后的数年间分别判处了该教重要的相关人员死刑或无期徒刑。

（2）处理措施

①该事件发生后，日本撤销了很多车站、街头的垃圾箱，东京地铁公司在所有车厢的车窗上贴出"请求：一旦在车站内或车厢内发现可疑物品或可疑者，请立即与车站的工作人员或乘务员联系"的标识。在美国发生"9·11"恐怖事件后，同样的标识也被采用于其他铁路相关机构。

②相关法律的颁布——《关于防止沙林等毒剂对人身造成伤害的法律》

以地铁沙林毒气事件为契机，该法于 1995 年 4 月 21 日颁布，2007 年 5 月 1 日最新修订，在该法出台前，日本没有直接禁止制造、携带沙林的法律条例。该法旨在防止沙林等毒剂对人身造成伤害及确保公共安全，在禁止制造、携带沙林等毒剂的同时，还对发生事件时应采取的措施及喷洒毒剂行为做出了处罚标准等规定。

当发生或有可能发生喷洒沙林或类似沙林等物品而造成生命危险或身体伤害时，应采取的措施包括：

a. 警察、海上保安官或消防员（以下称为警察）应根据《警察法》（1954 年法律第 162 号）、《警察职务执行法》（1948 年法律第 136 号）、《道路交通法》（1960 年法律第 105 号）、《海上保安厅法》（1948 年法律第 28 号）、《消防法》（1948 年法律第 186 号）及其他相关法令的有关规定，禁止人员进入受害建筑、车辆、船舶及相关场所，并立即疏散上述场所的人员，回收或消除含有沙林毒剂的物品及受害物品。此外，为防止受害及受害范围扩大，应采取必要措施。此时，警察之间应保持密切合作。

b. 警视总监或道府县警察本部长或管辖区域海上保安本部长对第一项中规定的措施或该法中规定的与犯罪搜查有关的情况，消防长或消防署长对第一项中规定的措施，均可要求相关行政机构或相关团体提供技术支持、租借装备器材及其他必要的协助。

c. 如果国民发现沙林或类似沙林的物品或知道其所在的场所，则在立即通报警察的同时，应尽力协助警察顺利实施第一项中规定的措施。

关于处罚，该法作出如下规定：

a. 喷洒沙林并造成公共危害者，判处无期徒刑或 2 年以上刑罚；以其为目的

---

① 　寺西香澄．主要国的公共交通机构的反恐怖对策．参考．2005（5）．第 78 页~第 106 页。

欲实施者，判处 5 年以下刑罚，但如果在实施前自首者，可酌情减刑或免除刑罚；未遂者也将受到处罚。

b. 违反禁止制造、携带、转让、接受沙林或类似沙林的物品者，判处 7 年以下刑罚；以第一项为目的并做出违反前述行为者，判处 10 年以下刑罚，但如果在实施前自首者，可酌情减刑或免除刑罚；未遂者也将受到处罚。

c. 制造或进口与第二项相关的物品并欲实施物资者，判处 3 年以下刑罚。

d. 知情并为上述违法行为提供资金、土地、房屋、船舶、飞机、车辆、设备、器材、材料等者，判处 3 年以下刑罚。

2. 2000 年西铁大巴劫持事件

1977—2008 年，日本共发生了 9 起劫持大巴的治安事件①。其中 2000 年 5 月发生的西铁大巴劫持事件是日本大巴劫持事件中首例出现死亡人员的事件。在日本，没有以亡命为目的劫持大巴的事件，犯罪嫌疑人几乎都是心理状态异常而导致劫持大巴。

（1）事件原委

2000 年 5 月 3 日，一名 17 岁的少年劫持了从佐贺发车开往福冈的西日本铁路的高速大巴"WAKAKUSU 号"。少年用刀先后刺伤 3 名乘客，导致 1 人死亡，2 人受重伤。经过逾 15 个小时的劝导与营救，最终由 SAT 部队冲入大巴将少年逮捕。后经调查得知，少年在学校受同学欺负，在家被父母拳打脚踢，最初打算到学校实施无差别杀人的报复计划，但正赶上黄金周学校放假，就改成了劫持大巴。

（2）处理措施

以此事件为契机，日本大巴协会决定制定发生劫持大巴事件时的统一应对手册，并建立各种紧急联络体制、大巴劫持保险体制等。手册内容包括以下两点：

①发生事件时司机应采取的行动

a. 以"确保乘客安全为第一，尽全力确保驾驶安全"为行动原则；

b. 为能够向车外传递发生情况的信息，应点亮紧急警告灯；若车内有防范灯等紧急联络专用装置，则应启动。

②紧急联络专用设备的整顿

以高速大巴为主，相当多的大巴已对下列设备进行了整顿：

a. 在大巴后部安装防范灯，可发出蓝色或红色的灯光；

b. 增加紧急警告灯的闪烁次数，从每分钟闪烁 60～120 次增加到每分钟闪烁 160～180 次；

---

① 维基百科。

c. 显示"发生紧急情况"的信息，在车头的电子屏幕上显示"SOS"、"发生紧急情况"的信息；

d. 建立利用 GPS 的紧急报警系统或安装紧急报警手机。

③如果行人或其他司机发现大巴闪烁紧急警告灯或大巴行驶方式奇怪时，则应立即将大巴公司的名称、车号、行驶位置或行驶方向、时间等有关情况通报给110。

不仅如此，为了使直升飞机在追踪时能够确定目标，大巴的车顶部都写上了车号；为了能够迅速逃离车内，很多线路大巴都将以前下部固定的车窗（称为"反 T 字型车窗"）改为上部固定的车窗（称为"T 字型车窗"）。

大巴装备的紧急联络方法

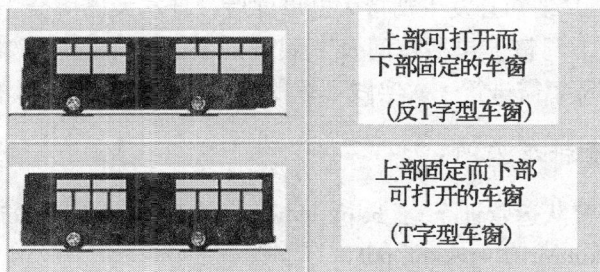

反 T 字型车窗与 T 字型车窗

截至 2008 年 3 月底，紧急联络手段的配备情况如下表所示。

大巴紧急联络手段的配备情况

种类	公共汽车	公共汽车兼包租大巴	包租大巴	总计	
公司数量（家）	86	606	933	1625	
车辆种类			高速（包括机场线）	公共汽车（不包括高速）	包租	总计
车辆数量（辆）			7378	54270	24252	85900
紧急联络方法	a. 防范灯	2623	6634	1682	10939
	b. 增加紧急警告灯的闪烁次数	1611	2460	1592	5663
	c. 显示紧急情况的信息"SOS"等	3793	24045	653	28491
	d. 根据 GPS 确认位置、通报紧急情况	3779	9211	1321	14311
	e. 用手机通报紧急情况	5686	25777	17479	48942
	f. 其他	773	3309	520	4602
整顿装备车辆数量		7378	39247	16443	63068
整顿装备率		100.0%	72.3%	67.8%	73.4%

在 2008 年 7 月爱知县发生劫持大巴事件后，日本大巴协会于同年 12 月修改了统一应对手册，调整了包括夜间及节假日的紧急联络网、联络方法、援助体制，以及增加了每年需进行一次实践训练的内容。

主要参考资料及来源：

1. 《铁路警察队运营训令》：http：//www. pref. kyoto. jp/fukei/site/soumu_ j/kunrei/img/1987kunrei10 - tekkei. pdf

2. 日本国土交通省：http://www. mlit. go. jp/sogoseisaku/terro/measure_. html #006

3. 日本警察厅：http：//www. npa. go. jp/pressrelease/keibi2/keibi. htm，http：//www. npa. go. jp/kouhousi/biki3/01. html

4. 日本仙台市交通局：http：//www. kotsu. city. sendai. jp/kigyo/anzen/terro-taisaku/index. html

5. 日本横滨市交通局：http：//www. city. yokohama. lg. jp/koutuu/kigyo/kako/sub - telo. html

德国：执行地铁安全计划

德国是一个联邦州制国家，由 16 个联邦州组成。城市分为特大城市（柏林、汉堡、不莱梅三个联邦直辖亓）、大城市（一般为联邦州直管市，如巴登－符登堡州的斯图加特市等）、中小城市（县管辖的各城市）。除由联邦政府直接管理的国家铁路以外，没有专门的客运长途汽车交通方式，只有城市和区域性的公共交通系统。

一、公共交通系统简介

德国公交系统由城际列车、地铁、郊区火车和公共电汽车组成。每个城市都有一个中央火车站，在那里可以方便地换乘所需的各种交通工具。每种公交都非常准时，严格按时刻表运行。

在德国，特大城市、大城市的公共交通方式有地铁、轻轨、公共汽车等；中等城市的公共交通方式有轻轨、公共汽车等；小城市的公共交通有轻轨、电汽车、公共汽车，有的仅有公共汽车。出租车数量较少，一般为电话预约，在公共交通中所占份额很小。大城市与周边中小城市之间一般采用轻轨和公共汽车等方式连接。

德国交通网络发达，铁路总长达到 3.8 万公里，跨地区的公路网约 23.1 万公里，其中高速公路 1.1 万多公里，各种机动车 5100 万辆，其中小轿车 4240 万辆，自行车约 6500 万辆。

德国地铁已有超过 100 年的历史。最初德国地铁是以城市高架铁路的形式出现。

德国北威州悬挂列车

　　随着这种快速有轨交通工具的推广，居民们对它造成的城市噪音污染越来越不满，于是开始转入地下，成为真正意义上的地铁。不过即使是现在，德国的地铁也并不完全在地下运行。例如，首都柏林就有 1/4 的轨道是铺设在地面的高架桥上。德国的城市地铁都由设在各个城市的总监控中心进行技术监控。所有车辆的行驶情况都通过监控中心巨大的环形墙壁上的各种按钮颜色变化反映出来，监控人员通过计算机指挥列车驾驶人员，使得整个城市的地铁运行在线路密集交错，列车间隔时间短的情况下，依然井井有条。

　　值得一提的是，德国纽伦堡市还研发出世界第一组无人驾驶地铁列车。2001年年底，该市决定先后在 U3、U2 地铁线使用无人驾驶列车，经过几年的研发与测试，无人驾驶列车最终于 2009 年 5 月正式投入运行。

　　使用无人驾驶列车，首先要考虑到列车的正常运行和乘客的安全。在技术上，纽伦堡无人地铁采用了高频异频雷达收发系统，如果有人不慎落入地铁轨道，系统会立即发出指令让列车停止运行；同时，列车车门上安装的红外线传感器能反映出所有异常问题，哪怕是乘客的衣角被夹，列车也会停止前行。当列车靠近站台时，列车上安装的脚踏板自动伸出来将车门与站台紧密连接起来，防止乘客的脚卡入列车与站台的缝隙内。如果遇到突发危急情况，乘客可以按车厢内的紧急按钮呼救。另外，纽伦堡公共交通运营商的控制中心工作人员 24 小时监控列车运行情况，一旦发现异常，他们将在第一时间进行处理。

二、城市公共交通安全管理

1. 主管部门及其职责

作为联邦主管全国警察约最高机构，德国内政部并没有单独设立负责交通安全的部门，即在联邦层面没有负责交通安全的警察。公交系统的治安主要由地方警察局尤其是地铁沿线的警察局负责，制订详细的公交巡逻计划，在重大活动中还要加大对重点部位的巡检力度。

德国实行"大交警"制度。交警属于各个州，由各个州政府管理，负责联邦高速公路、联邦公路、州级公路的交通执法。有关交通方面的法律法规、政策制定和监督等事务，均由运输部制定。警察在公路上的职责主要是作为"现场客观情况的记录者"来执行这些规定。警察执法内容不仅仅包括交通违章处理、限速等，还包括保险、路产损坏、救护的登记，一般性的交通事故都由当事人和保险公司自行处理，有人员伤亡的事故，交警除记录事故现场外，也并不对事故责任和赔偿作出决定；只有交通设施出现故障影响交通正常通行时，交警才上路指挥交通。此外，德国许多城市不设立警察局，治安等事务由州政府管理。

德国的联邦政庲交通主管部门原为联邦交通部，1998年10月改革为联邦交通、建设与住房部。各州交通主管部门设在各州政府的交通与公路建设局，主要职责为公路建设和公路交通管理，目的是改善交通条件，提高机动性，减少环境污染。联邦交通主管部门与各州政府交通主管部门的业务关系集中体现在两个方面：一是联邦委托各州实施联邦建设项目；二是各州可向联邦申请财政资助。

城市公共交通管理是联邦州和城市、县政府的职责，联邦州主要负责法律的制定和对市、县公共交通补勋经费的下拨，城市、县政府负责公共交通设施规划、公共交通建设用地、公共交通具体管理规章制度的制定等。在政府与公共交通公司之间，设有公共交通联合会，各联邦州均有公共交通联合会，受州政府委托，管理公共交通事务。

此外，警察还参与地铁保安及服务人员的培训工作。2009年大约有1.1万名列车服务人员、乘务人员以及随行车员接受了安全培训。这些培训主要介绍如何配合联邦警察的工作。联邦警察将会作为培训顾问参与对铁路员工的培训。

2. 加强公共交逼网络安全的具体措施

（1）执行计划，加强防控

为了保障城市地铁的安全运营，许多警察局与政府相关单位共同提出并制订了地铁24小时的安全计划。该警察局与交通管理部门达成"安全伙伴关系"，共同保障地铁的安全。安全计划中提出了具体的安全措施，其中包括每一辆夜间地铁列车都有两名警员值守。在同一时间整个地铁运行网络共有22条线路，所有的地铁站都具备候车室，其他安全措施包括加装视频监控系统，有针对性地在重点部位的繁忙时段使用。

安全计划主要包括以下几项内容：一是每辆列车配备两名常设警力；二是地铁工作人员即夜间值班员必须与警察一起在每一个站点下车查看，靠右侧站立；三是在地铁网络连接点可以更为灵活地部署警力；四是开通每一个地铁站的夜间候车服务；五是所有车站和在夜间行驶的每趟列车必须使用视频监控；六是从始至终在每趟列车上使用视频监控，依靠技术手段预防、打击犯罪。

（2）加派人员，维护治安

针对城铁车站犯罪案件高发的情况，德国各级政府出台了一系列措施。首先，增加车站安全人员的数量，加强车站的安全检查工作。此外，如果有大型事件，这些训练有素的安保工作人员可以被分散派往全国各地，而不是仅仅固守一个车站。其次，德国火车站和列车上还将会加装 6500 个监视摄像头，用于改善和加强安全措施。通过使用一种新的软件，电脑可以自动检索出可疑物体和行为异常的人员并提醒工作人员注意，2009 年，该项工作的预算高达 1.6 亿欧元。

德国的公交网络治安形势一直不容乐观。以北威州多特蒙德市为例，2009年 9 月~12 月，该市警察局记录在册的汽车和铁路犯罪案件共计 3000 起。在公共汽车和地铁发生的犯罪行为包括身体侵害、抢劫、威胁强迫、严重的身体伤害以及无证驾驶、财产损害、油漆涂鸦破坏等。因此，自 2009 年 12 月 1 日起，联邦警察加强了在多特蒙德地区的巡逻。为了遏制不断蔓延的公交犯罪行为，该市警察局每天派出 100 名警员在火车站、城市铁路、轻轨、地铁等重点地区巡逻。联邦警察还加强了以上地区的夜间巡逻，从而有效打击了犯罪，保障了乘客的安全。

（3）警民合作，防微杜渐

为了加强地下交通枢纽的安全，保障地铁空间的和平环境，各市警察局与地铁运营商结为合作伙伴，对站台进行治安巡逻，发现并制止违规违法行为，共同为乘客提供安保服务。同时，该市地铁运营商还打破以往地铁车站只有一名值班员在白天值守的常规，在夜间也派驻一名值班员巡逻。这种日夜轮班工作制为旅客提供以下服务：为乘客提供信息咨询；确保乘客严格遵守交通规则，并且必要时把相应信息告诉乘客；在危机情况下使矛盾降温，必要时通知警方；随机查票；与警察密切协商等。

地铁治安巡逻

（4）运用技术，保障安全

德国的地铁站台大多都安装了远距离火警报警装置，一旦发生火情会立即向指挥中心报警。在地铁里使用手机拨打火灾报警电话，动态咨询和信息系统不仅显示地铁列车的发车时间而且还能够显示安全须知等内容。站台候车区域设置了危机信号按键，只要按下，驶入和驶出的地铁列车会紧急制动。地铁站台上的麦克装置可在发生紧急情况时进行救援呼叫。地铁隧道的逃生路线有充分照明，而且有箭头标明紧急出口的方向。每一辆地铁列车车门都是声控和光控车门，而且可通过监控确定车门是否关闭。每一节地铁列车车厢都装有灭火器。紧急按钮确保列车能够在最近的站台停车，从而获得紧急救助。

所有运营的列车都安装了视频监控系统，用于记录各种图像，并与地铁控制中心连接，可直接进行图片传输。工作人员在地铁运行期间时刻注视监视器。运营商还会对录制的图像进行加密，如果发现可疑行为，在提出书面请求后，可将视频图像记录提供给警方使用。此外，德国所有的公共汽车也都装有监控器，在车门开启和关闭的过程中都会自动监控，这对于震慑犯罪起到了积极的作用。

在高速路方面，德国在全国所有高速公路上均设置紧急电话系统，由联邦标准协会（VDE）制定设备和系统设计的技术标准，由从事交通产品经营企业（如西门子等）生产。路侧紧急电话机设置合理，有的还在路侧紧急电话机旁设置隔音设施，在隧道内设置紧急电话室，并有门和灯光照明。在德国汉堡设有一个全国紧急电话呼叫总中心，所有紧急电话呼叫均接入总中心，由总中心将紧急呼叫信息传达到各州的安全、急救等部门，进行相应的救援和帮助。

三、典型城市实践介绍

1. 柏林市城市轨道交通及其安保措施

（1）基本情况

柏林是国际知名大城市，人口密集。该市总面积为891平方公里，总人口为338万。虽然人口稠密，但市内很少见到堵车现象。究其原因，一是由于城市交通系统比较发达，管理也日趋完善；二是市民平时很少开自己的私家车出门，而是选择乘坐地铁、轻轨、公共汽车，或者骑自行车。柏林有9条地铁和15条轻轨，以及有轨电车，有环形的和大量穿越而向外辐射的，织成了一张大网，四通八达，构成了欧洲最大的交通网络之一。地铁线全长152公里，共有170个车站，站间距一般为800米，车辆总数为1403辆。柏林市全年客流总量约为9亿人次，其中地铁客流量为4亿人次。车辆间隔时间很短，随时有电子提示哪辆车还有几分钟到。到柏林的人，大部分都坐火车进去，坐火车出来，不坐出租车，直接坐地铁，换轻轨，很是方便。柏林的轨道交通发展已有100多年的历史，现在已经形成了以地铁、城郊火车、区域快速火车和城际高速铁路（ICE）为一体的综合轨道交通系统。在2008年的统计数据显示世界主要城市地铁运行里程排名上，德国柏林以152公里排名第17位。德国法兰克福以58.6公里排名第50位。

柏林地铁线路示意图

　　为了组织协调不同形式的轨道交通之间以及轨道交通与公共汽车之间的关系，实现综合交通总体规划与运营管理，柏林市成立了柏林交通协会（BVG），并在此基础上成立了柏林和勃兰登堡州交通协会（VBB），对公共交通实行统一规划管理，同时对其安全运营进行监督。

　　（2）地铁引导信息和安全集成系统（LISI）

　　柏林市市地铁控制中心使用了基于数据库的动态管理信息系统，可以实时动态地获得列车运行的各种参数，并可以控制安装在沿线各个车站不同部位和方向的摄像头、站台上的各种显示牌、乘客求助系统以及广播系统。坐在控制中心即可对所有列车运行的状态信息和各车站内的动态情况进行掌握，还可以与利用车站乘客求助系统的求助人实现双向语音信息交流，站台内几乎不需要任何工作人员。这项系统不但节约了人力成本，而且还为高效、安全、准确、快速地运行提供了技术保障。

　　（3）大型活动中的公交安保措施

　　柏林警方在大型活动中的交通安保方面经验丰富。柏林警察局在每个分局指挥中心都设有专门机构，负责收集所辖大型活动场所、繁华地段等重点部位发生重特大暴力案件或灾害的情况。平时工作中，警察会通过走访单位、与安全负责人进行对话等方式来摸清地铁城铁车站、加油加气站、重点建筑的建筑结构、特点，并对其作出风险预测评估，比如出现恐怖袭击或自然灾难时，在哪个时间段会受到何种威胁、哪些路段要封闭、犯罪分子最可能的逃跑路线以及逃跑时可能采用的交通工具、危险物品的存放位置等，以此制定处置参考目录。其目的就是把灾难或案件发生后与警务活动相关的信息摸清，从而研究出最优化的解决方案。

　　德国公交系统的保安主要由警察和公交公司内部保安共同负责，公交保安身着制服在地铁或城轨车站巡逻，维护秩序，甚至还可携带警犬。在大型活动开始前，警察局会向其他各有关单位，如公交集团、地铁、城轨调度站、球迷协会等单位和组织派驻固定联络人员。在某些场合，有关单位也派员加入警方行列，比如公交集团派调度车跟随警方，观察交通受影响情况随时并及时通知公共交通暂停或恢复运行。德国警方特别注重大型活动出警时机的把握，并且在大型活动总预案中明确了警方的介入"时机"，确定了举办方的安保责任及与警方配合的义务，真正做到保护公交系统在大型活动中的安全。

　　2. 慕尼黑地铁安保情况

　　在德国，慕尼黑的地铁安全性是非常高的。据统计，每年只有3%的地铁暴力犯罪分子未能追捕归案，乘客的安全感较高。慕尼黑运营着世界上最安全也最先进的地铁。在慕尼黑，地铁运营由慕尼黑交通股份公司（MVG）负责，该公司同时也负责地铁的安全保卫工作。交通股份公司成立于1989年4月1日，至今已有 20 余年的历史，其主要任务包括：遣散准备制造混乱的人；帮助处于拥挤或其他困难中的人；向乘客提供咨询；在大型活动中确保乘客的安全。近几年慕尼黑交通股份公司招募了大量工作人员，并对人员进行培训，要求所有从业人员穿着统一服装。

1989 年 4 月 1 日，慕尼黑交通股份公司成立了地铁监察队，这也是德国第一支地铁监察队。该监察队的主要职责首先是检查地铁设施的安全，其次是提供安全保障和问询服务。慕尼黑地铁监察队除了与信息服务人员和公司内部人员合作外，还与警方保持着密切的合作关系，确保慕尼黑地铁的正常运行和乘客的安全。

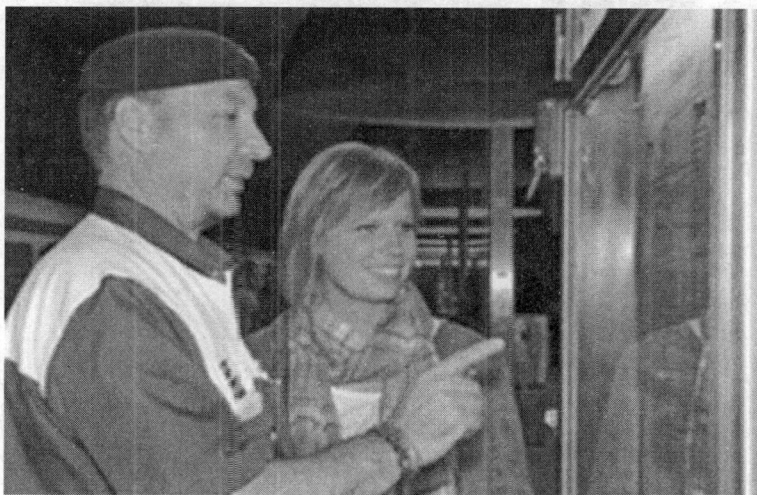

地铁监察员在向乘客讲解

（1）监察员录用标准及培训

录用标准：具有良好声誉；25 周岁以下；流畅的德语口语和书写能力；至少高中文化程度并接受职业培训；身体状况良好，能够承受压力，胜任轮班制；长相端正；拥有 B 级驾驶证并有多年驾驶经验；非常熟悉慕尼黑地理状况；居住在慕尼黑较大区域；接受职业医疗体检；接受录用测试（体育、德语及科普知识）；德语书面求职简历。

新录用的地铁监察人员必须接受巴伐利亚州警察局组织的心理和实践课程培训，培训历时 4 个月。培训内容主要包括：法律、心理、自我防护、体育技能、武器和射击、专业实践、设施保护知识、服务知识等。

（2）武器装备

单人装备：武器腰带和枪套；史密斯文森公司的 0.38 毫米口径左轮手枪；

刺激性物品喷射器（OC）；微型袋装手电筒；手持闭合装置；大型号探照灯；手持通讯设备；机载无线电设备；特殊装备；特殊信号车。

车辆配备：安装了特殊信号装置的大众帕萨特型巡逻车；大型活动中投入使用的安装了特殊信号装置的大众品牌公共汽车；民用汽车。

（3）着装要求

截至2010年2月底，慕尼黑地铁监察队换上了新制服，相比旧制服而言，新制服更易识别，其安全性能也得到大幅提升。

地铁监察队新制服、袖章和帽徽

（4）日常工作实例

慕尼黑地铁监察人员平时的主要工作内容如下：在乘客陷入窘境和困境时提供帮助；在乘客遇到危险的时候提供救护并联系救护人员；向乘客提供问询服务；在大型活动中及时发现问题，保障乘客安全。

如果发现特殊情况，比如遇到在地铁站里睡觉不愿回家的乘客，且该乘客故意冒犯地铁监察工作人员等情况，监察员可以下达驱逐令或寻求其他法律途径解决。如果遇到酗酒或者吸食毒品的乘客，工作人员必须将其移交给医护人员。

如果遇到违反规定或破坏地铁设施的乘客，地铁监察队工作人员有权向其下达驱逐令，并对其实施处罚。

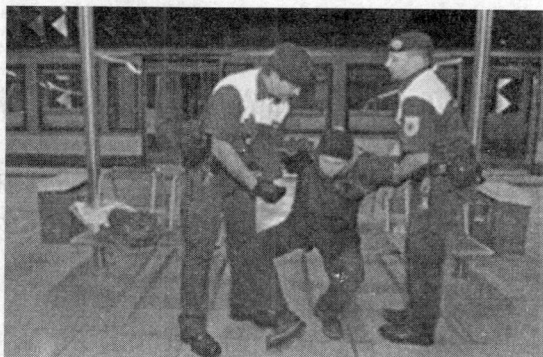

监察员在处理站台留宿乘客

主要参考资料及来源：

1. 德国内政部：http：//www. bmi. bund. de

2. 德国公交在线地铁安全：http://www. vag. de/Sicherheit－rund－um－die－U－Bahn/m811l/ Sicherheit－rund－um－die－U－Bahn. html

3. 柏林交通安全协会：http：//www. vbbonline. de/index. php？cat＝2&sCat＝23&id_ language＝1

4. 慕尼黑地铁监控：http：//www. muenchner－u－bahnwache. de/einblicke/fahrgast information. php

加拿大：多伦多特别乘警

为了更好地维护地铁、公共汽车等公共交通工具和场站的治安秩序，预防打击发生在上述场所的违法犯罪活动，加拿大多伦多市警察局与该市交通委员会（TTC，下称"交通委"）签订协议，共同实施"特别乘警计划"（Special Constable Program）。该计划于 1997 年开始实施，多伦多市警察局雇用交通委的部分职员（即特别乘警）对地铁、公共汽车内部以及相应的交通场站进行巡逻、执法，警察局负责对特别乘警进行业务上的监督指导。2010 年下半年，出于节省运营经费、避免资源浪费等方面的考虑，多伦多市警察局有意限制特别乘警计划，比如限制特别乘警的执法权限，减少其人员数量（从目前的 121 名减少到 100 名），逐步用正式警察取代特别乘警等，但目前并未对此作出正式决定。然而，特别乘警计划实施 13 年以来，取得了一定的社会效果，为预防打击公共交通系统犯罪起到了积极的作用，其实践经验或许可以作为我国加强公共交通系统安全的良好借鉴。

一、职能和机构设置

依据安大略省《警察法》第 53 条"特别乘警"规定①，根据多伦多交通委提出的申请，经安大略省社区安全和矫正服务部批准，自 1997 年开始，多伦多警察局指定交通委的部分职员负责开展执法和安全保卫工作。2009 年，特别乘警共处理约 1.4 万次接处警。

特别乘警服务部的主要职能是：主动、积极地维护地铁和路面交通的公共秩序，执行地方法律。对公共交通系统发生的违法犯罪和其他安全事宜进行调查。提供安全防护。逐步完善并执行交通"安全计划"。综合来看，特别乘警承担着与治安官类似的职能，负责执行加拿大刑法、受控药品和物质法；此外，如果公共交通设施和场所发生了涉及酒类许可证法、财产入侵法、精神疾病法的违法犯罪行为，特别乘警也承担部分此类法律法规的执行工作。

据特别乘警服务部 2010 年提供的月报统计，该部执行了如下执法行为：

---

① 该法原文附后。

授权法逮捕、拘捕	起诉	无条件释放	不起诉	移交多伦多警察局
刑法	550	286	35	229
受控药品和物质法	20	7	5	8
刑事逮捕令	48	0	1	47
财产入侵法	148	135	6	7
酒类许可证法	55	3	5	47
精神疾病法	47	0	0	0
触犯省法律的违法犯罪案件	0	1	0	0
共计	868	432	52	338

在特别乘警的日常管理方面，由于该支队伍具有自己独特的管理方式，而且也有法律作为支撑，所以逐渐形成了一套较为成熟的管理系统。在外部管理上，特别乘警的任命、身份鉴定、装备、培训、执法权力、职责等事项均由交通委和多伦多警察局签订的协议确定。特别乘警必须遵守该警察局制定的有关特别乘警职责义务的所有规定，包括各类相关指令、政策等。此外，根据协议，特别乘警服务部还建立了一套投诉调查程序，对有关特别乘警行为的投诉进行调查。在内部管理方面，特别乘警服务部也有一套书面政策、程序和规则，如道德和核心价值规范等，对特别乘警的职责、权限、责任义务作出了规定。所有特别乘警均受交通委集体纪律政策的约束。

交通委特别乘警服务部是该单位行动处下属的一个部门。特别乘警服务部下设三个小组：交通巡逻、调查服务、系统安全。具体组织机构图如下：

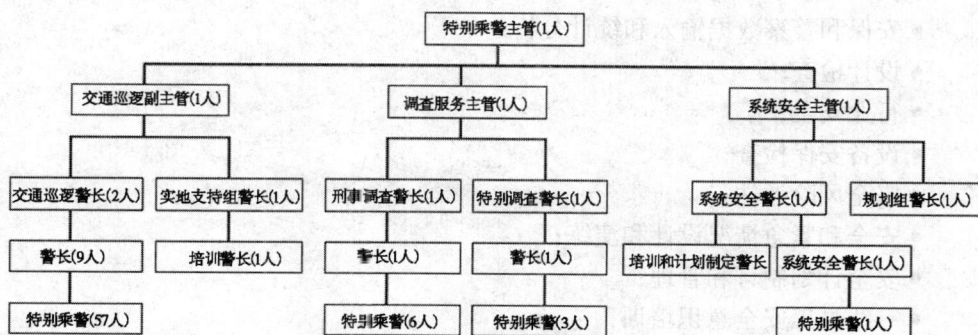

交通巡逻小组主要执行步行安全巡逻，其工作职责如下：

● 对突发事件进行应急响应；

- 维护秩序、执行财产入侵法以及交通委的相关法规；
- 注意公共交通场所的各种细节；
- 公共交通资费检查；
- 票据查验检查；
- 非法进入检查；
- 地铁站台安全检查；
- 特别乘警培训。

调查服务小组的主要工作如下：
- 多伦多警察部门委托办理的小型刑事调查；
- 伪造票据调查；
- 内部调查，确定犯罪事实；
- 控制涂鸦；
- 与多伦多警察部门联合对通勤车辆停靠点进行监控；
- 与多伦多警察部门实施各种特殊计划；
- 实施工作场所暴力威胁评估；
- 提供数字图像查询服务（2009 年共受理 801 起诉求）；
- 可疑事件报告与跟踪；
- 密切关注受害人或证人；
- 营运人员袭击法庭处理报告与跟踪；
- 资费媒介和收费设备设计；
- 多伦多警察部门委托办理的公众投诉调查。

系统安全小组的主要工作如下：
- 安保和警察数据输入和统计分析；
- 设计检查；
- 行业安全；
- 设备安保检查；
- 安全风险评估；
- 安全和紧急情况设计和演练；
- 安全计划制订和管理；
- 一线员工安全意识培训；
- 工作场所暴力保护计划；
- 防护服务管理和操作。

二、培训和职业发展

根据安大略省社区安全和矫正服务部指导文件，该省所有特别乘警均应接受培训。实地支持组负责为交通委特别乘警提供所有强制性培训和在职培训，使所有特别乘警能达到警察部门的要求和标准。除了常规知识外，特别乘警还要熟悉原住民的历史、地理知识及其生活文化习惯等。以下是2009年交通特别乘警接受的常规培训项目：

课程（主题）	讲授单位	课时	参训人数
武力使用年度重新认证	经过认证的专业教员	4 小时	96
标准急救重新认证	红十字会	8 小时	16
原住民和初始民族认识	加拿大警察知识网	6 小时	92
警察道德规范和义务	加拿大警察知识网	2 小时	92
安大略残疾人便利法	交通委实地支持组	1 小时	95

除此之外，特别乘警还要接受以下各种在职培训项目：

课程（主题）	讲授单位	课时	参训人数
武力使用报告	交通委实地支持组	1 小时	58
实地信息报告	交通委实地支持组	1 小时	58
加勒特（Garrett）金属探测	交通委实地支持组	1 小时	58
自发性紊乱（利用有限资源进行人群控制）	安大略警察视频培训联盟（交通委实地支持组）	1 小时	59
2009 年交通委法规检查	交通委实地支持组	1 小时	81
兴奋性精神错乱平息	安大略警察视频培训联盟（交通委实地支持组）	1 小时	18
性犯罪	安大略警察视频培训联盟（交通委实地支持组）	1 小时	18
判例法更新	交通委实地支持组	1 小时	18
CPIC 答疑或陈述	加拿大警察知识网	6 小时	3
城市帮派动态	加拿大警察知识网	2 小时	10

课程（主题）	讲授单位	课时	参训人数
安大略帮派调查员协会专业发展会议	安大略帮派调查员协会	3 天	2
数字照相	侦探警长 Brian Ward（多伦多警察局退休警察）	8 小时	10
涂鸦调查	加拿大警察知识网	2 小时	1
采访、审问里德（Reid）	John Reid 及其合作者	4 天	2
调查走访	警察局退休警长	1 天	10
年度专业标准研讨会	多伦多警察局	3 天	3
工作场所暴力和骚扰	兰卡斯特大厦	1 天	2
ASIS 最佳实践研讨会	美洲工业安全协会	1 天	4
ASIS 认证保护专业人员委派	美洲工业安全协会	正在进行	4
第十四届年度反伪造欺诈会议	加拿大 Kestenberg Siegal Lipkus LLP 公司	4 天	4

　　开展上述培训的协作单位主要有安大略警察教员协会（OAPE）、安大略警察视频培训联盟（OPVTA）、安大略警察局长协会（OACP）、加拿大警察局长协会（CACP）、国际警察局长协会（IACP）、美洲工业安全协会（ASIS）、加拿大城市交通协会（CUTA）、商业安全协会（CSA）、多伦多警察和私人保安员协会（TAPPS）、加拿大认证法庭调查员协会、美洲执法培训官协会、安大略犯罪预防协会等。

　　此外，由于特别乘警需要参与许多官方和私人领域发生的紧急情况的处理，所以也需要进行应急响应方面的培训，以便更好地进行应对。为此，交通委专门制订了公司应急计划，针对特别乘警各部门、各单位的特点分别进行培训演练。此类培训主要以会议形式开展，包括应急操作中心（EOC）管理（多伦多市政府组织）、基本应急管理（多伦多市政府组织）、世界灾害管理会议（加拿大应急程序中心组织）、应急管理研讨会（多伦多警察局组织）、轨道和城市交通安全标准会议（加拿大运输部组织）、加拿大运输部国际安全会议（加拿大运输部组织）、安大略公共事务局（OPS）安全会议（安大略政府服务部安全事务和意外事件规划处组织）等。

三、制服和装备使用

根据安大略省社区安全和矫正服务部规定，特别乘警的制服（分为夏装和秋冬装）必须显著区分于多伦多正规警察制服。这些区别主要在于以下方面：第一，特别乘警的臂章明确标明"特别乘警"字样，面积比多伦多警察臂章大，且形状不同（特别乘警臂章是梯形而正规警察为圆形）。第二，一线特别乘警及管理人员的制服衬衣均为浅蓝色，正规警察制服衬衣为深蓝色。第三，交通委制服裤子为浅黑色，多伦多警察制服裤子为深黑色且带红色条纹。第四，特别乘警外穿防弹衣颜色为黑色，正规警察为深蓝色。第五，特别乘警大檐帽装饰带为高贵蓝，而正规警察为红色的装饰带。

根据交通委与警察部门的协议，交通特别乘警可拥有如下装备：制服、单口袋徽章、机构识别卡、软质防弹衣、标准手铐、辣椒喷雾剂、伸缩警棍、记事簿、手电筒等。特别乘警在执法过程中不可避免要用到上述装备，最常见的是在遇到嫌犯攻击时会使用辣椒喷雾剂和伸缩警棍，其次才是徒手格斗。

四、其他规定

1. 执法情报的获取

在执法情报的获取方面，根据交通委和加拿大警察情报中心（CPIC）达成的谅解备忘录，任何获取该中心数据的行为都要接受严格管理。上述备忘录规定了授权某人获取执法情报的条件，以此保证上述活动按照警察情报中心规定和特别乘警部门规章执行，真正为执法调查提供支持。

加拿大警察情报中心规定，必须对获取相关数据进行定期审计，特别乘警服务部每季度会执行该项审计，以此作为该部内部管理的一项具体措施。

2. 交通系统安保意识和犯罪预防

作为社区安全合作伙伴，特别乘警服务部制定、协调、管理着多项安全计划，保持并提高公共安全，预防公交系统犯罪。该部会通过互联网等渠道发布与公交安保有关的信息，比如民众预防公交犯罪方面的策略、交通委应急程序、阻止犯罪、交通委特别乘警情况、乘客协助警报等。

3. 突发事件响应

在发生大规模传染病时，公共交通系统的疾病预防和应急措施非常关键。2009年，猪流感袭击全球，多伦多特别乘警根据该市交通系统《流感应对计划》和该部门应急响应计划迅速作出安排。特别乘警实地支持小组与委派到交通委健康安全部的卫生专家展开配合，在多伦多医疗卫生部门宣布流感爆发之初就给每位值守在第一线的乘警配发 N95 呼吸器，特别乘警还专门接受了如何使用呼吸器的相关培训。这一措施对于有效防止前线值守人员感染病毒起到了非常关键的作用。

附：安大略省警察法"特别乘警"规定

安大略省《警察法》第 53 条——特别乘警

（2009 年修订）

特别乘警的任命

警察局任命

第 53 条

1. 经（安大略省）司法部部长同意，市警察局如认为可行，可以任命一名特别乘警，在某一特定时期、特定区域，为了特定目的而行使职权。

交通委员会任命

2. 经（安大略省）司法部部长同意，市交通委员会负责人如认为可行，可以任命一名特别乘警，在某一特定时期、特定区域，为了特定目的而行使职权。

警察的权力

3. 根据任命中规定的范围和特定目的，受到任命的特别乘警会拥有警察的权力。

限制条件

4. 警察部队不应永久雇用或者以兼职或全职形式雇用特别乘警，让特别乘警从事警察承担的所有日常工作。

5. 第 4 款并不限制警察部队授权特别乘警以监管方式护送或运送某人，以及行使与本法第十章规定的警察局职责有关的职权。

任命中止或取消

6. 任命特别乘警的权力中包含中止或取消任命的权力。

主要参考资料及来源：

1. 维基百科关于多伦多特别乘警的资料：http：//en. wikipedia. org/wiki/TTC_Special_Cons table_Services

2. 加拿大国家安全战略：http：//www. pco － bcp. gc. ca/docs/information/publications/natsec － secnat/natsec － secnat － eng. pdf

3. 多伦多交通运输系统：http：//transit. toronto. on. ca/archives/data/201003222235. shtml

4. 安全新闻观察：http：//www. securityinfowatch. com/Executives/1318145

下 篇

国外公共交通
治安防范管理法规

美国2007年铁路和公共运输安全法

（摘译）

本法旨在改善美国铁路安全、公共运输安全和公路客车安全，本法也用于其他目的，已经由美利坚合众国参议院和众议院通过。

第1条　本法简称

本法可简称为"2007年铁路和公共运输安全法"。

第2条　定义

本法定义包括：

（1）相关国会委员会："相关国会委员会"一词的含义与其在《2002年国土安全法》第2条的含义一致（《美国法典》第6篇第101条），包括：众议院国土安全委员会，运输委员会和基础设施委员会，参议院国土安全和政府事务委员会以及参议院商业、科学和运输委员会。

（2）利益相关方：

（A）相关运输供应商；

（B）代表相关运输供应商的代表机构；

（C）代表在铁路、公共运输或公路客车工作的工人的非营利性劳工组织；

（D）危险品托运人；

（E）火车车厢制造商、公共运输用车制造商和巴士制造商、公路客车制造商；

（F）州一级运输部门，地区机构和都市规划机构；

（G）负责维护公共安全的官员；

（H）执法部门官员和消防部门官员；

（I）其他相关人员。

（3）相关运输："相关运输"一词指由铁路运营商、公共运输供应商或公路客车供应商所提供的运输。

（4）部："部"一词指国土安全部。

（5）相关受益人："柜关受益人"一词的含义与《美国法典》第49篇第5307（a）条中该词的含义一致。

（6）相关运输供应商："相关运输供应商"指：

（A）就铁路运营商提供的运输而言，"相关运输供应商"指铁路运营商；

（B）就公共运输而言，"相关运输供应商"指指定的公共交通运输部门指定的运输商接收人；并且

（C）就公路客车而言，"相关运输供应商"指私营运营商。

（7）公路客车："公路客车"一词指行李舱上方为乘客乘坐区的客车。

（8）公共运输："公共运输"一词的含义与《美国法典》第 49 篇第 5302（a）条中该词的含义一致。

（9）铁路："铁路"一词的含义与《美国法典》第 49 篇第 20102 条中该词的含义一致。

（10）铁路运营商："铁路运营商"一词的含义与《美国法典》第 49 篇第 20102 条中该词的含义一致。

（11）部长："部长"一词指国土安全部部长。

（12）州："州"一词指美国 50 个州中的任何一个州、哥伦比亚特区、波多黎各、北马利亚纳群岛、维京群岛、关岛、美属萨摩亚和其他任何美国领地或属地。

（13）恐怖主义："恐怖主义"一词的含义与该词在《2002 年国土安全法》第 2 条（《美国法典》第 6 篇第 101 条）中该词的含义一致。

（14）运输："运输"一词在公路汽车中指由公路汽车在以下区域内产生的乘客或财产移动，这些区域包括：

（A）从美国一州之地至美国另一州之地（包括位于美国之外的地点）；或

（B）影响贸易、交通和运输的上述第（A）款提及的州。

（15）合众国："合众国"一词指美国 50 个州、哥伦比亚特区、波多黎各、北马利亚纳群岛、维京群岛、关岛、美属萨摩亚和其他任何美国领土和领地。

第 3 条　本法不优先于任何与之抵触的州法

（a）本法不优先于任何与之抵触的州法：除非由于遵守州法违反了联邦要求，否则《美国法典》第 49 篇第 20106 条的任何规定不得优先于州法所规定的诉因，不得优先于此类诉讼（诉因包括失职、鲁莽和故意不当行为索赔）所判定的任何可追究性损害赔偿。《美国法典》第 49 篇第 20106 条的任何规定不为此诉因授权联邦司法权。

（b）部长权限：《美国法典》第 49 篇第 20106 条仅优先于制定法、法规和专门负责铁路安全的行政官员或司法官员所发布的指令。部长和交通运输部部长有权根据合理的行政程序大量纳入主题事项，优先于此类制定法。

第一篇　铁路和公共运输安全

第 101 条　加强轨道安全和公共运输安全的国家战略

（a）示范计划：在本法通过后的 6 个月内，部长应按照《美国法典》第 114（t）（1）（B）条规定，制订和执行相关运输的示范计划。示范计划应命名为"加强轨道安全和公共运输安全的国家战略"，该战略至少应包括以下内容：

（1）机构（联邦、州和当地）、资助部门、部落政府和示范计划所涉及的利益相关者的角色、职责和权限；

（2）对上述第（1）项中所描述的角色、职责和权限的空白和重合之处的筛查和解决计划；

（3）国土安全部同上述第（1）项中提及的各部门的合作方法，以及对国土安全部、交通运输部等其他相关机构内现有的联邦专业知识和技术的利用。

（4）为协助上述第（1）项中提及的各部门间情报信息共享而提供的安全调查；

（5）描述以下内容：

（A）国土安全部对过去 25 年世界发生的相关运输恐怖袭击的总结；

（B）从评估中所汲取的教训；

（C）如何利用这些教训以确保目前和未来相关运输的安全；

（6）国土安全部、交通运输部及其他相关联邦和私营机构为确保相关运输安全而制定的新技术研发战略；

（7）可被衡量的目标，包括具体目标、机制和加强相关运输安全的时间表；

（8）在恐怖袭击后恢复（并且是优先恢复相关运输运营）的整体计划；

（9）对目前和未来公众教育的介绍，这些公众教育旨在教育公众如何防止相关运输发生恐怖袭击，如何为应对针对相关运输发起的恐怖袭击作准备，如何应对在相关运输过程中发生的恐怖袭击，以及如何从对相关运输发起的恐怖袭击中恢复；

（10）协调相关运输安全战略和安全计划的程序，这些战略和计划包括：国土安全部发布的第 7 号总统令所要求的"全国基础设施保护计划"，2006 年 12 月 5 日发布的"加强地面交通安全"的美国总统行政令，2004 年 9 月 28 日安全部和交通运输部就铁路安全职责所签署的谅解备忘录，2006 年 9 月 28 日国土安全部和交通运输部就铁路安全职责所签署的谅解备忘录附件，以及 2005 年 9 月 8 日国土安全部和交通运输部就公共运输安全的角色和职责所签署的谅解备忘录附件。

（b）充足的现有计划和战略：本条的任何规定不应阻止部长使用现有计划

和战略遵守上述第（a）款规定。这些计划和战略包括根据《美国法典》第49篇第114（t）条规定制订或执行的计划和战略或国土安全部发出的第7号总统令。

第102条　评估相关运输供应商应对风险等级的能力

（a）评估：由部长制定三个风险级别并确定相关运输供应商的风险级别。

（b）提供信息：部长在根据本条第（a）款规定确定相关运输供应商的风险级别时，如果部长要求相关运输供应商提供必要信息以供部长决策，则相关运输供应商应提供相应信息。

（c）通知：在根据本条确定相关运输供应商的风险级别后，部长应通知供应商其风险级别以及确定该风险级别的依据。

（d）中高风险级别：部长根据本条所确定的级别中，至少有两级应被指派给中高级风险级别的相关运输供应商。

第103条　铁路和公共交通评估和计划

（a）通则：在本法颁布之日起不晚于12个月内，部长应签发法规，这些法规应：

（1）根据第102条规定要求相关运输的每一位供应商能够应对高级或中级风险：

（A）根据本条（b）款和（c）款规定对相关运输的每一位供应商进行安全隐患评估；并且

（B）相关运输的每一位供应商应根据本条第（F）款对安全性的规定准备安全计划，向部长提交安全计划，申请批准和执行安全计划；并且

（2）根据本条第（c）款和第（d）款所制订的安全计划制定安全隐患评估标准和指导方针，并制定和执行此类安全计划的标准和指导方针。

（3）根据第102条规定为未被分派至高级风险或中级风险级别的相关运输供应商制订安全计划，计划包括部长认为对供应商进行安全隐患评估的合理程序和准备执行安全计划的程序。

（b）提交的截止日期：根据本条第（a）款规定，签发法规后不超过6个月内应完成法规对委派至高级风险和中级风险级别的相关运输供应商所要求的安全隐患评估和安全计划，并把此安全隐患评估和安全计划提交至部长，以供其审批。

（c）安全隐患评估：

（1）要求：部长应为相关运输供应商就执行本条所规定的安全隐患评估提供技术协助和指导，并且被委派至高级和中级风险级别的相关运输供应商的每一个安全隐患评估应符合以下最低标准（根据第102条规定），这些标准包括：

（A）对供应商的重要运输资产和基础设施进行界定和评估，这些资产和基

础设施包括铁路站台、车站、巴士和联运站、隧道、桥梁、线路换乘区和存储区、信息系统；

（B）对上述资产和基础设施的风险界定；

（C）对相关运输的安全隐患进行界定和排查，这些安全隐患涉及：

（i）物理安全；

（ii）乘客安全和货物安全；

（iii）可编程式电子设备、电脑或其他用于交通运输的自动系统；

（iv）报警器、摄像机和其他保护系统；

（v）在地下铁路输送系统中用于提供紧急服务的通讯系统，包括调度服务系统和移动服务系统；

（vi）公用事业；

（vii）紧急情况应急计划；

（viii）对职员进行培训；

（ix）部长认为合理的其他事物；

（D）对用以确保相关运输在攻击和其他事件（包括商用电力中断或通讯系统中断）发生后能够正常运营的备用系统和额外备用系统进行排查和界定。

（2）威胁信息：相关运输的供应商在根据本条进行安全隐患评估时应把由部长或任何其他来源所提供的威胁信息纳入安全隐患评估。

（d）安全计划：

（1）要求：部长应对相关系统供应商就准备和执行根据本法要求而需要制订的安全计划提供技术协助和指导，部长应确保对根据第102条规定被委派至高级和中级风险级别的相关运输供应商所制订的安全计划符合以下最低标准：

（A）对具备以下权力的安全协调员进行界定，这些权力包括：

（i）根据计划执行安全行动的权力；

（ii）根据本法第105条、第106条和第107条规定协调安全改善的权力；

（iii）从相关联邦负责官员接受相关运输安全方面即时通讯的权力；

（B）根据本法第110条规定所制订的定期训练计划，相关地方执法部门和紧急情况应对部门都应参与训练；

（C）就资金和行动改善提供一览表，例如本法第105条、第106条和第107条所规定的改善内容；

（D）供应商为应对恐怖袭击而执行或采取的程序，如包括残疾人员在内的人员撤离计划和与乘客保持通讯的计划；

（E）确定州执法部门、当地执法机构、紧急情况应对机构和联邦官员的安全措施协调步骤和确定恐怖袭击应对计划；

（F）制定根据本法第109条规定对员工的培训战略和培训时间表以防止恐

怖袭击、为恐怖袭击作好准备或应对恐怖袭击。其中，这些培训包括定期培训和定期对供应商的员工进行突击训练。

（G）当部长宣布进入高风险期，供应商应采取加强安全的措施；

（H）在恐怖袭击或其他事件发生后，对供应商相关运输关键环节的备用系统和额外备用系统制订计划，以确保相关运输关键环节的正常运转；

（I）制订追回计划，追回由铁路运输的安全材料或核废料等资产，计划应帮助供应商或执法部门利用秘密电子装置等手段找到、追踪和追回上述资产；

（J）根据本法第 124 条规定对涉及安全材料进行运输的安全强化战略；

（K）其他此类部长认为合理的、有利于解决相关运输供应商应对恐怖袭击、确保安全的行动或程序。

（2）对安全协调员的要求：部长应要求根据本条第（d）款（1）项（A）目规定而担任安全协调员的个人为美国公民。如果部长在对个人进行背景调查和对照恐怖分子名单进行核查后确定该人未在任何恐怖分子名单上，则部长可放弃上述要求。

（3）同其他计划保持一致：部长应确保本条所规定的每一个安全计划同第101 条中提及的《铁路和公共交通安全法》的要求一致。

（e）部长提供：为维护国家安全，在供应商准备和提交安全隐患评估和安全计划时，部长应在权限范围内尽可能及时地向相关运输供应商提供与供应商有关的威胁所涉及的运输安全信息。其中，安全隐患评估和安全计划包括对最可能被恐怖分子利用以对相关运输安全隐患发起攻击的方法的评估和对此种方法被恐怖分子成功利用的可能性的评估。

（f）安全性要求：部长应根据法规对相关运输供应商的安全计划制定安全性要求。法规应：

（1）随着风险级别的提高，对安全性提出单独的和更加严格的要求；并且

（2）允许提交安全计划的相关运输的每一位供应商选择安全措施组合措施，以满足部长根据本条规定所作出的对安全性的要求。

（g）审核程序的截止日期：在根据本条第（a）款规定而签发法规后 12 个月内，部长应：

（1）审核根据本条第（b）款规定提交至部长的每一项安全隐患评估和安全计划；

（2）要求修改不满足本条规定的任何安全计划，这些计划也包括根据本条第（a）款规定签发的法规；

（3）批准符合本条规定的任何安全隐患评估或安全计划（包括上述法规）；并且

（4）批准后定期审核每一项安全计划。

（h）临时安全措施：在本条（b）款规定的截止日期到期前，部长应要求根据本条第（b）款规定被要求提交安全计划的每一位相关运输供应商在安全计划被批准前执行任何必要的临时安全措施，以最大限度地阻止、减缓和应对在相关运输发生的安全事故或可能导致此类事故发生的重大威胁。

（i）信息保密：

（1）通则：对根据《美国法典》第5篇第552条规定被免除信息披露的信息，本法中的任何规定不得被解释为要求披露对相关运输供应商的安全隐患评估信息或安全计划信息。

（2）未受影响的其他义务：本条中的任何规定不影响相关运输供应商向相关运输员工、非营利性劳工组织、联邦机构、州机构或当地政府机构提交或通报现有信息，也不影响相关运输供应商遵守任何其他法律。

（3）向国会提交信息：本条中的任何规定不得被解释为可向国会隐瞒任何信息。

（4）公布独立获取的信息：本条中的任何规定不得被解释为影响联邦机构根据任何其他法律披露从相关运输供应商所获得的任何记录或信息的权力或义务。

（j）处罚：

（1）行政处罚：

（A）通则：部长可就不遵守本条规定或不遵守根据本条（a）款规定所签发的法规的行为处以不超过10万美元的行政罚款。

（B）通知听证和要求听证：在根据（A）处以罚款前，部长应向准备被处以罚款的个人提供：

（i）对拟定处罚所作出的书面通知；

（ii）个人收到通知后30天内具有要求对拟定处罚要求听证的机会。

（C）法规：部长可以签发制定对根据本法拟定的惩处进行行政听证和审核的程序法规，包括截止日期。

（2）民事处罚：

（A）通则：部长可以在联邦地方法院对任何违反或未遵守本法、违反或未遵守根据本条第（a）款规定签发的法规或违反或未遵守部长根据本条第（a）款规定批准的安全计划的相关运输供应商提起诉讼。

（B）救济：对根据本法提起的任何诉讼，法庭可以签发禁令性救济指令，可以对发生违法行为的每一天和未能遵守规定的行为处以不超过7.5万美元的罚款。

（3）刑事处罚：任何故意违反本条规定［包括根据第（a）款规定签发的法规］的相关运输供应商每天应被处以不超过5万美元的罚款，监禁不应超过2

年，或两罚并处。

（k）现存程序、协议和标准：

（1）决定：部长回应相关运输供应商诉状或进行自由裁量时，部长可承认、认为完全或部分符合本条规定（包括与安全隐患评估和安全计划有关的根据第（a）款规定而签发的法规）的相关运输供应商的现有程序、协议和标准。

（2）选择：部长审核并作出书面决定时，在部长确定相关运输供应商的现有程序、协议或标准符合本条（包括根据第（a）款规定所签发的法规）的所有规定后，供应商可自行选择遵守上述程序、协议或标准，而非遵守本条规定。

（3）部分批准：如果部长认为相关运输供应商的现有程序、协议或标准仅部分满足本条要求（包括根据第（a）款规定签发的法规），部长可以接受此类提交，但是部长应要求供应商在提交时提供任何与安全隐患评估和安全计划有关的信息，以确保供应商遵守本条其他规定。

（4）通知：如果部长确定本条相关运输供应商的某项现有程序、协议或标准不符合本条（包括根据第（a）款规定所签发的法规）规定，部长应向该供应商提供书面通知，解释部长不能作出决定的原因。

（5）评估：本条中的任何规定不得免除部长在以下方面的义务：

（A）评审由本条中提及的相关运输供应商所提交的安全隐患评估和安全计划的义务；并且

（B）批准或否决每一安全计划的义务。

（l）相关运输供应商所做的定期审查：

（1）提交审查：提交安全隐患评估或安全计划的相关运输供应商应在需根据第（b）款规定向部长提交的安全隐患评估或安全计划提交后3年内，并且此后至少每5年（或部长根据法规决定的间隔年限）向部长提交充足的包含安全隐患评估或安全计划方面的有关实质性变化的安全隐患评估或安全计划。

（2）审核审查：部长应在相关运输供应商提交审查180天内审核审查，并应通知供应商审查结果：批准或否决。

（m）共享设施：部长可以根据本条规定允许制订和执行各方协调参与的安全隐患评估和安全计划，其前提是2个或2个以上的相关运输共享地理位置临近的基础设施（如隧道、桥梁或车站等设施）。

（n）例外：本条不适用于任何根据《美国法典》第46篇第701条规定需提供安全隐患评估和安全计划的轮渡系统。

（o）报告：在本法生效180天内，部长在同交通运输部部长协商后，应向相关国会委员会提交对照国家铁路客运公司所有恐怖分子名单对所有乘客进行实名检查的可行性报告。

第 104 条 信息共享计划

（a）通则：在本法通过 90 天内，部长应制订一个铁路、公共交通和铁路公路信息共享计划，并把该计划提交至相关国会委员会，以确保制定一个在联邦各机构、州各机构、地方各机构、部落政府和利益相关方之间实现相关运输战略的威胁和弱点的信息共享情报产品。

（b）计划内容：根据第（a）款提交的计划应包括以下内容：

（1）解释运输安全局内的情报分析师如何同国土安全部、其他联邦机构、州机构和当地机构协调配合；

（2）为执行计划，国土安全部需进行的任何机构变动的合理截止日期；

（3）说明完成计划所需资源。

（c）更新：

（1）执行证明：在根据第（a）款规定提交计划之后，部长应在计划实施后向相关国会委员会作出书面证明。

（2）年度报告：在部长根据第（1）项规定提交书面证明后，部长在此后每年应就以下内容向相关国会委员会提交报告：

（A）根据计划制订和传播的对所有铁路、公共交通和公路客车所做的情报报告的编号和简介。

（B）对每一个报告进行界定：战略性的或战术性的。

（C）国土安全部提供情报产品的政府合作伙伴、执法部门合作伙伴和公共领域及私营领域的合作伙伴的编号。

（d）年度调查：部长每年应对收到根据本计划而制定和传播的有关铁路、公共交通和公路客车的情报报告的接收者进行满意度调查，并把调查结果作为根据本条第（c）（2）款规定提交的当年年度报告的一个组成部分。

（e）材料分类：国土安全部应尽己所能向利益相关方以非加密形式提供信息。

（f）安全调查：国土安全部应协助相关联邦当局、州当局、地区当局、地方当局、部落政府和利益相关者获取为获得有关相关运输加密、非公开的安全信息所需的安全调查结果。

第 105 条 加强轨道安全

（a）通则：部长应制定一个向（b）款中规定的合格机构提供补助资金的计划。

（b）资金的使用：根据本条接受补助资金的受益人应把补助资金用于以下途径：

（1）周边保护系统，包括对进出通道的控制、安装更先进的照明设备、护栏设置和在铁路设施中设置路障。

（2）降低铁路车厢的安全风险。

（3）由部长决定的可以加强铁路车站安全的加大乘客铁路车站安全资金改善工程。

（4）加强乘客铁路车站和其他铁路交通基础设施的安全，包括由州政府或当地政府所拥有的车站和其他铁路运输基础设施。

（5）铁路保护系统。

（6）改善人员疏散。

（7）探测技术，包括已证实的使用手持读取器和磁盘的外观检验技术。

（8）通讯设备，包括可在联邦机构、州机构和当地机构及部落政府之间协作使用的设备。

（9）生化探测、放射性探测或对爆炸物的探测，包括警犬缉查队进行探测。

（10）探测设备。

（11）客货扫描设备。

（12）美国边境使用的铁路安全探测设备和相关基础设施，包括用于确保客用火车和货用火车安全的多余路轨。

（13）应急设备，包括火灾扑救设备和火灾控制设备、人员保护设备和电震发射器。

（14）全球定位和追踪系统。

（15）额外重大操作控制系统。

（16）与安全意识、安全防患和应急培训有关的运营开支，其中，培训包括根据第 109 条规定进行的培训和由高等院校和非营利性劳工组织为包括铁路一线员工在内的铁路员工所开发的培训。

（17）第 110 条所规定的实战或模拟训练。

（18）对在部长所决定的加强安全措施时期多雇用的安全人员所提供的加班补偿。

（19）加强公共宣传，提高公众安全意识。

（20）确保铁路运输安全的全职安全人员或反恐安全人员的费用。

（21）部长认为合理的其他此类加强安全的措施。

（c）国土安全部的职责：执行第（a）款所规定的职责时，部长应：

（1）确定对根据本条确定的补助资金受益人的要求，包括对他们的申请要求；

（2）根据第（f）款规定，确定符合本条规定的补助资金受益人；

（3）根据第（b）款规定，确定本条规定的补助资金可能的用途；

（4）对本条的补助资金受益人对补助资金使用的优先项目进行规定；

（5）在根据第（1）项至第（4）项规定作出决定后的 5 个工作日内，应把本条所规定的补助资金转给交通运输部部长，以供其向部长根据第（2）项规定所决定的补助资金受益人进行补助资金。

（d）交通运输部的职责：交通运输部部长应向部长根据第（f）款规定所决定的补助资金受益人拨发本条所规定的补助资金。

（e）监督和审计：国土安全部和交通运输部应共同监督和审计根据本条规定所拨发的补助资金的使用。

（f）合格：在铁路运营商完成安全隐患评估和安全计划制订后，如果部长根据第103条规定批准了上述评估和计划，则铁路运营商有资格申请本条所规定的补助资金。补助资金仅用于本条（b）款所规定的范围，以推进铁路安全计划。

（g）多年奖：根据本条规定，部长可以为不超过5年的时间段拨发多年补助资金。

（h）意向书：

（1）发布：部长可向本条规定的补助资金受益人发布意向书，承诺在未来财政预算中拨发不超过联邦政府在项目开支所占比重的一定数量的资金用于资金改善项目。

（2）计划：本条规定的意向书应建立一个时间表，以确保部长在资金到位且受益人在部长签发意向书并执行了项目却未获得本条所规定的补助资金后向受益人补偿联邦政府在项目中的开支。

（3）向部长提交的通知：在受益人获得本条规定的意向书后，受益人应通知部长受益人在项目开始前执行项目的意愿。

（4）向国会提交通知：至少在签发本款规定的意向书3天前，部长应向相关国会委员会提交书面通知。

（5）限制因素：本条规定的意向书并非《美国法典》第31篇第1501条所规定的义务，并且该意向书并非补助资金的行政承诺。义务或行政承诺可能会出现在授权法或补助资金法规定拨款数量的情况下。

（6）司法解释：本条中的任何规定不得被视为禁止本条规定的意向书所规定的数量在该意向书被签发的同一财政年度的债务。

（i）联邦政府所占比重：

（1）通则：除了第（2）项和第（3）项中的规定，根据本条对项目所签发的补助资金应占项目净开支的80%。

（2）小项目例外：如果本条规定的补助资金用于净开支为25000美元或以下的项目，则联邦政府所占本补助资金的比重应为此开支的100%。

（3）国家安全例外：如果部长在向相关国会委员会提交书面报告时认为为应对对国家安全造成的紧迫威胁，应增加联邦政府在本条规定的补助资金中的比重，则部长可增加联邦政府在补助资金中所占比重至项目净开支的100%。

（4）适用性：本款仅适用于货用铁路运营商。

（j）遵守某项标准：在涉及项目时，应要求本条和第 108 条所规定的补助资金受益人按照工程遵守全国铁路客运公司对根据《美国法典》第 49 篇第 24308（a）条规定所签订的协议而提供资金支持的施工工程标准的模式而遵守 2007 年 1 月 1 日生效的《美国法典》第 49 篇第 24312 条所规定的标准。

（k）使用资金的限制因素：本条规定的补助资金不可用于以下途径：

（1）用于取代州级资金或地方资金；

（2）用于与州政府或当地政府根据其他法律共同支付开支。

（l）年度报告：本条规定的任何补助资金受益人每年应向部长汇报补助资金的使用情况。

（m）指导方针：在根据本条规定向补助资金受益人分配资金时，如果本条规定的补助资金受益人雇用承包商或分包商，部长应签发指导方针，确保补助资金受益人根据实际情况尽可能地雇用小型的、由少数民族、妇女或弱势群体所拥有的企业作为承包商或分包商。

（n）补助资金的授权：

（1）通则：在 2008 财政年度至 2011 财政年度，部长每个财政年度都被授权 6 亿美元的本条所规定的补助资金。

（2）有效期：在上述额度用完之前可获得拨款，用完之后部长将无法拨款。

第 106 条　公共交通安全协助

（a）通则：部长应向合格的第（b）款规定的安全提高项目的公共运输相关受益人制订一个补助资金计划。

（b）资金的使用：第（a）款规定的补助资金受益人在使用补助资金时，补助资金应被用于以下用途：

（1）周边防护系统，包括出入控制、先进的照明设备、防护设备和安装路障。

（2）加强车站和其他公共运输基础设施的安全，这些设施包括州政府和地方政府所拥有的车站和其他公共运输基础设施。

（3）隧道保护系统。

（4）改善人员疏散。

（5）检查技术，包括已被核实的使用手持读取器和磁盘的外观检查技术。

（6）通讯设备，包括在紧急情况下为地下固定铁路系统提供应急服务的移动服务设备。

（7）生化探测、放射性探测或爆炸物探测，包括警犬缉查队。

（8）监控设备。

（9）应急设备，包括火灾扑救设备、消除污染的设备和电震发射器。

（10）购置并为公共运输设施（包括地铁出口、地铁进口和隧道）安装防爆垃圾罐。

（11）全球定位或追踪设备。

（12）减少重大操作重复的控制系统。

（13）第110条规定的实战训练或模拟训练。

（14）提高公众意识，加强公共运输安全。

（15）与加强安全意识、做好安全防患和训练有关的运营开支，其中，培训包括第109条规定的培训与高等院校和非营利劳工组织为包括一线员工在内的公共运输系统的员工所开发的培训。

（16）加班补偿，包括州政府、地方政府和部落政府对在由部长决定的加强安全措施期间对临时雇用的安全人员开支所提供的补偿。

（17）运营开支，包括州政府、当地政府和部落政府对公共运输系统全职安全人员和反恐安全人员的开支补偿。

（18）部长认为的合理的此类其他用于加强安全的措施，包括对新完成的但目前还无法用于客运的公共运输系统的安全改善措施。

（c）国土安全部职责：在执行第（a）款规定的职责时，部长应：

（1）确定对根据本条确定的补助资金受益人的要求，包括对他们的申请要求；

（2）根据第（f）款规定，确定符合本条规定的补助资金受益人；

（3）根据第（b）款规定，确定本条规定的补助资金可能的用途；

（4）对本条的补助资金受益人对补助资金使用的优先项目进行规定；

（5）在根据第（1）项至第（4）项规定作出决定后的5个工作日内，应把本条所规定的补助资金转给交通运输部部长，以供其向部长根据第（2）项规定所决定的补助资金受益人进行补助资金。

（d）交通运输部职责：交通运输部部长应向部长根据第（f）款规定所决定的补助资金受益人拨发本条规定的补助资金。

（e）监督和审计：国土安全部和交通运输部应共同监督和审计根据本条规定所拨发的补助资金的使用。

（f）合格：在铁路运营商完成安全隐患评估和安全计划的制订后，如果部长根据第103条规定批准了上述评估和计划，则铁路运营商有资格申请本条所规定的补助资金。补助资金仅用于本条（b）款所规定的范围，以推进铁路安全计划。

（g）受限于某项条款：除非本条另有具体规定，否则本条规定的补助资金应遵守于2007年1月1日生效的适用于《美国法典》第49篇第5037条所规定的补助资金的条款和部长认为的必要的条件。

（h）资金使用的限制因素：根据本条规定所拨发的资金不可用于以下用途：

（1）替代州政府资金或当地资金；

（2）根据任何法律由任何州政府或当地政府分担开支。

（i）年度报告：本条规定的每一位补助资金受益人每年应向部长汇报资金的使用情况。

（j）指导方针：在根据本条规定向补助资金受益人拨款前，如果本条相关受益人需雇用承包商或分包商，部长应发布指导方针，确保相关受益人根据具体情况，尽可能雇用小型的，由少数民族、妇女或弱势群体所拥有的企业作为承包商或分包商。

（k）补助资金的授权：

（1）通则：部长的补助资金限额如下：

（A）2008 年财政年度：7.75 亿美元；

（B）2009 年财政年度：8.25 亿美元；

（C）2010 年财政年度：8.8 亿美元；

（D）2011 年财政年度：8.8 亿美元。

（2）有效期：在上述额度用完之前可获得拨款，用完后部长将无法拨款。

第 108 条　加强消防和生命安全措施

（a）交通运输部部长被授权向全国铁路客运公司拨款，以确保全国铁路客运公司改善位于东北走廊的全国铁路客运公司隧道项目的消防和生命安全，拨款额度为：

（1）对位于纽约的纽约城的 6 条隧道来说，为改善这些隧道的通风、照明和防火技术，为加强紧急情况下的通信系统和照明系统，以及为向乘客提供应急通道和出口：

（A）2008 年财政年度：2500 万美元；

（B）2009 年财政年度：2500 万美元；

（C）2010 年财政年度：2500 万美元；

（D）2011 年财政年度：2500 万美元。

（2）对巴尔的摩和波托马可河隧道和位于巴尔的摩和马里兰的联邦隧道来说，为改善其排水、通风、通讯、照明、储水管和乘客出入通道：

（A）2008 年财政年度：500 万美元；

（B）2009 年财政年度：500 万美元；

（C）2010 年财政年度：500 万美元；

（D）2011 年财政年度：500 万美元。

（3）对位于哥伦比亚联合车站的隧道来说，为改善其通风、通讯、照明和乘客进出口：

（A）2008 年财政年度：500 万美元；

（B）2009 年财政年度：500 万美元；

（C）2010 年财政年度：500 万美元；

（D）2011 年财政年度：500 万美元。

（b）有效期：在上述额度用完之前可获得拨款。

（c）指导方针：在根据本条规定向补助资金受益人分配资金时，如果本条规定的补助资金受益人雇用承包商或分包商，部长应签发指导方针，确保补助资金受益人根据实际情况尽可能也雇用小型的，由少数民族、妇女或弱势群体所拥有的企业作为承包商或分包商。

第 109 条　安全培训计划

（a）通则：在本法生效后 90 天内，部长应：

（1）为包括一线工人在内的所有铁路、公共运输和公路客车的工人制定一个应对潜在风险的培训项目。

（2）为项目开展发布具体指导。

（b）咨询：部长在根据本条第（a）（2）款规定制定指导时，部长应咨询以下人员或部门：

（1）相关执法部门、消防部门、安全部门和反恐专家；

（2）相关运输供应商代表；

（3）代表铁路、公共运输系统和公路客车工人或应急人员的非营利性劳工组织。

（c）项目构成：根据第（a）（2）款规定制定的指导应要求第（a）款中规定的安全培训项目至少应解决以下事宜：

（1）确定事件或威胁的严重性。

（2）工作人员和乘客的沟通与协调。

（3）合理的自卫方式，包括使用非致命性自卫装备。

（4）对乘客和员工的疏散程序，包括对残疾人员的疏散程序。

（5）就各类威胁进行现场模拟培训，包括隧道疏散程序。

（6）辨认和上报危险品、可疑包裹、可疑个人和可疑情形。

（7）了解安全事故处理程序，包括与政府和非政府应急提供部门之间进行沟通和与突发事件应对部门进行现场沟通。

（8）对安全设备和系统的运营和维护。

（9）部长认为合理的其他安全培训活动。

（d）项目：

（1）安全培训项目的制定和向部长提交已制定的安全培训项目：在部长签发第（a）（2）款所规定的指导后 60 天内，相关运输的每一个供应商应根据第

（2）款规定而制定的指导原则制定一个安全培训项目，并向部长提交该项目以申请批准。

（2）批准：在收到根据本条规定制定的安全培训项目建议后的 60 天之内，部长应批准该项目，或要求制定该项目的相关运输供应商按照部长的要求进行必要的修改以满足指导要求。

（3）培训：在部长批准根据本条规定所提交的安全培训项目后不超过 1 年内，制定安全培训项目的相关运输供应商应完成对项目中相关所有员工的培训。

（4）信息更新：为反映新的、不断变化的安全威胁，部长应定期审查和更新第（a）（2）款规定的相关培训的指导信息，并要求相关运输供应商定期修改这些项目和根据需要为其员工提供更多培训。

（e）全国培训项目：部长应确保第（a）款规定的培训项目是《2007 年国土安全部补助资金法案》第 648 条规定的全国培训项目的一个组成部分。

（f）轮渡检查：本条不适用于任何根据《美国法典》第 46 篇第 70103 条规定要求进行培训的轮渡系统。

（g）上报要求：在根据第（a）（2）款规定的指导方针发布不超过 1 年内，部长应就工人对培训项目是否有效、是否充足进行调查。此外，部长应向相关国会委员会就调查结果和相关运输供应商在遵守本条第（d）款第（1）项和第（3）项规定的进展进行汇报。

第 110 条　安全演练

（a）通则：部长应制定一个对相关运输进行安全演练的项目，以评估和提高第（b）款中规定的部门在阻止恐怖袭击、为恐怖袭击作准备、减缓恐怖袭击后果、应对恐怖袭击和从恐怖袭击中恢复的能力。

（b）相关部门：根据项目应对其进行评估的部门包括：

（1）联邦机构、州机构、当地机构和部落政府；

（2）相关运输的雇员和经理；

（3）政府和非政府应急部门和执法部门的人员，包括铁路警察和交通警察；

（4）部长认为合理的其他任何机构或部门。

（c）要求：部长应确保：

（1）交通运输部部长配合执行该项目，该项目整合所有现行的由国土安全部和交通运输部所管理的对相关运输的安全演练。

（2）要求相关运输供应商定期在其设施内进行的演练：

（A）演练规模得到扩大，并能满足这些设施的需求，包括残疾人的需求；

（B）在风险最大的设施内能够应对恐怖攻击；

（C）同相关运输相关官员协调；

（D）符合实际需求，切实可行，并基于目前的安全隐患评估，包括可靠的威胁评估、安全隐患评估和后果评估；

（E）符合全国事故管理系统、全国应对计划、全国基础设施保护计划、全国戒备指导、全国戒备目标和其他全国性的倡议。

（3）第（2）款中描述的演练：

（A）通过对照清晰一致的措施对演练进行评估；

（B）通过评估以学习最优秀的做法，这些最优做法将在相关联邦、州、当地或部落官员，政府和非政府应急部门，执法人员之间进行分享。其中也包括铁路警察和交通警察，也包括利益相关者；

（C）具备后续修改措施，以吸取教训；

（4）包括位于美国边界或美国边界附近的相关运输的演练，并与国际利益相关者相协调；

（5）包括相关运输供应商的基础设施附近的社区的个人；

（6）在设计、执行和评估符合第（2）项要求的演练方面协助州、地方和部落政府和相关运输供应商。

（d）矫正管理项目：部长应利用联邦紧急事务管理局的矫正管理项目达到以下目的：

（1）筛选和分析项目下执行的每一个演练，以吸取教训，找到最优做法；

（2）向项目中的参与者传播教训和最优做法；

（3）监督项目参与方吸取教训和执行最优做法；

（4）进行矫正跟踪和长期分析。

（e）全国培训项目：部长应确保根据第（a）款制定的培训项目是《2007年国土安全部补助资金法案》第648条规定的全国培训项目的一个组成部分。

（f）轮渡检查：本条不适用于任何根据《美国法典》第46篇第70103条规定要求进行培训的轮渡系统。

第 111 条 安全研发

（a）制定研发项目：部长应执行研发项目，以加强相关运输的安全。

（b）合格的项目：研发项目可包括以下方面：

（1）减少客运火车、车站和设备受到爆炸物、生化危险品和放射性危险品威胁的项目，其中包括开发在上下班高峰期对大量乘客进行最小干预的安检扫描技术；

（2）探测新的应急策略和恢复技术，其中包括用于边境的上述技术；

（3）开发改进铁路技术，包括：

（A）密封或改装铁路油罐车的技术；

（B）对铁路车厢进行自动监控的技术；

（C）基于通信的火车控制技术；

（D）铁路道岔统一信号系统；

（E）对应对紧急事务的能力培训，其中包括在隧道的环境中进行训练；

（F）重要通信、电力、电脑和火车控制系统的安全和冗余；

（G）确保桥梁和隧道安全的技术；

（4）探测路旁用于探测系统失灵的探测器；

（5）支持运输具有安全隐患的材料的铁路运输安全强化措施；

（6）网络受攻击时，减轻损失；

（7）在新的铁路公共运输建设项目完工前，评估新的铁路公共运输建设项目的安全隐患和安全风险；

（8）解决部长所指出的其他安全隐患和安全风险。

（c）与其他研发项目配合，部长应：

（1）确保研发项目符合第 101 条所规定的铁路和公共运输安全国家战略要求；

（2）尽最大可能把国土安全部的研发活动和其他现行的与加强安全有关的研发配合，这些研发项目的主持部门或机构包括：

（A）美国国家科学院；

（B）交通运输部，包括大学运输中心和其他由交通运输部提供资金支持的机构、中心和模拟实验室；

（C）技术支持工作组；

（D）其他联邦部门和机构；

（E）其他联邦和私营研究实验室、研究机构和大学、高等教育机构，包括历史上的黑人院校或大学和西班牙裔服务机构或部落大学。这些机构具备实际研究、理论研究和对桥梁、隧道、爆破和基础设施保护方面的技术体系分析的能力；

（3）如果相关机构出现以下情况，通过补偿性协议同这些机构或这些机构的官员一起执行本条所授权的任何研发项目。这些机构出现的情况包括：

（A）目前正在为同一地区的研发项目提供资金支持；

（B）具备有利于执行项目的独有的设备或能力；

（4）向（c）款（2）项规定的部门提供补助资金、合作协议、合同、其他交易或补偿协议，并制定包括审计在内的必要程序，以确保根据本条规定所拨发的补助资金的开支符合本篇的规定、优先发展的议题的规定和部长所制定的其他标准的规定；

（5）努力与货运和城际客运火车及公路客车设施的所有者和运营商达成谅解备忘录、签订协议、补助资金、合作协议或其他交易，希望其能够提供物理空间和其他资源。

（d）隐私、民权和民事责任问题：

（1）咨询：在执行本条规定的研发项目时，部长应按照《2002 年国土安全法》第 222 条规定对国土安全部首席隐私官、民事权利官员和民事责任官员进行咨询。

（2）隐私影响评估：根据《2002 年国土安全法》第 222 条规定和第 705 条规定，首席隐私官应对隐私影响进行评估，民事权力官员和民事责任官员应对本条所规定的研发项目进行评估。

（e）补助资金授权：部长在执行本条时的补助资金授权限额为：

（1）2008 年财政年度：补助资金 500 万美元；

（2）2009 年财政年度：补助资金 500 万美元；

（3）2010 年财政年度：补助资金 500 万美元；

（4）2011 年财政年度：补助资金 500 万美元。

在上述额度用完之前可获得此拨款。

第 113 条　加强路面交通安全检查，增加路面交通安全检查人员

（a）通则：部长应增加全职路面交通安全检查员的检查地点的总数，至 2010 年 12 月 31 日，此类检查地点的数量将至少增至 600 个。

（b）资格：由部长所聘用的路面交通安全检查员应至少具备 1 年从事检查和安全系统测试的经历或经验，也应具备要求的任何其他资格。

（c）职责：在咨询相关州级官员、地方官员和部落官员后，部长应制定一个清晰的界定以下部门之间关系的标准操作程序：

（1）国土安全部路面安全检查员和交通运输部安全检查员的关系；

（2）州级、当地和部落执法部门的官员和其他执法人员的关系，包括铁路和公共交通警察。

（d）授权补助资金：为使部长执行第（a）款规定可向部长拨款。在上述额度用完之前可获得此拨款。

第 119 条　威胁评估检查

在本法通过后的 180 天内，部长应依照海岸警备队司令按照海岸警卫队 US-CG－2006－24189 号通知对设备人员和码头工人进行的威胁评估检查的模式，对相关运输的所有员工进行威胁检查，包括对照恐怖分子名单对他们进行检查和对他们进行移民身份的检查。

第 120 条　对相关人员的背景审查

（a）定义：本条相关定义如下：

（1）背景调查：“背景调查”一词指对以下内容进行调查：

（A）对相关犯罪历史数据库进行调查。

（B）在涉及外国人(《移民与国籍法》中有对该词的定义）的情况下，为根

据美国移民法确定该外国人身份而对相关数据库进行调查。

（2）相关人员："相关人员"一词指以下人员的雇员，这些人员包括：

（A）美国《1964 年民权法》第 701（b）条中所规定的提供相关运输的雇主；

（B）上述雇主的承包商或分包商。

（b）补偿程序：为符合部长所签发的任何规定、法规、指令或指导，如果相关运输供应商为保护相关运输免受恐怖威胁需进行背景调查，则相关运输供应商应提供一个充分的救济程序。

（c）补偿程序标准：

（1）通则：部长应确保相关每一运输供应商按照第（b）款规定对根据第（b）款规定进行背景检查所受到的负面影响执行补偿程序。

（2）标准：补偿程序应仿照《美国联邦管理法规》（Code of Federal Regulations）第 49 篇第 1515 条所规定的上诉和放弃程序进行。

（3）构成：补偿程序应包括以下内容：

（A）放弃程序，该放弃程序允许相关人员通过与定罪判决有关的事实和复权证明该人并不构成安全风险。

（B）上诉程序，在该程序中，相关人员有机会通过以下方式说明本人并未被判有导致自己被取消从事运输工作的罪行，这些方式包括：

（i）修正过时的非主要法庭记录；

（ii）证明身份被弄错的证明；

（iii）根据（d）款的限制因素，证实定罪不应被做使本人无法从事相关工作的基础。

（C）规定独立审核程序。

（D）确保遵守本条规定的程序。

（4）规定独立审核程序：要求执行本条（c）款（3）项（C）目规定的程序的相关人员有权让独立决策者审理弃权及上诉决定，该独立决策者可以做出快速恢复和提供其他救济的命令。

（5）此前进行的背景调查：为遵守部长所发布的为保护相关运输免受恐怖威胁的任何规定、规章、指令或其他指导，从 2006 年 6 月 23 日起至本法生效之日终止，受到相关运输供应商进行背景调查影响的相关人员可向独立决策者提起诉讼以确定该背景调查是否符合本条规定，如果该背景调查不符合本条规定，则此人应被立即复权或获得其他法律救助。

（d）限制因素：

（1）通则：根据第（2）项规定，雇主为遵守部长所签发的规定、法规、指令或其他指导规定而进行背景检查时，雇主不得基于以下事实对雇用该人、解雇该人或暂停该人的工作作出不利决定，这些事实包括：

（A）7 年或超过 7 年前所犯的重罪；

（B）导致个人被关押的任何罪行，但该人 5 年或超过 5 年前已被释放；或

（C）《美国联邦管理法规》第 49 篇第 1572.103 条所未规定的任何重罪。

（2）例外情况：第（1）项中相关限制因素不适用于被判处以下罪行的相关人员，这些人员包括：

（A）叛国罪（或阴谋叛国）。

（B）间谍（或阴谋从事间谍活动）。

（C）煽动叛逆（或阴谋煽动叛逆）。

（D）《美国法典》第 18 篇第 113B 章所列举的任何罪行（或阴谋从事这些罪行）。

（e）不优先于联邦法或州法：本条中的任何规定不得被解释为可代替任何需要对秘密雇员进行犯罪背景调查的联邦法、州法或当地法律。

（f）本条中的任何规定不得被解释为本条规定可影响根据《美国法典》第 46 篇第 70105（c）条所规定的审查进程。

第 121 条　提前解除犯罪

（a）成立：部长应建立一支任务部队，由该任务部队负责审核根据交通运输安全部部长制定的现行法规使个人无法从事部分与交通有关的工作的犯罪清单，并评估此犯罪清单是否是衡量恐怖安全风险的精确指标。

（b）成员：任务部队应包括相关行业代表（包括非营利性劳工组织代表和联邦机构代表）。

（c）报告：在本法生效后 180 天内，任务部队应向部长和国会提交审核评估报告，该报告应包含犯罪清单中应包含的犯罪和此犯罪被列入犯罪清单的原因。

第 122 条　处罚

（a）安全法规和指令：《美国法典》第 49 篇第 114 条在结尾处进行了如下修订：

（u）一般性民事处罚和执行国土安全部部长制定的法规和指令：

（1）适用：本款适用于执行国土安全部部长根据本篇（除第 449 章）和第 46 篇第 701 章所规定的法规和所签发的指令。第 463 章规定了对违反国土安全部部长根据第 449 章规定所制定的规定和所签发的指令的行为进行的处罚。

（2）一般性民事处罚：

（A）最严重的民事处罚：违反国土安全部部长根据本篇适用性规定所制定的法规或所签发的指令需对美国政府负责，对这种违法行为的民事处罚不应超过 1 万美元。

（B）单独违法：本段中的单独违法行为指在违法行为发生的每一天的违法

行为。

（3）用行政手段执行民事惩罚：

（A）通则：国土安全部部长可对违反根据本篇适用性规定所规定的法规或所签发的指令的行为处以民事处罚。国土安全部部长应书面通知具体的违法行为和处罚。

（B）为征收处罚提起的民事诉讼：在为了征收部长根据本段所处以的民事处罚所提起的诉讼中，可不再对债务和处罚金额进行重新审查。

（C）联邦地方法院的专属管辖权：尽管存在本项（A）目的规定，但是如果出现以下情况，联邦地方法院对涉及部长处以的惩罚具有专属管辖权，这些情况包括：

（i）存在争议的罚款数额超过：

（Ⅰ）40万美元（如果违法主体为个人而非单独的或小型的企业）；

（Ⅱ）5万美元（如果违法主体为单独的或小型的企业而非个人）；

（ii）诉讼为对物诉讼或对同一个违法行为已提起了另一个对物诉讼；或

（iii）已对同一个违法行为发出强制令。

（D）部长做出的最严重的民事处罚：就本段而言，部长可处以的最严重的民事处罚为：

（i）如果违法主体为个人而非单独的或小型的企业，罚款不应超过40万美元；或

（ii）如果违法主体为单独的或小型的企业而非个人，则罚款不应超过5万美元。

（E）通知书和提供听证的机会：在根据本条处以罚款前，部长应向受处罚者提供以下内容：

（i）对所拟定处罚的书面通知；

（ii）通知被通知人其在收到通知后30天内对拟定处罚具有听证机会。

（4）降低罚款和债务相抵：

（A）降低罚款：部长可降低根据本条判处的民事罚款数量。

（B）债务相抵：政府可通过减少本条判处的或降低的罚款数量抵消政府对该人的债务。

（5）调查和诉讼：第461章的规定对根据本条规定提起的调查诉讼和对部长制定的航空安全责任所提起的调查和诉讼具有同等适用性。

（6）不适用：

（A）由国防部部长决定对其进行处罚的个人：本款第（1）至第（4）项不适用于由国防部部长或国防部部长指定的人员实施处罚的个人，这些人包括：

（i）国防部控制和负责的承包商所提供的客货运输。

（ii）正在执行任务的美国武装部队队员。

（iii）正在执行公务的国防部文职人员。

（B）邮政服务、国防部：在本款中，"个人"一词不包括：

（i）美国邮政服务；或

（ii）国防部。

（7）对小企业的定义："小企业"一词的含义与该词在《小企业法》第3条的含义一致。

（b）批准修正：《美国法典》第49篇第46301（a）（4）条的修正通过达成"交通运输安全部副部长根据本条管理的另一个要求"。

第 123 条　中小学校车运输安全

（a）对校车安全威胁进行评估：本法生效后1年内，部长应向相关国会委员会提交包括机密报告在内的报告，报告应根据本条要求对美国校车运输系统面临的恐怖袭击的威胁进行评估。

（b）威胁评估的内容：

（1）对美国公立和私立学校校车运输系统进行评估；

（2）对资产和系统构成的安全威胁；

（3）对运营商已经采取的用于解决已发现的公立学校和私立学校的安全隐患措施进行评估；

（4）对改善美国学生乘坐校车安全的其他必要措施和投资进行评估；

（5）对是否需要增加相关法律或联邦项目以解决学生乘坐校车的安全问题进行评估；

（6）在心理方面和经济方面评估校车遭受袭击后的影响。

（c）咨询：在进行威胁评估时，部长应咨询教育系统的管理人员、学校官员、公立学校和私立学校的校车行业代表、负责维护公共安全的官员、执法部门的官员和代表学校校车司机的非营利性劳工组织。

第 124 条　强化有关安全隐患材料运输的安全措施

（a）通则：本法生效90天内，部长应在与交通运输部部长协商后发布对加强安全隐患材料的安全运输措施的规定。

（b）定义：

（1）具有安全隐患的材料：部长确定由于商用运输的某种材料可能会被用于恐怖行动从而对国家安全造成重大风险时，部长应指定该材料为具有安全隐患的材料，并规定具有安全隐患的材料的数量和形式。涉及具有安全隐患材料时，部长应考虑以下因素：

（A）公路线路对在机动车、铁路或货物集装箱中运输《美国联邦法典》第49篇第173.403条所定义的7级（放射性）材料的运输数量的控制。

（B）在机动车、铁路用车或货物集装箱中运输超过 25 千克（55 磅）的《美国联邦法》第 49 篇第 173.403 条所定义的 1.1 类、1.2 类和 1.3 类爆炸物。

（C）每个包装超过 1 升（1.06 夸脱）的《美国联邦法》第 49 篇第 171.8 条所定义的满足《美国联邦法》第 49 篇 173.116（a）条或 173.133（a）条中所规定的 A 级危险区标准的吸入后致毒物质。

（D）运输散货包装的危险品时，若危险品为液体或气体，其容积应等于或不超过 13248 升（3500 加仑）；若危险品为固体，其容积不应超过 13.24 立方米（68 立方英尺）。

（E）在非散装包装运输时，根据《美国联邦法》第 49 篇 172.52B 条规定需在机动车、机动铁路车或货物集装箱上张贴危险级别的危险品的毛重不应超过 2268 千克（5000 英镑）。

（F）根据《美国联邦法》第 42 章第 73 条规定，美国疾病控制与预防中心所监管的药剂或毒素。

（G）根据《美国联邦法》第 49 篇第 172 条第 F 款规定需要张贴标识的危险品的数量。

（2）令人担忧的区域：就本条而言，"令人担忧的区域"指由部长指定的需要重点关注的涉及具有安全隐患的材料安全运输的地理区域，也包括由部长决定的高危市区。

（3）存储模式："存储模式"被定义为存储状况，包括：

（A）车辆在火车调车场或铁路控制的租用车道的位置；

（B）存储种类（例如散装转运或非散装转运）；

（C）存储在附近的装运具有安全隐患材料的常用车辆的种类和数量；

（D）人口密度；

（E）被管理或未被管理的车辆的平均存储时间；

（F）现有安全措施，包括物理安全措施、安全交接和高威胁条件下距离最近的安全存储地点。

（4）最安全："最安全线路或最安全模式"一词指在令人担忧的区域附近或该区域内能够最大幅度降低对具有安全隐患材料的运输发动恐怖攻击的风险的线路或存储模式。

（c）为运输具有安全隐患的材料的铁路运营商汇总线路和存储模式的信息：每一个日历年度结束 90 天内，铁路运营商应按照线路和存储模式与一个线路分段或铁路运营商规定的一系列的线路分段汇总商品数据。在铁路运营商选定的线路范围内汇总商品信息时，应标明线路和存储模式的地理位置、具有联合国识别标号的针对具有安全隐患的材料的运输次数和运输沿线的存储模式。

（d）对具有安全隐患的材料的铁路运输线路和存储模式分析：铁路运营商

每个日历年度应提供一个针对运输线路和存储模式安全风险的书面分析。其中，在根据本条（c）款规定的商品数据收集中需指明运输线路和存储模式。应对路线、铁路设施、铁路存储设施、私人存储设施和线路沿线及附近的令人担忧的地区目前所面临的安全风险进行分析。

（e）对具有安全隐患材料的替代线路和替代存储模式进行分析：

（1）在每个日历年度末，铁路运营商应做好以下工作：

（A）找出实际可替代现有线路和存储模式的替代线路和替代存储模式，从而避免在上个日历年度中在令人担忧的区域内或该区域附近用于运输或存储具有安全隐患的材料的每一个运输线路或设施，避免经过令人担忧的区域；

（B）对替代线路或存储模式进行安全隐患评估，并与（d）款中规定的线路和存储模式分析做对比。

（2）对替代线路或存储模式进行安全隐患评估包括以下内容：

（A）确定替代线路或存储模式的安全风险。

（B）把上述（A）项中确定的风险与基本的铁路运输线路或存储模式进行对比。

（3）在决定采用替代线路运输具有安全隐患的材料以避免令人担忧的区域是否可行时，运输具有安全隐患的材料的铁路运营商必须考虑是否存在交换协议、必须考虑铁路系统和其他运营商所拥有的设备。

（4）如果运输的物品来自令人担忧的区域或应被运往令人担忧的区域或如果在对运输货物成功发动恐怖袭击时除负责运输货物或用于存储货物的存储设备的铁路运营商遭受财产损失以外不造成其他破坏的情况下，铁路运营商可能会认为避免令人担忧的区域的替代线路或存储模式并不可行。

（f）运输具有安全隐患的材料的替代线路选择和替代存储模式选择：铁路运营商将根据本条（d）款和（e）款规定分析选择运输本条（b）款中规定的材料的最安全的线路和存储模式。

（g）评审：根据本条（c）款、（d）款、（e）款和（f）款所规定的对线路和存储模式的选择分析每5年内至少有一次包括一个这5年内涉及整个系统的对所有运转变化、基础设施变化、交通变化、线路沿线和线路附近令人担忧的区域性质的变化，或影响本条（b）款中所规定的材料运输安全的其他变化所进行的全面评审。

第127条　对铁路系统的放射性探测和核探测

（a）原型：国内核探测办公室应在本法生效1年内对开始原型系统在铁路安全场地对核物质和放射性物质（包括光谱学技术）进行探测和评估。

（b）战略：在国内核探测办公室探测设施对放射性探测技术成功进行发展过程中的测定和对执行环境进行扩展性探测和评估后，国内核探测办公室应与海关、边境保护局、交通运输安全局进行协调，确保制定合理的培训、行动和应对协议，应对到达或途径美国的核物质和放射性物质的探测制定一个部署战略。为利用现有铁路探测设备和进一步加强边境安全，此战略应融合放射性探测技术和其他非入侵式探测技术（包括图像扫描和密度扫描）。

（c）向国会汇报：国内核探测办公室应在 2008 年 9 月 30 日前向国会提交报告，报告应包含以下内容：

（1）介绍本条（a）款所规定的探测和评估进程；

（2）与美国海关、边境保护局、美国运输安全局进行协调，介绍本条（b）款规定的战略发展情况。

（d）执行：在证实系统运转良好后，国内核探测办公室、美国海关和边境保护局、运输安全局应开始执行根据（b）款规定制定的战略。

第 128 条　对合格的反恐技术进行优先选择的要求

（a）优先选择：在使用根据本法所补助资金项购买用于执行本法所规定的任何安全计划的产品、设备、服务、装置和技术时，如果补助资金受益人认为部长根据《2002 年研发有效的技术反恐法》所认定的为合格反恐技术的产品、设备、服务、装置和技术满足或超过安全计划的要求，则补助资金受益人应尽可能优先购置此产品、设备、服务、装置和技术。

（b）例外条款：本条中的任何规定不影响《美国法典》第 49 篇第 5323（j）条和《美国采购法》对补助资金受益人的规定。

第 131 条　对高危运输场所进行恐怖分子名单审查和移民状况审查

在执行本法第 119 条时，部长应要求根据第 102 条规定被委派至高风险级别的相关运输的每一个供应商（包括承包商和分包商）向部长提交其员工的名单，以检查这些员工是否出现在恐怖分子名单中和检查他们的移民状况。

第 132 条　审核补助资金效率

（a）年度研究：在本法生效最初 3 年内，美国总审计长每年应对按照本章第 105 条、第 106 条和第 107 条规定所拨发的款项的管理和使用进行年度研究，研究包括以下内容：

（1）对补助资金程序的分工是否高效，包括：与国土安全部整合这些职责相比，交通运输部在分配、审计和监督补助资金时是否高效；

（2）国土安全部和交通运输部在管理补助资金时是否能够及时有效地补助资金，是否能够及时有效地确保补助资金得到有效使用；

（3）款项的使用，包括款项是否被用于授权目的。

（b）报告：在本章生效后最初 3 年，美国总审计长每年应向相关国会委员会提交年度报告，报告包括改善根据第 105 条、第 106 条和第 107 条规定所拨发的补助资金的管理和使用方面的建议。

第 133 条 国土安全部和运输部的职能

国土安全部部长是负责交通安全的最高级别的联邦官员。本法第 101、103、104、105、106、107、109、110、111、113、123、124、125、126、127、128、129、130、131、201 条对国土安全部和交通运输部的职责的规定遵守了以下法规对此类部门的规定，这些法规包括：《航空及交通安全法》、《2004 年情报改革和防范恐怖主义法》、国土安全部第 7 号总统令所要求执行的《全国基础设施保护计划》、2006 年 12 月 5 日发布的第 13416 号总统行政令：加强路面运输安全、2004 年 9 月 28 日国土安全部和交通运输部就各自职责所签署的谅解备忘录、2006 年 9 月 28 日国土安全部和交通运输部在铁路安全方面就各自职责所签署的谅解备忘录附件、2005 年 9 月 8 日国土安全部和交通运输部在公共运输安全方面就各自职责所签署的谅解备忘录附件与国土安全部和交通运输部在随后所签订的任何协议。

第 134 条 评估和报告

（a）研究：在与交通运输部部长协商后，部长应评估在使用频繁的铁路沿线安装高压直流电输电线路的安全隐患。评估时，部长至少应评估这些输电线路对当地居民和输电线供电用户所构成的风险和火车相撞或火车脱轨对此类输电线路构成的破坏。

（b）报告：在本法生效后 6 个月内，部长应把本条（a）款的规定通报给本法中所定义的相关国会委员会。

第 135 条 借鉴国外铁路安全实践做法

部长应：

（1）研究国外确保铁路安全的优秀做法和研究执行目前美国并未采用的国外优秀做法的费用和可行性，这些研究包括：

（A）对铁路系统负责维护安全的人员进行秘密测试，以评估他们的有效性；

（B）执行国外铁路运营商在基础设施设计中融入安全考虑的做法；

（C）对乘客和乘客所携带的行李进行随机搜查或审查；

（D）建立和维护美国国内外铁路业中用于紧急情况的现有安全技术和最佳安全做法的资讯交换所。

（2）在本法通过后 1 年内，向参议院国土安全和政府事务委员会，众议院国土安全委员会，参议院商业、科学和交通运输委员会以及众议院运输和基础设施委员会汇报研究结果并汇报部长对执行秘密测试、在基础设施设计时加入安全理念的做法、随机搜查或审查和资讯交换所所提供的建议。

第 137 条 免除报告与运输安全有关的可疑行为和降低与运输安全有关的恐怖威胁所涉及个人的民事责任

（a）对报告可疑行为的豁免：对于自愿或被使自愿向国土安全部的任何职工

或特工、交通运输部的任何职工或特工、司法部的任何职工或特工、联邦执法机构的任何官员、州执法机构的任何官员、当地执法机构的任何官员、负责运输安全的任何官员、运输系统的任何职工或特工透露能够表明他人可能正在从事或准备从事本条（b）款中描述的任何可疑交易、活动或事件信息的任何个人应根据美国任何联邦法律或法规、美国任何州立法规或任何州的政治分区所制定的法规被豁免因信息披露对任何他人的民事责任。

（b）秘密披露：本条（a）款中提及的可能违反法律、法规或企图违反法律、法规的情况与以下内容有关：

（1）与对运输系统的安全或乘客安全构成的威胁有关；或

（2）与《美国法典》第 18 章第 3077 条中定义的、涉及或针对运输系统或乘客的恐怖行动有关。

（c）对减缓威胁的豁免：包括运输系统所有者、运营商或职工在内的采取合理行动以减缓本条（b）款中提及的可疑情况的任何个人应根据美国任何法律或法规、美国任何州立法规、或任何州的政治分区所制定的法规被豁免因其本人所采取的合理行动而导致的对任何他人所构成的民事责任。

（d）适用限度：本条（a）款不适用于个人在知情的情况下做出虚假陈述或披露的情况。

（e）律师费用和其他费用：如果个人因自愿披露任何可疑交易或采取行动环节本条（b）款中提及的可疑情况而成为民事诉讼的被告，并且根据本条规定该人被免除民事责任，则该人应有权按照法庭的规定要求原告承担所有合理的费用和律师费用。

（f）追溯及适用：本条规定适用于 2006 年 11 月 20 日当天和之后的起诉和诉讼。

第二篇　增派警犬缉查队，加强运输安全

第 201 条　增加警犬缉查队数量，加强运输安全

（a）最低要求：为提供不间断安全保障，如果部长认为有必要在每一个高风险的运输系统部署警犬缉查队，则部长应同相关运输的所有者和供应商协商，鼓励他们在每一个高风险的运输系统部署警犬缉查队。每一个警犬缉查队：

（1）应接受过探测爆炸物的专业训练；最优秀的警犬缉查队能够探测生化武器；

（2）当其他地点风险增加或获取有关其他地点的威胁信息后，部长可决定将警犬缉查队派遣至其他地点。

（b）增派警犬缉查队：从 2008 年财政年度至 2012 年财政年度，部长应同相

关运输所有人和供应商协商，鼓励在全国高风险铁路系统和高风险公共交通运输系统增加训练有素的警犬缉查队数量，并且每财政年度增长幅度不应低于 10%。每一个警犬缉查队应接受爆炸物探测训练，最优秀的警犬缉查队甚至应能够探测生化武器。

第 202 条　扩大国家爆炸物探测警犬大队计划

（a）增加探测警犬大队：运输安全局所主持的国家爆炸物探测警犬大队计划每年可新增 100 个爆炸物探测警犬大队，对它们进行训练，但是所训练的警犬大队的数量增幅至少应符合以下要求：

（1）2008 年财政年度：50 个爆炸物探测警犬大队；

（2）2009 年财政年度：55 个爆炸物探测警犬大队；

（3）2010 年财政年度：60 个爆炸物探测警犬大队；

（4）2011 年财政年度：66 个爆炸物探测警犬大队；

（5）2012 年财政年度：73 个爆炸物探测警犬大队。

（b）在全国范围内部署：为加强巴士、地铁、轮渡和铁路客运等交通方式的安全，应在全国范围内部署根据本条授权的爆炸物探测警犬大队。

（c）报告：本条通过后 90 天内，运输安全局局长应向众议院的国土安全委员会和参议院的国土安全和政府事务委员会提交有关"为符合本条规定所需人力和资源"的报告。

（d）授权：为执行本条规定，可根据需要授权补助资金。

第 203 条　扩大运输安全管理饲养计划

（a）运输安全局幼犬饲养项目：运输安全局幼犬饲养项目旨在增加驯养警犬的数量，在确保维持现有警犬质量的前提下满足对探测警犬大队（参见本法第 202 条）日益增加的需求。

（b）应提交的报告：本条通过后 90 天内，运输安全局局长应向众议院国土安全委员会和参议院国土安全和政府事务委员会提交有关"为符合本条规定所需人力和资源"的报告。

（c）授权：为执行本条规定，可根据需要授权拨出补助资金。

2007 年 3 月 27 日众议院通过本法。

美国关于交通系统的随机反恐措施

（美国公共交通协会白皮书，2009 年发布，摘译）

（第一至五章：略）

第六章：关于交通系统的随机反恐措施

随机反恐措施涉及以各种方式部署各类人员和设备。它包括对执法人员、交通机构安保人员和其他交通机构人员的使用，可以独立或协调的方式部署此类人员。

第一节　着装执法人员的部署涉及以下方法

1. 着装执法人员部署在交通设施的固定岗哨。

2. 具体部署位置：

（1）交通设施的入口。

（2）列车设施（如车站、站台、夹楼、候车区、售货区等）。

（3）隧道入口位置，特别是水下隧道入口（已被联邦交通管理局和交通安全管理局确认是高优先级安全问题）。

（4）重要设施。

（5）交通基础设施（如列车停车场、公共汽车站、公共汽车车场、变电站等）的重要非公共区域。

（6）乘客聚集点、供停车后再换乘公共车辆的停车处、转运中心和候车区。

（7）售票处。

（8）客户、职工聚集区域和公共汽车停车场。

3. 在公交场所停驻执勤警车。

4. 交通设施的定向巡逻。

5. 着装执法人员乘交通车巡逻，包括：

（1）单人或多人小组乘列车和公共汽车巡逻（例如，单个列车每一车厢有 1 名执法人员）。

（2）频繁乘车检查（例如，乘坐到下一站下车巡逻，同时等着乘坐下一辆火车或公共汽车）。

6. 公共汽车检查巡逻

7. 列车秩序令遵守情况大检查。

8. 在公交场所内外部署特警组（SWAT）。

9. 集结小组（着装警察覆盖某一地区）。

10. 在检票处检查乘客随身携带的物品。

11. 执法专业小组，如搜爆犬和航空巡逻、排爆小组等。

12. 建立指挥所并利用指挥所车辆［这些车辆也可在较大规模或涉及多机构的反恐措施部署期间用来练习国家事件管理系统（NIMS）程序］。

13. 预防犯罪执法人员的参与。

14. 执法人员招聘。

15. 穿便衣的执法人员应部署在穿制服的执法人员前，以观察是否有人表现出行动前的监视活动或其他应对穿制服人员出现的可疑活动的证据。

16. 多种多样的部署方式（如航空、自行车、步行、巡逻车、集体乘坐公共汽车等）。

17. 着装的辅助警察。

第二节　反恐措施实例

1. 随身携带物品的检查——全美已大大增加了对乘客随身携带物品的检查，目前已经在铁路、公共汽车和渡船上进行检查。美国铁路客运公司（Amtrak）、波士顿（MBTA）、纽约市（所有交通设施）、纽约新洋西港口局（PATH）、印第安纳波利斯（IndyGo）和洛杉矶（地铁）已经使用了这一方法。其他系统（如华盛顿都市交通管理局）已经制定了有关乘客随身携带物品检查的政策框架，但还没有实际执行。一些辖区已经与美国运输安全局工作人员和当地执法人员一起制订此项计划。

2. 集结小组——这是一种调动各组着装警察覆盖某一区域的一般方法。该方法很容易为适应战略和人力资源的部署做出调整。在公共交通中，该方法包括在大型交通枢纽部署执法人员，实施多项列车秩序遵守情况大检查；快速检查车站的每一角落以及登上多个列车和公共汽车巡逻等。集结小组还包括专业巡逻人员，如搜爆犬小组、排爆小组等。在纽约市地铁中，警察集结小组通常的部署是：1名警司和8名警员组成的单个小组，或由警督监督的4个这样的小组。

3. 警察培训巡逻计划——在警戒级别较高时期，纽约、新泽西和康涅狄格州长签署行政令，指派州警在三个州之间的通勤列车上乘车巡逻。这些行政令还规定扩大到州际警察辖区。

4. 交通安全管理局可见性联运预防响应（VIPR）——交通安全管理局可见性联运预防响应小组包括联邦空警、地面运输安全检查员、运输安保人员、行为检测人员和搜爆犬小组。他们与地方交通部门的执法人员合作以加强交通安全。交通安全管理局可见性联运预防响应方法已经在全国多种公交方式中使用，包括铁路、公共汽车和轮渡。

5. 轨道和交通安全联合执法人员（ALERTS）行动——由美国铁路客运公司警察局和交通安全管理局协调进行的涉及多部门协调的安全集结行动，如加强车站巡逻、加强列车上安全人员的存在、搜爆犬大搜查和在未通知的地点对乘客行李进行随机检查。轨道和交通安全联合执法人员行动已扩大到 13 个州，有 100 多个机构参加。

6. 移动安保小组——美国铁路客运公司警察局以保密和突击检查的方式利用移动安保小组巡逻车站和列车。移动安保小组还对乘客进行随机检查，检查其随身携带的物品并巡逻列车。这些小组包括经过特别训练的着装美国铁路客运公司警察、特别反恐特工和 K－9 小组。

7. 多机构超级集结（MASS）——在纽约市区实施，是一项多机构参与的演习，目的是在整个地区交通机构中保证大量的安全人员的存在，开展一系列的安全活动。参与多机构超级集结演习的单位通常包括美国铁路客运公司警察局、纽约港口管理局和新泽西警察局、纽约警察局、纽约大都市交通管理局警察局、新泽西州交通警察局、交通安全管理局和陆军国民警卫队。

8. “火炬”和“大力神”行动——由纽约警察局紧急勤务小组人员以特警方式进行的演习，小组人员通常携带重型武器，出动搜爆犬和专用车辆等。“火炬”行动专门针对公共交通系统，而“大力神”行动则专门针对引人注目的代表性设施，包括此类设施附近的交通中心。

9. 重要响应车辆（CRV）集结——由纽约警察局在纽约市进行，CRV 集结通常包括调派大量的巡逻车（76 辆汽车，每辆车上有两名警察和高架的现场管理设施）和大量集结的人员，非常引人注目，目标针对重要基础设施和引人注目的代表性设施，包括此类设施附近的交通中心。

10. “蓝潮”（恐怖主义锁定和预防措施）——由华盛顿大都市交通管理局（WMATA）的地铁交通警察局在华盛顿特区实施、用以阻止恐怖主义的高可见性威力显示。“蓝潮”行动包括地铁交通警察局的大量人员，包括反恐、特别响应和 K－9 排爆组、公交系统执法和刑事调查处、排爆技术员、紧急事件管理、移动和徒步巡逻、防窃车小组、自行车小组、犯罪预防和警用通信人员。

11. “宙斯”行动（区域性统一大检查）——由马里兰交通局警察在马里兰州进行。“宙斯”行动演习是安全大检查和应急演习的大型威力展示，以加强交通系统的安全，帮助预防恐怖主义和犯罪活动。“宙斯”行动演习通常在交通安全管理局、美国铁路客运公司警察局和地方警察的合作下进行。

第三节　交通系统安保人员

一些交通运营机构聘用着装安保人员。在此种情况下，交通运营机构可借鉴执法人员使用的方法。这些方法还适用于较常见的配备保安的功能分区，主要是交通机构设施非公共区（如办公设施、培训区、公共汽车场等）的出入口控制和巡逻。交通运营机构可考虑的其他方法包括：

1. 实施针对进入交通机构设施内的车辆的检查（如打开行李箱、使用镜子观看底盘等）。

2. 实施对离开交通设施进入停车场的营业性和非营业车辆的检查。

3. 实施对带入交通设施内的行李和容器的检查（如背包、钱包、行李袋等）。

4. 分配额外的固定岗哨。

5. 在公交场所及其周边实施高可见性巡逻（如利用带标志的巡逻车巡逻）。

6. 测试交通机构设施的报警系统，确保报警器启动以及总站监控可发出警告。

7. 严格要求交通设施的职员在进入设施时出示身份证。

8. 严格要求交通设施的职员使用职员停车区时出示许可证，并将许可证放在醒目的位置。

第四节　交通系统职员

随机反恐措施也适用于交通运营机构的职员。他们虽不直接从事安保工作，但在其日常工作程序中可从安全角度实施随机反恐措施。具体实例如下：

1. 针对关键设施系统的日常检查，如加强轨道区、道路和电力系统的巡逻。

2. 向交通设施（如火车站和公共汽车终点站）指派额外的着装职员，或指派穿橙色可反光的安全背心的职员。

3. 职员向乘客积极分发安全和保密材料（如"看到异常就报告"的宣传或疏散指示）。

4. 加强使用交通设施中的公共通信（如公共广播系统、张贴的材料等）。

5. 让通常不在公共场所工作的职员（如行政经理和其他雇员）穿上可反光的安全背心在交通设施的公共场所巡视。

第五节　借助外援

为了进一步提高实施随机反恐措施的能力，交通运营机构及其执法人员应该考虑利用其他官方机构的人员来帮助开展演习。这对于人员较少或在多个辖区范围内行动的交通运营机构来说尤其重要。一般来说，先与地方机构订立协议实施起来比较容易。

这些地方人员包括：

1. 地方和邻近的执法人员和第一响应人员。

2. 地方法规执行人员（如检查靠近交通设施入口或交通通勤车停车场的着装停车场管理员）。

3. 州国民警察卫队队员。

4. 交通安全管理局工作人员（如交通安全管理局可见性联运预防响应小组、搜爆犬小组、检查人员等）。

5. 其他地方、州及联邦安保人员。

第六节　邻近交通设施或驻扎在同一交通设施的安保人员

政府办公楼和代表性建筑本身就是潜在的攻击目标，这些建筑会使邻近的交通设施也成为攻击目标。例如，世贸中心被袭击（1993 年和 2001 年）也造成了所有或部分邻近地铁站的毁坏。此外，如果交通设施位于通往此类大楼或建筑物的公交线路上，那么它们也会成为攻击目标。例如，东京沙林毒气袭击事件（1995 年）就专门针对通往日本政府和法务省办公室的地铁线。更全面和更复杂的随机反恐措施应该包括安保人员和执法人员同时在交通设施和邻近设施执行随机反恐措施。

第七章　机构间协调

机构间协调可通过为实施随机反恐措施目的而充分利用多机构的人员来完成。这一点在帮助更小的机构制定随机反恐措施方面尤其重要。例如，支持全国范围内高风险、高密度城区的计划、设备、培训和演习需要的城区安全计划（UASI）小组已经成立，通过这些小组进行响应与培训练习有助于开展随机反恐措施的活动。州和地方应急管理办公室也可以以同样的方式发挥作用。此外，交通安全管理局交通安全拨款计划（TSGP）也为可见性/突击行动（如搜爆犬、移动检查小组和可见性联运保护响应小组）提供拨款。

第八章　应急计划

随机反恐措施可在对事件的应急响应或就国土安全部警报系统（HSAS）警戒级别进行演习的情况下实施。其内容如下：

1. 就部署地点有关安全和应急响应的信息指导职员实施随机反恐措施。

2. 利用现有的机构美国国土安全部警报系统响应计划作为职员实施随机反

恐措施的指导方针。

3. 利用多机构参加的随机反恐措施活动作为练习国家事件管理系统的机会。

4. 在机构内外练习动员与响应计划，并利用集结人员实施广泛的或目标简单的随机反恐活动。

5. 利用随机反恐措施来练习提高意识或加快应急反应，获取实际情况中所需的第一手经验。除了提供各种安保活动的预演之外，还能使各机构对预演进行评估，以便优先考虑随机反恐措施在实际事件中的应用。

美国华盛顿落实地铁安全措施情况

（2010 年 7 月）

地铁最重要的是确保安全。为提高乘客和雇员安全，华盛顿地铁运营部门采取了一系列措施，包括采购、研发、安装设备，以提高安全；执行美国国家运输安全委员会（NTSB）和监督部门的建议；拟定预防安全隐患的新规程；改造并扩充安全科；增强对铁路工人的保护；扩大对员工的培训；增强整个系统内每位员工的安全紧迫感；制定进程评估程序等。以下将详述上述措施的落实情况。

首先，为了给乘客和雇员提供一个更安全的环境，地铁运营部门订购了一批新的改良设备

通过修理或替换，地铁管理部门不断更新各项设备，从而提供了一个更加安全的工作和出行环境。

为购买所需设备和对设备进行修理，联邦政府和各级各部门投入资金约 2 亿美元。

董事会批准了一项组建新一代地铁列车（7000 系列）的合同。该合同帮助地铁运营部门解决最大的安全问题——替代最古老的 1000 系列地铁列车。新的地铁列车将以先进的防撞技术为特色。

提高审核要求，加强列车控制系统支持技术。2010 年年末将采取强化措施。

为向轨道运营和维护工作提供多一层保护，地铁运营部门继续为列车安装回滚保护。按计划，到 2010 年 7 月底，所有 1000 系列列车将安装完毕。

地铁管理部门已开始实施"红线修复工程"。该工程旨在修复破败的站台和破旧的电梯，从而提高地铁站里乘客安全。

地铁管理部门聘用了一名电梯指导顾问。

为降低车龄，地铁管理部门替代了年岁较久的列车（使用按照《美国经济恢复和再投资法案》（ARRA）拨发的次级财政资金），减少了设备故障，降低了操作年岁较久的列车可能存在的风险，从而提高了可靠性。

地铁管理部门在所有专用地铁快线（MetroAccess）列车上安装了 DriveCam 公司的产品，并签署了有关在都城巴士列车上安装安全系统的合同。这些做法旨在教育和监督都城巴士和地铁快线的列车司机。

为改善所选地铁站手机信号，地铁管理部门和它的移动电话合作商完成了地下移动电话信号覆盖，从而使手机服务更加可靠，也方便乘客在紧急情况下求救。

地铁管理部门同一家公司签订合同，该公司负责研制一种"几何列车"。这种列车将被用于检查铁轨，确保铁轨维修状态良好，从而确保列车安全通过。

其次，地铁管理部门积极同包括美国国家运输安全委员会在内的各主要监督部门合作

过去6年间，地铁管理部门完成了由包括美国联邦交通管理局、三州联合监察委员会和美国国家运输安全委员会在内的监管部门提出的256个安全纠正措施计划中的196个。

为提高透明度，加强运输部门同监督部门的关系，安全科加强了向三州联合监察委员会的安全事故汇报工作。安全科所做的汇报工作超出了对它的要求。

为完成美国联邦交通管理局和三州联合监察委员会的审计建议，地铁管理部门设立独立顾问。

为执行美国国家运输安全委员会的建议，地铁运营部门具体采取了如下措施：

——在列车编排方面，地铁管理部门把最古老的车型（1000系列）编排到较新的车型中，从而确保列车发生撞击时，由较新车型吸收冲击。

——将列车操作模式改为手动模式，同时开发了实时轨道电路监控系统。

——对于易受寄生振荡影响的轨道电路，地铁运营部门制定了测试程序。目前，该程序正受到美国国家运输安全委员会的审核。

——正在对地铁驾驶员开展调查，确定他们当中患有睡眠呼吸中止症或其他睡眠障碍的高危人群。目前美国国家运输安全委员会正在对该项目进行审核。

——建立了新的车轮维护标准。

——铁路运营部门正在修改程序，以实现车辆维修部门和工程设计部门紧密合作，从而确保在新设备启用前找出问题、解决问题。

——正在制定有关列车设计总工程师审核评估所有改善列车安全提议的程序。

——为减少地铁脱轨风险，地铁运营部门在178个地点中的114个地点安装了可监视道岔。到2012年财政年度末，将为这178个地点全部安装可监视道岔。目前，美国国家运输安全委员会正在审核此项目。

此外，为确保在正常和单轨运营期间及时合理地为铁轨润滑，地铁运营部门开发了一项确保运营部门和轨道工程技术部之间紧密合作的铁轨润滑程序。

第三，地铁运营部门也制定了一系列的程序，采取了一系列措施，通过提前确定风险，阻止出现安全问题

地铁运营部门设立了匿名安全热线，以鼓励民众反映可能存在的安全问题。

地铁运营部门制定了一个新的更强有力地保护告密者的政策，以确保工人能够更加放心地报告安全问题。

铁路员工正在开发一种新的安全追踪系统，这种系统能够展现所有安全事故的方方面面，追踪事故调查进展，监督纠正措施的执行情况。

地铁运营部门要求外部专家团帮助评估操作做法和规程。

地铁运营部门提高了对轨道电路的性能要求。

现在工程师每天两次详检轨道电路信息。如果电路不符合新标准，地铁运营部门会派出一队工作人员检查和修理电路。

为发现和处理可能存在的问题，地铁运营部门提高了轨道监控频率和标准。

地铁运营部门在画廊站和司法广场站地铁站之间设计了一个试点项目。该项目利用信号灯示意地铁驾驶员轨道前方有作业工人，也用来警示轨道作业工人铁轨即将被使用。

第四，地铁运营部门已经扩大了安全科

安全科新任领导和新增员工扩大了安全科对地铁安全的关注范围。地铁运营部门已采取如下措施：

委任首席安全官。此位新任首席安全官在安全领域的经验超过 25 年，直接对总经理负责，任务是为安全科提供强有力的领导和制定正确方向。

地铁运营部门安全科新增职位 12 个，至此，总职位达 43 个。该科所有员工经验总和为 230 年，涉及安全、事故调查、培训、质量确保、行业卫生和环境管理。

员工按区分片，工作具体分配到某辆列车或某条路轨。他们的任务是帮助在最初阶段就发现安全隐患并消除隐患。

安全科新增铁轨系统安全检查员，加大了铁轨安全详查力度。

地铁运营部门在工作日夜间晚高峰期间增加了安全负责人员。这些员工工作到夜间 7 点。

工务段线路主任巡视增加，主任同列车驾驶员沟通增多，从而确保更快地解决服务和安全问题。

第五，地铁运营部门重视维护铁路工人和在铁路现场工作的其他部门的员工福利，加强了对他们工作环境的改善

地铁运营部门铁轨科更加重视铁路现场员工安全，通过实施各项举措，使铁轨现场工作更加安全。举例如下：

加大对铁路现场工人和驾驶员工作的监督力度，以确保严格遵守现行规定程序。

组建"铁路工人保护工作组"，监督铁路现场安全问题的分析和解决。

编写新的《轨道安全大全》。该手册介绍了创建安全高效工作环境所需的技术和程序，符合美国公共交通协会铁路工人保护标准。

海湾快运、联合铁路公司、港口管理局运输公司同其他运输机构、轨道运输公司、三州联合监察委员会和工人代表合作，开发提高安全的最优做法。这些机构包括：纽约市交通局、美国交通局、美国联邦交通管理局、美国联邦铁路局、马里兰交通局、犹他州交通局、东南宾夕法尼亚州交通局、美国铁路公司、多伦多交通委员会等。

向其他铁路运输部门取经，学习最优做法，扩大员工知识。

委任一位工作区负责人负责现场工作，为工作人员提供某一方面的指导。

为创建安全环境，鼓励员工指出不安全做法，鼓励员工上报违反安全规定的做法。对于报复员工上报的指控，铁路运营部门进行了严肃调查。

为确保人人对自己的行为负责，对违反安全程序者，实施累积纪律政策。该政策符合现行集体决定。

为确保信息准确传递，要求所有驾驶员重复地铁操作控制中心指令。

为减少混乱，降低事故风险，重新界定了"无障碍"在特殊指令、程序和规定中的含义。

向铁轨工人和驾驶员征求反馈建议，以提高操作安全。

第六，地铁运营部门加强了对员工的安全培训

为确保员工熟练工作，地铁运营部门更加重视安全，扩大了安全培训。举例如下：

为确保安全科员工更安全地操作、维持和管理交通环境，隶属美国交通局的交通安全所对他们进行了六项专门培训。他们已完成三项培训课程。

地铁运营部门按照罗格斯大学国家运输所和交通安全所的反馈加强了安全培训。

为使员工更好地应对实际紧急状况，安全培训加入了实战场景演习和实战经验培训。

为保持员工训练有素、工作熟练，地铁运营部门要求铁路工人完成阶段性培训项目、年度再培训项目和资格再认证。

由于噪声和距离的原因，铁路工人听声会受到影响。为安全准确地交流指令，地铁运营部门重新培训铁路工人恰当使用手动信号。

对刚获得资格认证的地铁驾驶员进行 30 天、60 天和 90 天的培训表现审核，以确保他们符合地铁运营部门安全运营和乘客服务标准。

地铁培训师需接受全国承认的史密斯防卫驾驶培训课程才能获得防卫驾驶技能资格认证。培训师再把这些技能传授给地铁驾驶员。

地铁快线公司开展了一个驾驶员试点培训项目。项目正式列出了驾驶员所有职责，从安全驾驶到安全搭乘和疏散乘客。

第七，地铁运营部门向员工说明了安全的紧迫性并讲明了工作场所的安全

条件

地铁运营部门增加了对内对外交流。这些交流帮助发现问题，解决问题，防止问题严重化。

正在开展一项针对所有地铁雇员的安全文化调查。该调查旨在了解工人安全意识，作为进步衡量标杆。

雇用独立顾问对地铁安全文化进行独立评估。

安全官按地区被分派到某列列车和某段轨道。他们通过把运营员工的安全担忧直接传递给安全科来加强两者之间的沟通。

为加强安全问责，总经理和一线负责人会定期召开安全行动汇报会议。

新的安全标识被张贴到列车内和地铁设施上，以提醒工作人员把安全贯穿到每天的每一项工作中去。

地铁运营官员加大了同最大雇员联盟就安全问题的交流，并倡议应该把提高安全视做对劳方、资方和乘客都有利的举措。

第八，地铁运营部门提高了业绩和安全标准

地铁运营部门通过进一步完善重要操作程序，全面评估运营表现，提高了工作标准。示例如下：

地铁运营部门对指导整个地铁系统安全的《地铁轨道安全规定和程序手册》进行了全面修订。

地铁运营部门开发了一个《重要标志报告》作为单一业绩评估来源，供重视安全和可靠运营的内部员工和公众审核。

巡查员增加了对紧急情况下站点的巡视，增加了对预防性维护的视察，并记录所有视察。

工务段线路主任更加重视奖励项目，奖励那些具有良好安全工作习惯或对机构的安全项目作出重大贡献的工人。

俄罗斯关于建立保障居民交通
安全综合体系的总统令

（俄罗斯总统梅德维杰夫 2010 年 3 月 31 日第 N 403 号命令）

为了建立保障居民交通安全（首先是地铁及其他公共交通）、预防交通运输中发生非常事件和恐怖活动、保护公民安全的综合体系，依据俄联邦 2007 年 2 月 9 日"交通安全法"，决定：

1. 俄罗斯联邦政府：

（1）在 4 个月内拟定保障居民交通安全，首先是针对地铁及其他公共交通工具安全的一揽子规划，包括可集中使用有权解决交通安全问题的联邦执行权力机关、俄联邦主体执行权力机关、地方自治机关和单位的人力财力。

（2）2011 年 3 月 31 日前，为有明显漏洞的交通基础设施和交通工具安装专业技术设备，以阻止非法侵入。

（3）2014 年 1 月 1 日前，建立保障居民交通安全（首先是地铁及其他公共交通）、预防交通运输中发生非常事件和恐怖活动、保护公民安全的综合体系。

（4）确立研发新技术设备的部门，以保护交通基础设施免受恐怖袭击，或发生非常事件。

（5）从联邦财政预算中拨出必需资金，以使保障居民交通安全的综合系统发挥作用。

2. 指定联邦交通部作为负责建立保障居民交通安全综合体系的联邦执行权力机关。

3. 建议俄联邦主体执行权力机关、地方自治机关和单位（无论其组织法律形式、所有制如何）提供场所以安装向乘坐交通工具（首先是地铁和其他公交工具）的居民通报信息的专用技术设备，并提供现有的技术设备和通讯线路用于收集和传播发生（威胁发生）非常事件、制造（威胁制造）恐怖活动的信息。

4. 本命令自签署之日起生效。

俄罗斯联邦政府决议

一、关于交通基础设施和交通工具安全等级及其确定程序的政府决议（2008年12月10日第940号决议）

根据俄罗斯"交通安全法"第7条的规定，俄罗斯政府决定：

1. 将交通基础设施和交通工具的安全等级定为：

Ⅰ级：可预防潜在威胁，即对交通设施非法侵入造成威胁的可能条件和因素；

Ⅱ级：可预防直接威胁，即对交通设施非法侵入造成威胁的具体条件和因素；

Ⅲ级：可预防所面临的威胁，即对交通设施非法侵入造成威胁的条件和因素。

2. 如果未定为其他安全等级，须长期维持交通基础设施和运输工具的Ⅰ级防护能力。

3. 交通基础设施和交通工具的Ⅱ级水平由交通基础设施主体确定和取消，其依据是俄罗斯总统2006年2月15日第116号命令成立的联邦、联邦主体行动指挥部、交通部领导关于更改威胁等级的决定，内务部部长或运输部长（履行其职权的人员）关于更改威胁等级的决定。

4. Ⅰ级及其他级别的确定办法与Ⅱ级一致。

二、关于交通工具和技术设备安装格罗纳斯或者格罗纳斯/GPS卫星定位系统的政府决议（2008年8月25日第641号决议）

为保证国家安全，在卫星导航领域实行独立自主的政策，提高交通指挥效率，提高运输乘客、特种货物和危险物品的安全水平，完善大地测量和地理勘测工作，俄罗斯政府决定：

1. 以下交通工具和技术设备安装格罗纳斯或者格罗纳斯/GPS卫星定位系统：

（1）宇航设备（运载火箭、宇宙飞船、发射舱）；

（2）国家的、个人的、实验飞行的航空器；

（3）海运和内河航运、河海混合运输船；

（4）运输乘客、特种货物和危险物品的汽车和铁路运输工具；

（5）用于大地测量和地理勘查的设备；

（6）确保时间同步的设备。

2. 本决议第（4）至（6）款规定的应安装格罗纳斯或者格罗纳斯/GPS 卫星定位系统的运输工具和技术设备的种类，由联邦执行权力机关在其权限内予以规定。

3. 俄联邦武装力量、其他部队、军事化单位使用的技术设备、军事技术装备、特种装备，以及具有军事职能单位的运输工具，应安装格罗纳斯或者格罗纳斯/GPS 卫星定位系统。

4. 赋予军事职能或类似职能的联邦执行权力机关在 2008 年确定本决议第 1 至 3 条中规定的交通工具、技术设备和系统安装格罗纳斯或者格罗纳斯/GPS 卫星定位系统的程序和步骤。

5. 联邦执行权力机关自 2010 年起分阶段对决议第 1 条规定的在用交通工具、技术设备和系统安装格罗纳斯或者格罗纳斯/GPS 卫星定位系统。

6. 执行权力机关及其管辖单位、联邦公有单位拥有的交通工具、技术设备落实本决议所需的财政资金，从其按规定办法获得的用于日常维修的财政拨款中支付。俄联邦武装力量、其他部队、军事化单位、具有军事职能的单位装备（供给、使用）的军事装备、特种设备、运输工具、技术设备除外。

7. 联邦武装力量、其他部队、军事化单位、具有军事职能的单位装备（供给、使用）的军事装备、特种设备、运输工具、技术设备落实本决议所需的财政资金，从其按规定办法获得的用于实施国家军备规划的财政拨款中支付。

8. 建议联邦主体权力机关、地方自治机关及其所属单位采取措施，为本决议第 1 条（2）至（6）款中规定的、本部门拥有的运输工具、技术装备安装格罗纳斯或者格罗纳斯/GPS 卫星定位系统。

9. 联邦执行权力机关的领导负责为本决议第 1 至 3 条中规定的运输工具、技术设备安装格罗纳斯或者格罗纳斯/GPS 卫星定位系统的工作。

10. 以下俄联邦政府决议废止（略）。

俄罗斯莫斯科市政府文件

一、关于在莫斯科地铁"猎品市场"车站建立安全保障综合系统试验区的命令（莫斯科市政府 2010 年 7 月 2 日第 N 1357 – PΠ 命令）

为落实 2010 年 3 月 31 日俄罗斯总统"关于建立保障居民交通安全综合体系的命令"，为拟定预防恐怖活动和非常事件的一揽子措施，决定：

1. 同意莫斯科市政综合体和莫斯科地铁公司联合提出的、莫斯科地铁公司支付费用在莫斯科地铁"猎品市场"车站建立安全保障综合系统试验区（以下称试验区）的建议。

2. 指定莫斯科市交通通信局负责协调试验区的建立工作。

3. 为协调建立试验区的工作，根据本命令的附件确定工作组成员。

4. 莫斯科市交通通信局与莫斯科地铁公司：

4.1　2010 年 7 月 10 日前，根据莫斯科市安全保障行动协调局、俄罗斯联邦安全局莫斯科市和莫斯科州分局、莫斯科市内务总局、紧急情况部莫斯科分局的建议，拟定建立试验区的技术任务。

4.2　拟定技术文献，完成试验区设备、视频监视系统、通讯系统和其他系统的现代化改建、安装工作。

5. 要求俄罗斯联邦安全局莫斯科市和莫斯科州分局、莫斯科市内务总局、紧急情况部莫斯科分局在 2010 年 7 月 10 日前，拟定各单位协商同意的、拟在试验区实施的技术方案。

6. 为在试验区调试最新最先进的安全系统，居民信息通报系统，爆炸物、武器弹药、毒物查验设备，无线电仪器探测系统，以及其他安全保障设备，莫斯科市交通通信局可用自有资金吸纳有意向的专业团体参与上述工作。

7. 2010 年 7 月 10 日前，莫斯科市安全保障行动协调局与俄罗斯联邦安全局莫斯科市和莫斯科州分局、莫斯科市内务总局、紧急情况部莫斯科分局联合上报有关吸纳专业团体参与本命令第 6 条规定的工作的建议。

8. 在试验区展开调试过程中：

确保测试（审定）程序——技术设备、视频监控系统的目的是作出将其应用于所建系统的决定。

拟定地铁工作人员与莫斯科内务总局、俄罗斯紧急情况部莫斯科分局及其他专业部门的协作规定。

9. 试验区的建设和测试工作在 2010 年 8 月 1 日前完成。

10. 在试验区的测试工作完成后，莫斯科市交通通信局与莫斯科市安全保障行动协调局、俄罗斯联邦安全局莫斯科市和莫斯科州分局、莫斯科市内务总局、紧急情况部莫斯科分局联合批准完工决定，并就建立莫斯科市交通安全一揽子体系提出建议。

11. 本命令的执行由莫斯科市副市长比留科夫负责。

二、莫斯科市政府 2004—2005 年地铁和地面公交安全子规划（莫斯科市政府 2004 年 10 月 16 日第 N 795 – ПП 号决议）

依据莫斯科市政府 2004 年 4 月 27 日第 N 285 – ПП 号决议"关于 2003 年实施并在 2004—2005 年完成的莫斯科市打击犯罪专项规划及其子规划"第 2.7 条的规定，制定"2004—2005 年地铁和地面公交安全子规划"。

1. 问题内容及解决方案的必要依据

制定子规划是为了建立及时预防和消除发生在地铁、地面公交的可能的恐怖活动及其他违法行为，防止发生劫持人质和乘客死亡事故的体系，包括地铁站和机车车辆、地面公交上的技术装备。

根据莫斯科市交通通信局、莫斯科地铁公司、护法机关的建议制定子规划，反映出莫斯科政府将莫斯科市打造成安全城市的战略理念，为地铁和地面公交的安全创造条件。地铁和地面公交是最薄弱的易受恐怖袭击的目标。

在拟定子规划的措施时，吸纳了实施"莫斯科人的安全"子规划取得的经验，以及"城市综合安全保障系统"技术委员会工作的成果。

2. 子规划的主要目标、任务、实施期限

子规划的主要目标是确保地铁和地面公交工作人员和乘客的安全，保护其生命、健康和财物，以及运输企业的财产。

子规划完成期限为 2004 年第 4 季度和 2005 年，解决以下任务：

● 发现、预防和及时制止发生在地铁、地面公交的恐怖活动及其他违法行为；

● 保护上述地区的财物及其他物品；

● 组织协调公交和地铁领导与内务机关、紧急情况部、事故救援部门开展合作；

● 在地铁站和机车车辆、地面公交推广应用现代视频监控、通讯、保卫信号设备，以及其他阻止恐怖活动和违法行为的技术设备；

● 进行科学研究，以预报莫斯科市民在 2005 年及以后面临的安全问题。

3. 子规划的财政保障

实施子规划所需资金由联邦财政、市财政和完成方自有资金共同承担实施（具体略）。

4. 子规划的实施机制

子规划的实施机制与 2003 年 2 月 18 日莫斯科市政府的决议落实机制类似。

为落实子规划，子规划的市定购方预算出例行年度的所需资金，并向莫斯科市经济政策及发展综合体、莫斯科市财政局上报财政拨款方案及依据，以使其列入下一年度市财政拨款规划目录。

必要时，莫斯科市政府安全保障机关工作局向莫斯科市经济政策及发展综合体、莫斯科市财政局提交关于延长子规划实施期的建议。

5. 子规划的实施监管

莫斯科市政府安全保障机关工作局、交通通信局、莫斯科地铁公司负责对子规划实施的监管。

市定购方和措施执行方负责其质量和时效、合理使用资金情况。

执行方负责分别于 2005 年 1 月 10 日、4 月 10 日、10 月 10 日前，2006 年 1 月 10 日前向莫斯科市政府安全保障机关工作局上报每季度工作进展情况。

合作完成方提前向负责的执行方提交所负责的部分完成情况。

为了协调子规划执行和撰写报告，负责的执行方有权成立跨部门工作组。

出现资金短缺时，市预订方—协调方向莫斯科市政府提出更改完成期限或取消监管的建议。

执行子规划的过程和结果在市政府会议上审查，同时听取市预订方、子规划的执行者、市执行权力机关领导的报告。

6. 子规划执行结果的有效性评估

预计 2006 年前执行子规划可取得以下结果：

• 为预防和消除地铁和地面公交的恐怖活动及其他违法行为创造条件；

• 在上述目标保护财产和其他贵重物品；

• 使地铁和地面公交上的人员养成警觉习惯，遵守安全准则，利用各种办法救助乘客，使其在紧急情况下获得生存；

• 降低 7% ~ 10% 的犯罪。

组织管理—技术措施（资金部分略）

	措施	执行方	期限	预期效果
1	地铁安装移动通讯设施	莫斯科地铁公司	2004—2005	无线通讯覆盖所有车站，以协调处置违法行为的人力财力
2	建立从地铁乘客区发向调度中心的报警信息发送系统	莫斯科地铁公司	2004—2005	实时获取发送至危机处理中心和地铁内务分局的违法信息（含图像）
3	安装可进入隧道的工作间出入口控制系统	莫斯科地铁公司	2004—2005	防止非法进入工作间
4	配备保卫地铁目标（车库区域及周界、铁路开放区域、通风井、隧道入口）的、可向莫斯科地铁内务分局中心观察站上报信号的技术设备	莫斯科地铁公司、莫斯科内务总局	2004—2005	防止非法进入工程—技术间
5	在列车车厢安装视频监控系统	莫斯科地铁公司	2004—2005	加强公共秩序维护，保证视觉监控，保证司机通过"乘客—司机"系统收到准确信息，建立违法数据库
6	在地铁站日常工作区安装自动火警报警系统（第1阶段）	莫斯科地铁公司	2004—2005	确保地铁工作人员和运送乘客的安全
7	在地下技术间、日常工作间及低牵引力分车站的设施，安装早期火情发现系统	莫斯科地铁公司	2004—2005	确保地铁工作人员和运送乘客的安全
8	列车机车安装自动发现和灭火系统"Игла-М.5-КТ"	莫斯科地铁公司	2004—2005	确保地铁工作人员和运送乘客的安全
9	将油断路器更换为真空断路器	莫斯科地铁公司	2004—2005	确保地铁工作人员和运送乘客的安全

	措施	执行方	期限	预期效果
10	成立地面公交护送巡逻小组	莫斯科市交通公司	2004—2005	保证运送乘客的安全，防止破坏公物
11	对市电车安装监控漏电的设备	市电车停车场	2004—2005	保证运送乘客的安全
12	撰写乘客出行紧急情况行为指南（火灾、恐怖活动、交通事故等）在大众媒体和公开宣传中分发该指南	莫斯科紧急情况局莫斯科运输公司、莫斯科地铁公司	2005 年第 1 季度	提高乘客处置紧急情况的能力
13	为地面公交车辆装备自动灭火设备	莫斯科运输公司、绿色汽车运输公司	2005	提高运送乘客的安全性
14	为预防和消除意外情况，为 100 台技术支援车、30 个调度站、1000 台地面公交车安装通讯系统	莫斯科运输公司、绿色汽车运输公司	2004	采取措施预防和清除事故
15	创建在出现意外紧急情况时报知负责监管和指挥运行的莫斯科运输公司领导、工作人员的系统	莫斯科运输公司	2004	在出现紧急情况时提高指挥运送乘客的稳定性
16	地面公交候车亭安装照明设备	莫斯科运输公司	2004—2005	提高安全等级，减少破坏公物行为
17	与莫斯科市电话网签订合同，在公交候车亭安装公用电话	莫斯科运输公司	2005	扩大居民与内务机关紧急联系网
18	将流动商业设施迁出停车站区域	行政区长	2004—2005	降低在高峰时段在候车区发生恐怖行为的可能
19	改建、维修、新建 316 个交通信号设施	Доринвест 公司、莫斯科内务总局	2004—2005	减少交通事故

	措施	执行方	期限	预期效果
20	在市道路网设计并完工176项改建工作	Доринвест 公司、莫斯科内务总局	2004—2005	提高道路交通安全及通行能力
21	在交通管理出口站的查验区配备技术设备，以查爆炸物	莫斯科内务总局	2005	禁止携带爆炸物进行恐怖活动
22	进行技术研发： ——道路通行工具； ——发现隐藏的液体爆炸物的设备； ——探测基于核四极共振的爆炸物的设备； ——可接收和处理发生在各种运输工具上的违法行为信息的技术设备	莫斯科内务总局	2005	提高交通安全
23	在23个车站（包括26条地下通道）安装可记录的视频监视系统，在环线地铁安装口心视频监控系统	莫斯科地铁公司	2004	提高乘客安全
24	在地铁线路安装中心视频监控系统	莫斯科地铁公司	2005	提高乘客安全

俄罗斯新西伯利亚政府文件

　　一、新西伯利亚市政委员会关于"2006—2008 年新西伯利亚地铁安全"专项规划的决议（新西伯利亚市政委员会 2006 年 6 月 21 日第 277 号决议）

"2006—2008 年新西伯利亚地铁安全"专项规划的文献

规划名称	"2006—2008 年新西伯利亚地铁安全"专项规划
制定规划的依据	联邦法"俄罗斯联邦地方自治一般组织原则法"（27. 05. 2005 N 682 – p）、新西伯利亚州命令"关于 2006—2007 年加强新西伯利亚地铁反恐防护措施的命令"（23. 01. 2006 N 8 – p）、市长命令"关于成立新西伯利亚地铁安全起草组的命令"（28. 06. 2005 N 4477 – p）
规划预订方	新西伯利亚市市长
规划制订方	新西伯利亚地铁公司、负责与护法机关和市军事分队联系的市长委员会、新西伯利亚市内务局、新西伯利亚州内务总局地铁处
规划目的	确保乘坐新西伯利亚地铁的公民安全
规划任务	完善保证地铁防护安全的管理和技术措施，提高地铁作为交通工具的可靠性，有效利用俄罗斯、独联体其他国家的已运用于地铁的科技发明
规划实施期	2006—2008 年
规划的执行方	新西伯利亚地铁公司、新西伯利亚市内务局、新西伯利亚州内务总局地铁处、交通和道路设施完善局、负责与护法机关和市军事分队联系的市长委员会、卫生局、联邦紧急情况部新西伯利亚州总局新西伯利亚市分局
规划的资金来源及数额	合计 4225. 7 万卢布，其中市政 2187. 3 万卢布、地铁公司 2038. 4 万卢布
实施规划后的预期效果	提高预防非常事态的能力；在出现非常事态时，地铁全体工作人员、乘客的损失降至最小，降低风险，提高地铁系统和目标的技术安全以及反恐措施的可靠性、稳固性
执行规划的监督	市政委员会、交通和道路设施完善局

1. 需解决的主要问题及解决方案的必要依据

俄罗斯已有 8 个城市开通了地下轨道交通。新西伯利亚共有 2 条地铁线，约 14.2 公里，12 座车站。地铁由于载客量大、运行密度大、空间小，可自由出入，且不易大规模使用技术设备以发现武器和爆炸品，因而易成为恐怖袭击的对象。地铁的暴露地段（地铁桥、机车库）无法防护，没有完善的防止旁人进入的工程围栏，装备危险品临时防护系统、视频监视系统、阻止非法进入系统的问题日益突出。地铁警察分队的物质—技术保障程序和种类尚未确立，其组成中尚未编制刑事警察、侦查警察和警犬分队，在地铁车站和其他地下目标工作的警察尚未配备无线电和电话联系系统。

"2006—2008 年新西伯利亚地铁安全"专项规划的主要方向是确保乘坐地铁的居民安全，提高预防和消除可能的事故、失事、恐怖活动、维护车站和地铁目标公共秩序措施的有效性。

2. 评价规划实施效用的标准

在新西伯利亚地铁目标落实规划后可达到以下目的：

缩短预防新西伯利亚地铁非常事态的时间，并将其后果降至最低；

在实施消除非常事态措施时，提高指挥的稳定性和反应的及时性；

提高地铁运行系统的可靠性；

完善保护地铁全体工作人员和乘客的办法；

提高预防非常事态以最大降低乘客和地铁工作人员损失的措施的有效性；

强化车站和地铁目标的公共秩序。

3. 规划的财政保障

"2006—2008 年新西伯利亚地铁安全"专项规划由市财政和新西伯利亚地铁公司自有资金共同承担，总计 4225.7 万卢布，具体情况见下表。

资金来源	总计（万卢布）	年度分计（万卢布）		
		2006	2007	2008
市财政	2187.3		1337	850.3
地铁管理局自有资金	2038.4	893.5	631	513.9
合计	4225.7	893.5	1968	1364.2

上述资金用途：管理和预防工作 222.8 万卢布；安装技术防护系统和信息系统 3924.9 万卢布；地铁内务处物质技术保障 78 万卢布。

"2006—2008 年新西伯利亚地铁安全"专项规划起草组每年第 3 季度根据相应财年的拨款对计划内的措施进行调整。根据对相应财年的财政拨款，修改本规划的预算。

4. 实施规划的进程监管和落实机制

规划的落实由市政府所属机构、新西伯利亚地铁公司配合市护法机关进行。

新西伯利亚地铁公司负责：进行预先设计工作，在规划的框架内将技术任务与技术需求结合起来；制定招标文件，以对组织设计工作进行招标；实施招标工作；参与技术设计工作；与中标企业签订协议，以完成安装和调试工作。

完工后委员会负责验收，系统和设备投入使用。

在实施规划过程中，交通和道路设施完善局审查财政拨款的使用情况，拟定的措施完成情况，调控主要完成方的行为。

5. 规划的措施计划

序号	措施	执行期	执行方
1. 信息分析和法律保障			
1.1	根据具体情况，校正计划：2006 年降低发生非常事态的风险、强化预警、保证乘客安全、保护地铁目标的措施；新西伯利亚地铁公司预防和消除自然和技术性紧急事态的做法	每年第 1 季度	新西伯利亚地铁公司
1.2	校正专项行动"隧道"实施计划	每年第 1 季度	新西伯利亚内务局、新西伯利亚市区内务局侦查处、俄联邦紧急情况部新西伯利亚分局
1.3	搜集通报俄罗斯国内外安全方案和提高地铁稳定性的先进经验	2006—2008	新西伯利亚地铁公司
1.4	根据俄联邦内务部地铁警察条例修订地铁处条例	2006	新西伯利亚内务局
2. 组织管理和预防工作			
2.1	审查新西伯利亚地铁反恐防护工作成果	每年第 2 和第 4 季度	负责与护法机关和市军事分队联系的市长委员会
2.2	培训地铁工作人员使用预防和制止恐怖行为的设备	每年第 1 和第 3 季度	新西伯利亚内务局、新西伯利亚地铁公司

序号	措施	执行期	执行方
2.3	对制止非常事态（包括自然的和技术的）后果进行人力、财力准备	按计划	新西伯利亚地铁公司
2.3.1	紧急情况和消防委员会、疏散委员会、发放个人防护设备点	按计划	新西伯利亚地铁公司
2.3.2	地铁抢修设备站	按计划	新西伯利亚地铁公司
2.3.3	公司所属非在编的事故救援单位	按计划	新西伯利亚地铁公司
2.4	检查建筑物，查验目标构件	每年第1和第3季度	新西伯利亚地铁公司
2.5	储备用于维修的建筑材料	按计划	新西伯利亚地铁公司
2.6	公司所属单位与新西伯利亚市属消除紧急事态的单位进行联合演习和训练	按计划	新西伯利亚地铁公司、新西伯利亚州内务总局、紧急情况部新西伯利亚分局
2.7	根据"隧道"专项行动的人力、财力分配方案进行战术演习	每年第2和第4季度	新西伯利亚市内务局、区内务分局、紧急情况部新西伯利亚分局、交管局
2.8	检查出现火情和其他非常事态时的自动发现和报警系统，并进行维修	每季度	新西伯利亚地铁公司
2.9	地铁公司成立小组，以落实进入机车库制度	2007	新西伯利亚地铁公司
2.10	拟定和分发出现紧急情况时如何处置的材料，提出推广建议	2006—2008	新西伯利亚地铁公司
2.11	参加"地铁—儿童"综合预防行动	2006—2008	新西伯利亚内务局、新西伯利亚地铁公司
3. 在地铁目标和建筑物安装技术防护和信息化系统			
3.1	制定规划预算文件	2006—2007	新西伯利亚地铁公司
3.2	为个人防护设备点和医疗设备站提供装备	2006—2008	新西伯利亚地铁公司
3.3	维护和修理现有的视频监控系统，增加视频监控点	2006—2008	新西伯利亚地铁公司
3.4	更换监控进入隧道的传感器	每年	新西伯利亚地铁公司
3.5	完善乘客报警信息发送系统	2006—2008	新西伯利亚地铁公司

序号	措施	执行期	执行方
3.6	乘客区值班部位安装铁门	2006—2008	新西伯利亚地铁公司
3.7	使从站台进入工作桥的门得到强化	2006—2008	新西伯利亚地铁公司
3.8	完善机车库防护系统	2006—2008	新西伯利亚地铁公司
3.9	加强地铁桥左岸栈桥的保护	2006—2008	新西伯利亚地铁公司
3.10	填平地铁桥左岸栈桥旁以及机车库周界的道路，并清除灌木和树木	2006—2008	新西伯利亚地铁公司
3.11	架设并维护通信线路	2006—2008	新西伯利亚地铁公司
3.12	以阻燃电缆替代电力电缆	2006—2008	新西伯利亚地铁公司
3.13	设计并铺设内部和外部供电线	2006	新西伯利亚地铁公司
3.14	对恢复重建单位的人员进行专业培训	2006—2008	新西伯利亚地铁公司
3.15	为恢复重建单位的个体提供物质技术保障	2006—2008	新西伯利亚地铁公司
3.16	更换个人防护设备，建立储备以备紧急事态时使用	2006—2008	新西伯利亚地铁公司
3.17	检查灭火系统	2006—2008	新西伯利亚地铁公司
3.18	以现行标准替换先期灭火设备	2006—2008	新西伯利亚地铁公司
3.19	维护火警报警设备	2006 年 第 4季度	新西伯利亚地铁公司
4. 新西伯利亚州内务总局地铁处的物质技术保障			
4.1	保留和维修工作场所	经常	新西伯利亚地铁公司
4.2	维护和维修通讯设备	经常	新西伯利亚地铁公司
4.3	领取 5 套手持式金属探测器，以配备地铁内务处	2007 年 第 3季度	新西伯利亚州内务总局地铁处
4.4	为警犬配备兽栏	2006 年 第 3季度	新西伯利亚地铁公司
4.5	建立保护地铁桥的警察哨	2008 年 第 3季度	新西伯利亚地铁公司

二、新西伯利亚州州长关于加强新西伯利亚地铁及其邻近区域、新西伯利亚市地下通道反恐安全防护的命令（新西伯利亚州州长 2005 年 4 月 14 日第 439 - p 号命令）

为了保护新西伯利亚州公民的安全，加强对新西伯利亚地铁及其邻近区域、新西伯利亚市地下通道的反恐安全防护：

1. 建议新西伯利亚市市长：

1.1　在地铁目标附近辟出场地停放机动车，采取措施禁止在这些目标旁及其两侧 50 米以内非法停车。

1.2　组织将新西伯利亚地铁所在区及其邻近区域、地下通道用于商贸活动，开展便民服务，但禁止经营娱乐项目和餐饮。

1.3　与护法机关（联邦安全局、内务局）联合检查在地铁、机车库和地下通道从事商贸活动的单位。

1.4　在机车库区域安置与新西伯利亚地铁公司无关的单位。

1.5　新西伯利亚市财政预留 2006 年资金，用于加强新西伯利亚地铁及其邻近区域、新西伯利亚市地下通道的反恐安全防护。

2. 建议新西伯利亚地铁公司领导在 2005 年 4 月 20 日前：

2.1　对新西伯利亚地铁区域在夜间（自 22 时至次日 6 时）从事经营的无关单位进行整顿，向其提供必需的有关地铁警察处的信息。

2.2　采取措施强化进入机车库的通行制度。经新西伯利亚市内务局同意后，拟定发放进入被保护区域通行证的办法。

3. 建议联邦安全局新西伯利亚州分局与新西伯利亚州内务总局联合建立培训地铁人员、护法机关在地铁工作的人员的体系，培训内容为制止在地铁目标的恐怖犯罪行为的预防性组织—技术措施。

4. 新西伯利亚州交通局在 2005 年 6 月 1 日前与新西伯利亚地铁公司共同拟定关于为新西伯利亚地铁目标和车站安装反恐防护技术设备的建议，并向新西伯利亚州财政税务局上报 2006 年拨款申请，以落实这些措施。

5. 新西伯利亚州财政税务局在制定 2006 年财政拨款方案时，预留出新西伯利亚地铁目标和车站反恐防护措施所需资金。

6. 本决议的执行监管由新西伯利亚州道路交通局局长负责。

英国交通警察 2008—2011 年战略计划

（摘译）

【译者注：英国交通警察管理局（BTPA）每三年制订一个战略计划，确定英国交通警察的中长期（三年期间）工作目标。2008 年最新公布的《英国交通警察 2008—2011 年战略计划》取代 2005 年制订的第一个战略计划，它是年度警务计划之外的一项战略计划。】

一、介绍

英国交通警察局（BTP）和英国交通警察管理局（BTPA）根据《2005—2008 年战略计划》所取得的成绩，制订了《2008—2011 年战略计划》，此战略计划是英国交通警察局和英国交通警察管理局今后三年期间运作和组织管理的依据。新计划将允许英国交通警察局在已经取得的成绩基础上进行资金投入，从而提高运作绩效，加强组织管理，改善与利益相关方的合作关系。

英国交通警察局 2005—2006 年度完成了所有的工作目标，2007—2008 年度完成了 94％。在上一个战略计划实施期间，英国交通警察局在许多重要工作领域取得了显著成绩，包括提高攻击工作人员案件的破案率、打击反社会行为和抢劫等。在有关组织目标方面也取得了很大进步，特别是在增加一线交通警察多样化方面。与 2005 年年初相比，英国交通警察中，来自黑人和少数民族的警察人数增加了 40％，女性警察人数增加了 34％。这些结果意味着英国交通警察更具代表性，因此，也将更好地为铁路社区提供更好的警察服务。

2006 年，英国交通警察局作为国家专门负责铁路安全的警察力量，接受了由英国交通大臣负责进行的严格审查。此次全面审查为各行业和更多利益相关方提供了一次机会，对英国交通警察局所发挥的作用和承担职责情况提供证明，内容涉及是否很好地履行了职责，是否为这支负责铁路网络安全的专业警察力量提供支持等。审查肯定了英国交通警察所发挥的积极作用，并且重申了现行的"使用者支付"原则，为英国交通警察提供资金。还建议英国交通警察将来要进一步发展与主要利益相关方的合作关系。

为此，英国交通警察局、英国交通警察管理局和来自火车运营公司协会的高级代表及其他火车运营商组成"协作组"，寻找机会与各行业发展更广泛的合作关系。工作组拟定的协议将在新战略计划实施期间，继续形成英国交通警察与其他各方的工作关系。

为了改善合作关系，英国交通警察局在铁路网络的部分地区试验性地开展邻里警务工作模式，目前已在英国各地成立了 61 个工作小组，其中大部分都设在伦敦地铁内。这些工作小组由分布在不同地理位置，并承担安全责任的各类资源组成。他们以情报主导的方式，关注那些影响到社区安全的问题。英国交通警察局还创建了一种新的多层次工作法，这种新方法在承认警务计划中的优先考虑问题之外，还结合了许多国家及地方规定的警务工作目标，强调由地方承担责任。

在 2005 年 7 月 7 日至 25 日的伦敦连环爆炸案中，英国交通警察局在应对伦敦交通运输网络遭受恐怖袭击过程中发挥了核心作用。这种紧急突发事件不仅考验英国交通警察的灾害恢复能力，还检验与其他合作伙伴做出有效反应的能力，使交通系统能够快速恢复正常，旅客和工作人员能够继续正常使用和投入工作。此次恐怖袭击及后续的事件导致的直接后果是，反恐成为保障铁路安全的一项新的常规性工作，英国交通警察目前已经把反恐列为一项正常业务工作。但是，类似 7 月 7 日伦敦地铁爆炸案这样的恐怖事件将严重影响英国交通警察局完成所有战略目标的能力。

英国交通警察管理局创立并实施了一种新的收费模式，可以在警察服务协议持有者中间，更加准确地分配目前的警务支出。英国交通警察管理局了解在《2005—2008 年战略计划》实施期间，增加筹集资金对各行业带来的影响，以及在新收费模式下警务成本重新分配带来的影响。

警察服务协议（PSA）持有人要求，在实施战略计划期间，对所提供警务服务的收费应在这段时间内保持稳定和确定，英国交通警察管理局已经承诺，每年都会根据警察服务支出情况向警察服务协议持有人相应地增加收费，但不会超过零售物价指数（RPI）增幅。与此承诺相关的风险将在第七部分详细说明。

能否兑现这些承诺取决于英国交通警察局和英国交通警察管理局目前的资金投入情况，这些资金投入可以保证长期的警务工作效率，加强与合作伙伴的工作安排，取得与实施邻里警务有关的工作进展，努力减少铁路网络的犯罪和破坏公共秩序的行为。

2012 年夏天，世界的关注焦点将转向伦敦，因为第 30 届世界奥林匹克运动会和残疾人奥运会将在这里举行。奥运会举办前几年，伦敦将在地铁网络大幅增加设施建设，迎接国内外八方来宾，为他们提供安全稳定的公交环境，这将给伦敦警务工作提出巨大的挑战。这要求英国警察要清楚地了解所面临的复杂局面，并且制订出防范计划。英国交通警察局已经与奥运会交通管理局（ODA）、交通安全局（Transec）、大都市警察厅（MPS）、伦敦交通局（TfL）、伦敦地铁有限公司及其他铁路行业合作伙伴一起着手安全准备工作。由于奥运会的赛场分布在英国各地，奥运会将对全英国的警务工作造成影响，英国交通警察局将不仅仅负责伦敦一个地区的安全。在与交通大臣讨论之后，英国交通警察管理局局长兼主席得到一个保证，即政府，而不只是铁路行业，将为英国交通警察局提供资金，作为额外的警务成本，确保警察数量和能力都能够应对 2012 年奥运会及残奥会带来的挑战。

高级目标、绩效措施、财务战略及与战略计划有关的风险将分别在本计划的下文中详细说明。

本计划是一个滚动的三年计划，因而会根据每年的最新情况进行调整，以更好地适应新的变化，重点关注铁路的特殊需要。

二、已经取得的成绩

在上一个战略计划中，我们曾承诺要实现五个战略目标。这一部分就列举我们在实现这些目标过程中所取得的一些主要成绩。

我们曾承诺要：

1. 与我们的合作伙伴及铁路同仁们一起减少犯罪，解决引起犯罪的诱因，处理犯罪事件。

在这方面，我们主要取得了以下成绩：

● 记录在案的违法案件从 2004—2005 年度的 135139 起，减少到 2007—2008 年度的 109508 起，包括一些重要地区的犯罪案件有了大幅度的减少，如铁路沿线犯罪减少了 22%，旅客财物失窃案件减少了 14%，袭击工作人员案件减少了 14%，抢掠案件减少了 46%；

● 在英国交通警察辖区内实施与地方联合行动、加强协作的工作模式，加强合作伙伴与英国交通警察的信息交流，使其能够直接获取英国交通警察数据资源。

2. 犯罪调查要高效、及时，从而提高发现案件数量以及缉拿归案的犯罪人员数量。在今后三年里，我们将努力提高整体破案率，争取达到内政部要求的平均水平以上。

在这方面，我们主要取得了以下成绩：

● 整体犯罪通知案件破案率明显提高，从 2004—2005 年度的 17% 提高到 2007—2008 年度的 27%。其中特别值得一提的是，袭击工作人员的案件的破案率已经达到 52%，因仇恨引发的犯罪案件的破案率达到 48%，抢掠案件破案率达到 39%；

● 通过采用国家情报的模式，把情报主导的工作方法应用到所有执勤活动中来。

3. 促进公共安全和保险，通过与其他部门合作，为所有人打造一个安全的铁路环境。

在这方面，我们主要取得了以下成绩：

● 在 2004—2005 年度至 2007—2008 年度期间，发现涉及扰乱公共秩序的犯罪通知案件数量提高了 140%；

● 设立了 61 个邻里警务工作站，包括设在伦敦地铁内的 30 个邻里警务工作站；

● 由于警察的出现可以给公众带来安全感，我们利用这种心理优势，增加了警察出警的频率，并且提高车站和火车上的见警率。

4. 在应对各类案件时，既要满足铁路社区方面的需要，也要考虑当地优先案件的要求。

在这方面，我们主要取得了以下成绩：

● 在处理铁路死亡案件时，将警察中断火车运行的时间控制在平均 76 分钟范围之内；

● 为伦敦的反恐车辆以及事件的解决赢得了反应的时间；

● 合理配置控制室功能，最大程度地发挥我们的应对能力；

● 设立一个单独的犯罪档案中心，提供一种更加快捷和便利的方式，获取有记录的犯罪情况；

● 安装启用国家广播通信系统；

● 引进一种本地化的计划程序。

5. 确保英国交通警察局能够最有效地使用人员，通过利用声音信息和通信技术，及时、准确地掌握财务信息，为行动决策提供帮助和支持。

在这方面，我们主要取得了以下成绩：

● 在 2005—2006 年度至 2007—2008 年度期间，我们在效率方面实现了 600 万英镑的节余，并把其中的 300 万英镑再次投入到提高效率工作，为提高服务提供资金保障；

● 实行新结构和工作程序，提高财务部门的效率，让资金发挥更好的作用；

● 与伦敦市警察局及伦敦大学城合作，推行学生安全员（student officer）培训计划；

● 充分利用现代技术带来的好处，比如提高警务工作效率，扩大警务的可视范围等。通过引进新的值勤管理系统，试点性采用移动通信手段，获取警察所需的各类数据。

三、三年后将实现的目标

下文的交付计划详细说明了我们三年以后将实现的战略目标。

实现这些战略目标的目的是为了创造一个安全的铁路环境，使铁路犯罪和破坏秩序的情况变得更少，旅客和工作人员感觉到更加安全。而疑犯将会更容易被发现，会有更多的人员加入到警务联防的大家庭中来。对于旅客而言，铁路环境将会更加安全，可是对于那些想犯罪或者从事破坏公共秩序活动的人而言，将会更加难以逃脱。如果铁路中发生了一些案件（如死亡、路线犯罪等），对铁路服务所造成的影响也会减少，给旅客造成的不便也会降低，给铁路行业造成的直接或后果性成本将下降。恐怖分子袭击的危险将会被控制在最低，因恐怖威胁导致车站关闭和服务中断的情况不会频繁出现。

通过系统能够了解大批利用铁路在英国各地旅行的人们的进出往来情况，做到这一点需要与铁路行业、内政部和苏格兰警察部门合作，从而更好地利用信息和情报，加强风险管理。

一线警官和工作人员的工作条件将得到改善，他们将获得诸如个人数字助理（PDA）这样的通讯工具，从而缩短他们输入数据所花费的时间，增加巡逻时间，通过读取信息最大程度地发挥其效力。

所有工作人员都接受和了解英国交通警察绩效文化对质量的要求，能够从客户的角度着想提供服务，根据需要及时进行反馈，并把这些当做履行职责的重要内容。英国交通警察将接受培训，从而更好地发挥作用，确保每次都能在第一时间解决问题。

英国交通警察局地产将符合警务工作（根据所在位置和发挥的作用）需要，包括提供足够的拘留室，以容纳数量不断增加的被缉拿人员。

英国交通警察局将与合作伙伴一起为奥运会及残奥会做好计划，确保提供高效的警务服务，保证 2012 年伦敦奥运会及其他赛事在英国各地顺利举行。

总之，英国交通警察局将紧紧围绕铁路网络的需要，提供有效的警察服务。作为一支专门的铁路安全警察力量，英国交通警察将通过加强操作和组织能力，进一步提高自己的名誉声望。乘客和铁路行业将会得到更好的服务，取得这样的成绩将以警务服务现代化为基础。英国交通警察应牢记，要从合作伙伴、利益相关方和旅游公众的角度提供多样化的警务服务，成为铁路大家庭值得信任的一员。

四、2008—2011 年战略计划

1. 内部环境

绩效管理

继续保持各警区英国交通警察的工作表现达到高标准要求，这一点非常重要。有效确保英国交通警察总部各部门认真负责也至关重要。为使英国交通警察总部各部门负起责任来，将对总部所有部门的主要绩效指标实现情况进行监控，这是英国交通警察局严格绩效管理工作的一个组成部分。

英国交通警察将继续针对每个地区的特点，为每个地区量身定制规划，并将使用新的任务分派机制，加强对英国交通警察整体表现的监督，改善整体表现的外部影响。英国交通警察管理局和英国交通部在监督英国交通警察的工作和确保英国交通警察管理局局长尽职尽责方面起到很关键的作用，这也是法律所赋予的职责。

人才培养

英国交通警察致力于为希望发展自己事业的警察和警务人员提供发展机会。鉴于英国交通警察对员工的支出占到总支出的75%。未来三年，英国交通警察从其员工中获得最大的创新和动力将尤为重要。英国交通警察将定期关注所有员工的学习需求，通过确定清晰的目标和目标实现途径满足这些需求。英国交通警察将致力于打造领导与员工一起工作的文化，要求领导及时了解每位员工的学习需求，这项工作将作为一项日常工作计入年终考核。

加强管控

英国交通警察局进行重大资金投入后，应在接下来的时间里，充分利用现有的各种有形资产，这一点很重要。对实际资产的管控环境正在改善，英国交通警察局已经着手制定和实施效率评估项目（ERP）。此项效率评估项目首要关注的就是能够为一线提供更多的资源，例如，为英国交通警察各警区增加更多的邻里警务工作小组（NPT）等。今后，此项目将被发展成名为"一线优先计划"的工作项目。"一线优先计划"将包括和考虑目前所从事的全部活动，从而为寻求进一步提高英国交通警察工作效率提供支持，这些项目涉及人力资源、信息和通信技术、财务、采购、车队、地产、媒体和通信、战略发展和基于各警区的战略评估。

新技术的引进，如基于全球定位系统的无线电技术，以及集中化的值勤管理体制，为英国交通警察局创造了机会，从而更加有效地掌握和管理工作人员的使用情况。

让英国交通警察局员工拥有最有效的方法和技术，帮助他们管理工作中所使用的信息，这非常重要。通过实施信息管理战略可以做到这一点，信息管理战略可以指导最相关领域的活动。

英国交通警察局一度忽视了为基础设施提供支持，在经历了这样一段时间后，目前英国交通警察局调整了政策，加强这方面的执行力度，以便让最佳实践做法得以更加广泛的应用，让组织通过查找薄弱环节降低工作风险。

构建伙伴关系

伙伴关系、共同的理想、相互信任和相互尊重将为成功实施本计划提供支持，英国交通警察局将努力保持警察与辅助人员、一线团队和支持团队的高效协作关系。与所有的利益相关方构建一流的伙伴关系也是必要的，构建良好的伙伴关系的基础是要有良好的组织结构和科学的工作程序。所涉及的利益相关方包括：乘客、铁路员工、地方当局、具有拥有权的集团、英国交通部和其他警察局。鉴于同铁路行业的良好关系是实现成功的关键，英国交通警察和英国交通警察管理局将继续努力，与铁路行业各界一起努力推进"共同工作组"构想的实现。

2. 外部环境

铁路乘客数量的增长预期

乘客数量在加速增长。2006 年，全国铁路网乘客总人数自 1961 年以来首次突破 10 万人次。预计，乘客数量将持续增加，铁路基础设施规模将继续扩大。政府白皮书《实现铁路的持续发展》预测，到 2014 年，乘客数量将增加 22.5%。不过，根据过去两年的增长速度计算（过去两年的增长率是 6% － 7%），这还是一个保守的预测。因此，2008—2011 年，英国交通警察在执法环境方面将面临重大挑战。

乘客数量增长与犯罪情况之间的关系很复杂，不过，一个更加拥挤的铁路环境必然会引发乘客之间、乘客与铁路工作人员之间更多的冲突。曾有人做过全面的学术调查，结果表明，乘客越是携带有吸引力的个人消费品（如 MP3 和手机），遭遇偷盗和抢劫的可能性就越大。

新的铁路基础设施

在本战略计划执行期间及执行结束后，英国交通部、苏格兰交通部、网络铁路公司和运营商将加大对提高铁路网络能力的投资，包括：新增 1300 多个火车车厢，改进泰晤士连线，升级供电，升级仓库设备，扩建伯明翰和雷丁的主要车站，开启苏格兰新线路，延长站台。

英国交通部也表示，打算在本地区投资 1.5 亿英镑用于中小型车站的翻新，英国交通警察将联系相关合作伙伴，确保英国交通警察在翻新项目中（尤其是在预防犯罪的设计和促进执行警务方面）扮演重要角色。英国交通警察的地产应符合选址要求和对警察职责的要求，这些要求包括提供充足的拘留室，以便容纳更多的被缉捕人员。当开始新的建设项目时，应考虑如何确保英国交通警察能够提供最有效的警务服务，并且应为此提供最合适的设施。

2007 年 11 月，英法海底铁路隧道项目（CTRL）开启了从伦敦途经肯特到达英伦海峡海底隧道的高速铁路。圣潘克勒斯的英国铁路警察将同移民机构和情报机构密切合作。位于肯特的艾贝斯费特国际车展将新增 9000 个停车换乘车位。对英国交通警察来说，这将是一个巨大挑战。其中，这些挑战包括防止盗窃机动车和从机动车上进行盗窃。

铁路基础设施的不断扩大和世界范围内不断出现的铜短缺将使目前频发的光缆盗窃更加猖獗，盗窃光缆很可能仍将是业界的一个主要挑战和英国交通警察在本战略计划执行期间的一个主要挑战。

恐怖分子所构成的持续威胁

对英国交通警察而言，恐怖分子对铁路基础设施的持续威胁是一个长期性的问题。在全国范围内，警察仍将继续同安全部门合作，共同在反恐领域发挥重要作用。英国交通警察所进行的反恐工作仍将是应对目前交通系统所面临的恐怖袭击的工作的重要组成部分。铁路已经成为并将保持作为恐怖分子对交通系统垂涎的攻击目标，我们未来的警务工作也将体现这一点。英国交通警察同当地恢复力论坛继续紧密合作，在风险评估的基础上共同制定应急方案和业务连续性方案。

大型活动的警务保障：2012 伦敦奥运会

2012 年夏天，世界的目光将聚焦到伦敦，关注在伦敦举办的奥运会和残奥会。在这期间，如何向使用公共交通的公众提供平安、安全的铁路环境，是英国警察将面临的巨大挑战。因此，需要明确将面临哪些挑战并且制订相应的应对计划。

在本计划执行期间，管理从现在到奥运会期间出现的各种需求将是英国交通警察的首要工作之一。交通基础设施的安全可靠对奥运会的成功至关重要。目前，我们已经与大都市警察厅、各警察局、2012 年伦敦奥运会交付管理局、交通安全局、伦敦交通局、伦敦地铁和铁路行业一起，共同制订伦敦奥运会安全保障计划。

英国经济增长给人们打发休闲时光带来了很大的影响，比如，新开张的伦敦温布利大球场和新翻修的伦敦氧气剧院就是两个典型的例子。这种休闲场所将吸引大量的休闲人群，给本来就已经非常拥挤的交通基础设施造成更大压力。

更广泛的警务工作

为了确保英国交通警察局能够以一种有效的方式管理英国铁路，英国交通警察局与英国内政部和苏格兰警察部门一起，加强与刑事司法系统其他部门在重大问题上的沟通合作。因此，英国交通警察必须参加更多的警务工作，成为更广泛警务工作日程安排的参与方。

许多新情况都使英国交通警察为铁路提供专业警务服务的工作环境更加复杂，诸如：公众对暴力和扰乱社会秩序现象的担忧日益增加，类似《公司过失杀人法案》这样的法律的出台，政府在刑事司法体制下确定的新目标，以及新出现的有关地方主义、资源管理、官僚作风、协作、保护性服务和边境管理的警务工作安排等。

五、主要战略目标

我们通过附录 A 列出的交付计划及年度警务计划列出的行动目标来实现预定的战略目标。每年我们都会与利益相关方进行沟通，对这些战略目标进行更新。

2008—2009 年度重要工作目标包括：

减少犯罪和扰乱社会秩序：

- 犯罪通知案件至少要降低 2%；
- 犯罪通知案件的破案率至少要提高 1%；

- 减少工作人员遭袭击的次数；
- 同地铁业界配合，减少事件高发地点扰乱社会秩序的犯罪。

保护地铁经济：

- 使与盗窃光缆有关的犯罪至少要降低 5%；
- 提高铁路沿线刑事犯罪案件的破案数量；
- 在收到"警务计划"中规定的致命事故后，在平均 90 分钟内完成影响铁路正常运营的警务活动。

提高效率，加强能力建设：

- 通过一线优先项目重新组合资源，最高效地实现战略目标；
- 本计划执行期间，在维持警务服务水平的同时，比照零售价格指数（RPI）每年提高向铁路运营公司收取警务服务费用；
- 本计划执行期间，通过一线优先项目，是用于提高效率的投入资金节余至少达到 6%。

向铁路社区提供更好的服务：

- 关于履行"国家服务质量承诺"的满意度，要实现此目标：让全体受害人当中有 80% 受害人感到满意；
- 实现控制室反应时间目标；
- 实现雇员多元化的目标和不断进步的目标。

六、与中期财务战略的联系

近期，英国交通警察的财务发展经历了两个截然不同的阶段：一个阶段是从 20 世纪 90 年代至 21 世纪早期，这个阶段投资不足，拨款预算减少；另一阶段是在最近，英国交通警察局实施重大投资项目，解决历史遗留问题。

尽管一部分投资用来填补养老金缺口，偿还增值税（VAT）债务，但是绝大部分投资用于大力提高警务工作效率，满足不断增长的工作需求，比如，改善和提高住宿及工作场所条件，深入推行邻里警务工作小组工作，改进技术系统等。鉴于英国交通警察已经进入了一个新的发展时期，并且随着零售价格指数的变化向警察服务协议（PSA）持有人收取警务服务费用，在下一个时期，英国交通警察最关注的一项内容是如何确保所投入的资金能够带来所期望的效果。

为了成功实施本战略计划，英国交通警察应确保有 6% 的资金节余，从而能够进行再投资，以满足不断增长的需求，继续推进警务现代化建设。这给英国交通警察局和英国交通警察管理局带来的是一个极具挑战的局面，需要通过一线优先项目进行监督和管控。

七、风险

财务战略面临三大风险：

- 恐怖主义持续威胁的风险和未来发生事故的风险，为应对这两项风险的支出庞大，可能会影响战略计划的实施。

●计划执行期间应对铁路行业发展的能力。目前，英国铁路业年增长率为6%~7%，乘客增长率和铁路增长率可能会达到25%，面对这些需求的增长，英国交通警察很可能难以提供同样水准的服务。

●股票市场和养老基金的关系。这个关系会导致雇主和雇员在分担额水平方面的变化，从而影响英国交通警察所承继的养老基金数量。

英国交通警察局正在努力降低这些风险，一方面让政府承担在打击恐怖主义方面的责任；另一方面，每年都要对后两种风险相关的情况，对视情变化的三年财务计划进行调整。

其他重大风险包括：

●电话处置项目的交付；

●对同酬审计结果的管理；

●英国交通警察缺少足够的羁押场所；

●确保英国交通警察局对人员加入和退出交通警察局的掌控能力，这是因为，英国交通警察局、英国内政部和苏格兰警察部门对于养老金的安排各不相同；

●政府不再为法庭科学基金拨款；

●未能实现政府制定的有关长期以来困扰社会的青少年犯罪问题的目标。

英国交通警察已制订了减轻上述风险的计划，但是每一项计划的实现都会使英国交通警察面临更大的财政压力。

附录　交付计划

减少犯罪维护社会秩序的计划

		2008—2009	2009—2010	2010—2011
绩效				
CD1	同铁路行业和其他利益相关方合作，制定减少犯罪的战略，以维护社会秩序稳定、应对针对铁路员工和乘客发起的攻击（ACC 犯罪）。	●	●	●
CD2	加强情报的收集、开发和传递工作，以破获构成危害风险的有组织犯罪集团，加强伦敦的情报合作工作（ACC 犯罪）。	●		
CD3	加强对足球赛事扰乱社会治安、事件管理和其他刑事犯罪方面的情报收集、研究和传递工作（ACC 犯罪）。	●		
CD4	根据实际需要，将英国交通警察社区警务模式引入服务中（ACC 行动）。	●		
CD5	最大程度地利用足球禁令的规定（ACC 行动）。	●	●	●
CD6	最有效地利用管理信息（包括通过开发一个安全的外联网门户与对犯罪和事故定期进行分析），以减少犯罪和减少对铁路环境中出现的犯罪的担忧（ACC 犯罪）。	●	●	
CD7	支持专门项目组开发、领导闭路电视覆盖全国的项目，以确保全国所有的铁路运输业的所有的闭路电视都被连接起来，符合全国标准，支持内政部全国闭路电视战略（ACC 犯罪）。	●	●	●
CD8	通过提高调查质量和提高向皇家检察署递交的文件的质量，提高起诉案件的成功数量。	●	●	●
CD9	推广积极的羁押政策（由副局长负责）。	●	●	●
CD10	确保英国交通警察有足够的能力处理严重的、有组织的犯罪和重大犯罪（ACC 犯罪）。	●	●	●
CD11	在广义刑事司法系统引进一个犯罪司法表现体系和标准操作程序，以评估英国交通警察对其合作伙伴的表现（ACC 犯罪）。	●		
CD12	最好地利用警务科技，使更多的犯罪分子绳之以法（ACC 犯罪）。	●	●	●

减少犯罪维护社会秩序的计划

人				
CD13	确保英国交通警察有足够的能力和充足的专业知识打击犯罪、维护公共安全，包括为 2012 年奥运会和残奥会打击犯罪、维护安全（由人力资源局局长负责）。	●	●	●
CD14	确保我们的员工在执行任务时有相应的设备（ACC 伦敦和 2012 年奥运会）。	●	●	
CD15	确定和定义对一线员工行动培训的要求，以使他们能够发现犯罪、防止犯罪、防止危害社会秩序行为的发生（ACC 犯罪）。	●	●	●
控制				
CD16	根据英国交通警察反社会行为战略的要求，对身着制服的巡警在控制犯罪和应对反社会行为方面制定要求（ACC 行动）。	●	●	●
CD17	为重大事件和定期体育赛事制订计划，以管理风险，合理利用资源（ACC 行动）。	●	●	●
CD18	执行一个高效的巡逻战略（ACC 行动）。	●		
CD19	审核看守设备，包括设备的容纳能力和设备性能，以确保符合《更安全地看管和处置拘留人员指导手册》和符合行动要求（ACC 犯罪）。	●	●	
CD20	开发更有效的通告模式和通告程序，以提高对一线员工进行信息通报的质量（ACC 行动）。	●		
CD21	进一步开发犯罪记录系统（英文缩写：CRIME）与警察行动信息和任务部署系统（POINTS），以改善对犯罪的管理和调查（ACC 犯罪）。	●	●	
关系				
CD22	在合作框架内同业界和乘客合作，并且根据实际情况提供以下链接：减少犯罪和维护社会秩序伙伴关系、本地区协议、政府部门区域（ACC 行动）。	●	●	●

减少犯罪维护社会秩序的计划

CD23	继续参与苏格兰警察局局长协会工作，尤其是参与犯罪和行动警区工作，确保英国交通警察（苏格兰）全面参与实现减少犯罪和减少社会动荡工作，以免犯罪和社会动荡影响苏格兰警察服务质量（ACC 苏格兰）。	●		
CD24	加强与铁路方面的合作伙伴和主要利益相关方合作，发起共同解决问题的倡议，解决犯罪和社会秩序动荡的问题，使铁路工作人员、地铁工作人员、铁路乘客、地铁乘客感到更加安全。（ACC 行动）	●	●	●
CD25	通过实施共同控制战略，支持网络铁路公司发挥作用，确保道口的使用安全。（ACC 行动）	●	●	●

保护地铁经济的计划

		2008—2009	2009—2010	2010—2011
业绩				
PR1	在整个铁路系统打击盗窃光缆的行为（ACC 犯罪）。	●	●	●
PR2	采取更加有效的措施调查乱涂乱画行为，并做出惩罚（ACC 犯罪）。	●		
PR3	在发生死亡事故后，加强应急能力，把不良影响降到最低，把可能对他人造成的风险降到最低（ACC 行动）。	●	●	●
PR4	同业界和其他机构合作，加强英国交通警察在地铁事故和铁路事故发生后的应对能力（ACC 行动）。	●	●	●
PR5	加强对重大事件的调查能力，以扩大成果、节省时间（ACC 犯罪）。	●	●	●
PR6	在《政府反恐战略》总体框架下，同合作机构配合，审核行动预警，加大阻止恐怖活动和扰乱恐怖活动的力度（ACC 行动）。	●	●	●
PR7	保持对疑似恐怖事件、疑似恐怖威胁、恐怖事件和恐怖威胁的有效应对（ACC 行动）。	●	●	●

保护地铁经济的计划

PR8	确保英国交通警察在英国区域反恐系统中有效行动（ACC行动）。	●	●	●
PR9	同苏格兰警察局局长协会反恐小分队和苏格兰卫队合作，确保全国反恐战略相互协调，使苏格兰的警察工作和英国其他地区的警察工作相衔接（ACC苏格兰）。	●	●	●
人				
PR10	组建奥运会项目工作组，保证英国交通警察有资金、有能力确保2012年奥运会和残奥会顺利进行（ACC伦敦和2012年奥运会）。	●		
控制				
PR11	确保斯特拉特福德有充足的英国交通警察，以满足奥运会的各种需求和奥运会使用基础设施的各项需求（ACC伦敦和2012年奥运会）。	●	●	●
关系				
PR12	同英国高速铁路CTRL利益相关方合作，以创建一个安全的环境（ACC伦敦和2012年奥运会）。	●	●	●
PR13	同业界合作，保护基础设施，以防止在线路沿线的犯罪和扰乱秩序的行为（ACC行动）。	●	●	●
PR14	同苏格兰行政院、苏格兰交通局、苏格兰警察协会和业界合作，确保英国交通警察（苏格兰）能够应对由苏格兰铁路不断扩张所造成的挑战（ACC苏格兰）。	●	●	●
PR15	通过苏格兰警察局局长协会媒体小组，代表苏格兰警察继续领导与企业之间进行的沟通。针对影响苏格兰英国交通警察和利益相关方的重大警察事件制定一个凝聚各方的媒体战略（ACC苏格兰）。	●	●	●
PR16	同威尔士国民议会、威尔士警察局和威尔士铁路业合作，确保英国交通警察（威尔士地区和西部地区）有能力应对由威尔士铁路系统扩张所带来的挑战（ACC行动）。	●	●	●

提高效率　加强能力的计划

		2008—2009	2009—2010	2010—2011
业绩				
CC1	继续推广和加强移动数据在员工中的使用，以减少官僚作风，增强铁路和地铁工作的透明度，提高一线员工的效率（ACC 犯罪）。	●	●	●
CC2	确保英国交通警察警务战略互通有无、能够利用英国交通警察大家庭的资源，以实现利益最大化（ACC 行动）。	●	●	●
CC3	坚持执行严格的业绩监督体系，以使所有员工对自己的工作负责，以合理处理业绩不佳的情况，以承认并奖赏业绩优秀者（由副局长负责）。	●	●	●
CC4	继续推行英国交通警察的监督机制，继续在全英国交通警察中推广最优做法（由副局长负责）。	●	●	●
CC5	使所有员工的病假时间降低至每位员工平均 8 天（由人力资源处处长负责）。	●	●	●
CC6	同其他机构合作，推广公共财物和会计注册事务所的财务管理模式，概括财务管理的优势和劣势，概括英国交通警察财务管理的主要模式；为确保这种管理模式支持机构的战略目标，在必要的时候修改该模式（由财务和企业服务部部长负责）。	●	●	
CC7	执行新的案例管理、拘留系统，并将该系统纳入广义刑事司法系统（ACC 犯罪）。	●	●	
人				
CC8	通过吸收新员工和帮助英国交通警察目前员工发展提高英国交通警察的领导能力（由人力资源处处长负责）。	●	●	●
CC9	通过答复员工在调查中所提出重要问题实现增值，提高员工业绩（由人力资源处处长负责）。	●	●	
控制				
CC10	实施一线效率评估项目，以向一线提供更多资源包括向英国交通警察各警区提供更多邻里警务工作小组（由副局长负责）。	●	●	●

提高效率　加强能力的计划

CC11	核对和证实英国交通警察所提高的效率（由副局长负责）。	●	●	●
CC12	确保及时反馈从职业标准调查中总结的教训，并吸取这些教训（由副局长负责）。	●	●	●
CC13	执行《泰勒报告》中的建议，以提供一个均衡、公平、有效的调查，提供处理行为和投诉的程序，增强在公众和员工中的公信力（由副局长负责）。	●		
CC14	加强对英国交通警察政策和程序的遵守（由副局长负责）。	●	●	●
CC15	改善采购，使资金作用最大化（由财务和公司服务处处长负责）。	●		
CC16	确保资源满足需求和风险，以实现一线警务可用资源效率最大化（ACC行动）。	●	●	●
CC17	通过整合人力资源、职责管理、指挥和控制、工资等技术系统，改善对资源的规划和利用（ACC行动）。	●	●	
CC18	加强英国交通警察的风险管理程序，以使英国交通警察为未来挑战和机遇作好充足准备（由财务和公司服务处处长负责）。	●		
CC19	确保英国交通警察的所有项目得到合理管理，以使这些项目提供最佳价值，改善我们的工作（由副局长负责）。	●	●	●
CC20	加强财务控制，遵守根据英国交通警察内部审计员和外聘审计员所提建议而制定的监管标准（由财务和公司服务处处长负责）。	●		
CC21	改善英国交通警察的财务管理系统和规划程序（由财务和公司服务处处长负责）。	●	●	
CC22	分析对英国交通警察所做的警告，确保教训得以吸收，预防措施或确保风险最小化的战略已被考虑并被遵守（由财务和公司服务处处长负责）。	●	●	●

提高效率　加强能力的计划

CC23	审核泄露信息，维持合理的风险财务和转移安排，以使事件的财务影响最小化，最大限度地防止事件恶化，因为事件恶化可能会威胁英国交通警察的行动业绩或财务稳健（由财务和公司服务处处长负责）。	●	●	●
CC24	审核和评估英国交通警察谅解备忘录中的发现，并把英国交通警察作为非政府部门的公共机构进行审核评估（由财务和公司服务处处长负责）		●	
CC25	根据财务战略制订中期员工计划（由人力资源处处长负责）。	●	●	●
CC26	改善人力数据，连接人力资源各部门的所有人力数据系统，以管理员工（由人力资源处处长负责）。	●	●	●
CC27	在人力资源部提高指定工作的效率（由人力资源处处长负责）。	●	●	●
CC28	审核英国交通警察的工资结构，并在未来两年执行各项审核结果，以吸引和挽留人才（由人力资源处处长负责）。	●		
CC29	审核所有的员工合同，以确保这些合同遵守英国交通警察的行动要求，这些要求包括了经过协商后而进行修订的条款和条件（由人力资源处处长负责）。	●	●	
CC30	提高技术基础设施的恢复能力和使用能力（包括在应用管理方面使用更加一致的手段和考虑使用视频电话），以使服务更加高效（由人力资源处处长负责）。	●	●	
CC31	确保英国交通警察有效使用全美警用无线通信系统和警用国家安全电脑系统，以使用最少的花费取得最大的行动成果（ACC行动）。	●	●	
CC32	确保英国交通警察的信息管理战略遵守警察信息管理要求，在信息、信息系统和信息技术方面采取协调一致的方法（由副局长负责）。	●	●	
CC33	提高英国交通警察的数据质量，尤其强调"第一次就弄对"的做法（由副局长负责）。	●	●	●

提高效率　加强能力的计划

CC34	确保在英国交通警察内部达到"影响"指标（ACC犯罪）。	●	●	
CC35	改善英国交通警察的资产状况，以确保这些资产符合法律对员工和对需要英国交通警察提供服务者的要求（由财务和公司服务处处长负责）。	●	●	
CC36	改善对英国交通警察车队的管理和使用（由财务和公司服务处处长负责）。	●	●	
关系				
CC37	同苏格兰警察服务管理局保持密切联系，以确定那些措施为最得力的措施，以充分利用提高的效率（ACC苏格兰）。	●	●	●

向乘客和铁路社区提供更好服务的计划

		2008—2009	2009—2010	2010—2011
业绩				
SP1	根据《受害人行为守则和证人章程》联系所有受害人和目击证人保护目标，以确保英国交通警察提供的服务能够关注犯罪受害者的需求（ACC犯罪）。	●	●	●
SP2	提供符合英国交通警察根据《国家服务质量承诺》所做出的以民为本的警务服务承诺（由副局长负责）。	●	●	●
SP3	通过使用新的控制室和经过改进的即时通信管理，通过电话处理和接触管理，改善通信和应对，以向每一位需要帮助的个人提供更好的服务（ACC行动）。	●	●	
SP4	确保在英国交通警察内完成全英警用无线通信系统的覆盖（ACC苏格兰）。	●	●	●
人				
SP5	招募、挽留和培训能够更好地体现英国交通警察所服务的社区的多样化的劳动力（由人力资源处处长负责）。	●	●	●

向乘客和铁路社区提供更好服务的计划

关系				
SP6	确保英国交通警察了解旅客所关注的问题，并且能够做出回应（由副局长负责）。	●	●	●
SP7	努力加强政府部门的参与，尤其是英国交通部和内政部的参与，以加强对英国交通警察工作的理解和支持（由副局长负责）。	●		

澳大利亚联邦与各州关于地面交通
安全的政府间协议

（2005 年 6 月 3 日签订，摘译）

1. 背景（略）

2. 目标

2.1　承认：

（a）地面交通系统是恐怖主义活动或其他非法行为的潜在目标，因为：

• 大量民众会以可预见的方式聚集；

• 车辆可被用作武器或用来运输武器；

• 货物或原料由地面交通系统运输，而其可能会引起大范围的损害，并因此可能会成为恐怖主义分子的目标。

（b）对地面交通系统进行恐怖袭击，会导致大量人员伤亡，并对澳大利亚社会和利益产生重大经济、政治影响。

2.2　本协议旨在通过下列措施，保护社会和地面交通系统：

（a）降低地面交通系统成为恐怖主义或其他安全威胁目标的可能性；

（b）在地面交通系统加强实施全国一致性的保护性安全规划和预防措施；

（c）帮助全澳大利亚的地面交通部门在被要求时，能一致、高效地提升到较高警报级别。

3. 协议

各方同意以下事项：

目的

3.1　本协议的目的，是使澳大利亚各政府间的地面交通安全防范合作具有书面形式，并提供一种机制：

（a）使针对地面交通安全的全国一致性方法能够降低澳大利亚地面交通发生恐怖主义行为的可能性；

（b）以较低的安全准备级别将恐怖主义活动从一州转移至另一州的可能性降至最低；

（c）在全澳大利亚范围内，有效利用材料、专家和信息；

（d）能够向全澳大利亚地面交通运营商提供普遍适用的框架；

（e）确保因不同模式和管辖区之间的差异引起的不同安全要求对贸易和旅客

运输造成的干扰最小；

（f）确保公众及运营商对全国一致性地面交通安全系统的信心最大化；

（g）帮助投资者保持对地面交通系统安全的信心。

职责

3.2　承认地面交通的主要职责在于州及地区，各方当事人认可下列职责：

联邦

3.2.1　联邦将：

（a）提供战略领导与指导，并与各州和地区合作，制定地面交通安全防范的全国性方法；

（b）与各州及地区政府、私营地面交通运营商合作，制定指南及其他文件，帮助实施全国一致的地面交通安全预防措施；

（c）与国家交通产业机构合作，确保国家交通安全措施根据国家产业远景而制定，并接受产业决定者的合理关注；

（d）在与州及地区政府官员磋商后，支持依重要基础设施保护措施而设立的交通部门论坛，允许交通所有人与运营商之间的信息共享；

（e）对联邦所有的地面交通服务而言，为与《保护重要基础设施免受恐怖主义攻击国家指南》一致，联邦政府应确保采取下列措施：

●根据"标准澳大利亚"制定的已获认证的风险管理标准进行安全风险评估；

●在制订安全计划时已纳入与四级"国家反恐警报"（低、中、高、极度）相适应的措施；

●已实施适当的预防性安全措施，并已经过测试、审查，且定期更新。

（f）就情报及相关信息而言：

●向各州、地区传达相关情报（包括战略威胁评估以及其他地面交通安全信息）；

●与州及地区官员合作，沟通战略威胁评估材料及其适用于地面交通业的政策与规划；

（g）就与事件有关的信息、可疑活动，或者有助于发展地面交通安全情报的相关信息向州、地区政府提供建议；

（h）依据《国家反恐计划》确保联邦响应协议有效，持续开展或参与包括地面交通安全脚本在内的演习。

各州及首都地区

3.2.2　各州及首都地区将：

（a）提供领导以及整个政府的合作，制定、实施全国一致的方式，实现管辖区内的预防性地面交通安全。

（b）决定与安全相关的地面交通操作，并考虑从联邦、州、地区政府当局获得的情报以及相关风险评估；

（c）确保在其管辖区内与安全相关的地面交通运营商采取适当措施，例如：

● 依据"标准澳大利亚"制定的经认证的风险管理模式进行安全风险评估；

● 制订的安全计划纳入了与四级"国家反恐警报"（低、中、高、极度）相适应的措施；

● 实施预防性安全措施，并定期审查。

（d）确保适当的协议有效，以便对与安全相关的地面交通操作安全计划进行评估和审计；

（e）向地面交通运营商提供安全指南和教育材料；

（f）使地面交通运营商能够获得指南材料，帮助实施一致的地面交通预防性安全措施；

（g）向其管辖区内的地面交通运营商传达相关情报及地面交通安全信息；

（h）确保适当的事件及可疑活动报告协议有效；

（i）确保依据《国家反恐计划》，州及地区政府的响应协议有效，持续开展或参与包括地面交通安全脚本在内的演习。

全国合作及责任

3.3.1　主管部长将每半年或视需要报告其各自领域内与地面交通安全相关的发展情况。

3.3.2　通过澳大利亚交通委员会，交通部长将：

（a）维护《国家交通安全战略》以及地面交通安全的每年工作计划；

（b）在委员会根据《部长委员会运行总协议》向澳大利亚政府委员会作年度报告时，报告工作计划的进展情况。

3.3.3　就工作计划而言，最优先事项包括市区公共客运地面交通和危险物品运输。

跨辖区地面交通运行

3.4.1　各方将合作制定、实施战略，提出与安全相关的跨辖区边界的地面交通运行安全措施；

3.4.2　该战略将包括协商一致的方法，以判定跨辖区边界的与安全相关的地面交通运行。

法律安排

3.5　各方将审查其立法安排，以核实这些立法足以支持其立法目的。

财政安排

3.6　各方一致认为，尽管政府在地面交通系统保护方面负有职责，但地面交通系统安全问题本质上却是地面交通运营商根据安全风险评估所了解的情况，解决其资产安全和业务持续性的问题，是相关企业责任与良好治理能力的体现。

……

4. 解释

定义

与安全相关的地面交通运营：被判定具有高度风险，可能成为恐怖主义活动目标的地面交通运营。

地面交通：与利用铁路、公路、水上船只运送人员、货物相关的活动或系统。水上船只仅限于不在《2003 年海事交通安全法》适用范围内的船只。

……

澳大利亚北部地区 2008 年 公共交通（乘客安全）法

（2008 年 7 月 18 日生效，摘译）

第一部分 前言

第 1 条 简称（略）

第 2 条 生效时间（略）

第 3 条 定义

本法中：

公共汽车站点包括：

（a）公共汽车车站；

（b）公共汽车换乘站；

（c）公共汽车停靠区。

公共汽车停靠区：标有公共汽车停靠区标志的一段道路。

行为守则：根据主任依第 5 条发布的一般命令而制定的交通执法员行为守则。

危险药物：参见《滥用药物法》。

主任：根据《交通法》掌管或代为掌管交通主任办公室的人。

导致取消资格的犯罪：条例将其归为可以导致某项资格被取消的犯罪。

依职权交通执法员：根据第 7 条成为交通执法员的人（例如，因该人是一名警察、检查员或公共汽车司机，且并非因为其被指定为交通执法员）。

快速搜身：从外部摸索衣服，以寻找隐藏在衣服里或者在衣服之下的物品，但不包括搜查任何人体腔孔。

检查员：根据《商业乘客（道路）交通法》第 9 部分任命的检查员［根据该法，商业乘客（道路）交通主任可以书面形式任命某人为检查员，其职责由该主任决定。警察为检查员。译者注］。

值得逮捕的犯罪：参见第 4 部分。

相关犯罪：在公共汽车上或者公共汽车车站实施的犯罪。

固定运行路线：根据特定时刻表的既定路线提供的公共汽车服务。

行为规则：第 13 条至第 21 条的任何规定。

第 4 条　值得逮捕的犯罪

（1）下列犯罪如果在公共汽车内或者公共汽车车站实施，即为值得逮捕的犯罪：

（a）违反《简易程序犯罪法》第 47 条（攻击性行为）、第 47AA 条（暴力骚乱）、第 47A 条（街头滞留罪）或者第 50 条（有伤风化罪）规定的犯罪；

（b）违反《非法侵入法》第 5、7 或者 8 条的犯罪（该法第 5、7、8 条分别为非法侵入建筑物、指示离开后仍非法侵入、警告远离后仍非法侵入。译者注）；

（c）违反《刑法典》涉及攻击的犯罪；

（d）违反《刑法典》（刑事损害）第 251 条的犯罪。

（2）下列违反本法的犯罪亦是值得逮捕的犯罪：

（a）违反第 24 条第（3）、（4）项，第 26 条第（4）项，第 32 条，第 33 条的犯罪；

（b）由违反行为规则组成的犯罪，前提是在交通执法员已经警告该违法者实施或者继续该犯罪可能会招致逮捕后仍实施或者继续该犯罪。

第 5 条　一般命令

主任可以以政府公报通知的形式，为下列任一目的发布一般命令：

（a）为交通执法员制定恰当的行为标准；

（b）为实施本法相关的其他目的。

注释：

交通执法员行为守则应根据本条发布的一般命令制定。

第二部分　交通执法员

第 6 条　交通执法员的任命

（1）主任可以任命交通执法员。

（2）除非该人符合下列条件，否则其不适于被任命为交通执法员：

（a）已经适当培训，以便根据本法行使交通执法员的权力；

（b）已顺利完成交通执法员培训，且在公司中将只行使交通执法员权力，并接受已完成此类培训的交通执法员的直接监督。

（3）如果该人曾因一项取消资格犯罪被定罪，则其不适于被任命为交通执法员。

（4）根据本条任命的交通执法员，是为《公共部门录用与管理法》目的雇用的职员，并根据该法履行职责。

（5）尽管《犯罪记录（失效定罪）法》和《反歧视法》有其他规定：

（a）申请被任命为交通执法员的人必须授权主任可以向警察机关委员会获得一份包括失效判决在内的犯罪记录；

（b）主任在决定该申请时可以将该犯罪记录（包括失效判决）考虑在内；

（c）如果申请成功，主任可以在成功申请者担任交通执法员期间保留犯罪记录。

第 7 条　依职权交通执法员

（1）下列人员均因其职务或者职位而成为交通执法员：

（a）警察；

（b）检查员；

（c）公共汽车司机。

（2）然而：

（a）检查员或者公共汽车司机未被授权行使交通执法员的拘捕权、搜查权或者对他人使用武力的权力；

（b）如果其权力被中止，则该人未被授权行使依职权交通执法员的权力；

（c）担任第（1）款提及的职务或者职位的人，如果丧失行使交通执法员权力的资格，则不是依职权交通执法员。

第 8 条　身份卡

（1）主任必须向每名交通执法员颁发身份卡（依职权交通执法员除外）。

（2）身份卡必须包含：

（a）该执法员照片；

（b）该执法员姓名；

（c）说明其姓名和照片出现在证件上的人是交通执法员；

（d）该执法员的身份号；

（e）说明该证件依主任职权颁发。

（3）根据本条向其颁发身份卡的人，必须在停止担任交通执法员后 14 天之内将该身份卡返还主任。

归责原则：这是一项严格责任犯罪。

最高处罚：20 惩罚单位。

第 9 条　与身份卡相关的义务

（1）交通执法员（依职权交通执法员除外）不得行使本法下的权力，除非该交通执法员持有根据本法颁发的身份卡。

（2）根据本法对某人行使权力之前，交通执法员必须在实际可行的情况下，出示身份卡以对该人进行检查（但是只需出示一次，即使对该人行使了 2 项或更多的权力）。

（3）如果根据本法，交通执法员在提出要求时应向该人出示身份卡而未按照第（2）款的规定向其出示，则构成指控该人未遵守规定的抗辩。

第 10 条　取消资格犯罪

（1）如果交通执法员被指控或者被证明犯有取消资格犯罪，则该交通执法员必须在实际可行的情况下，尽可能快地将事实报告主任。

归责原则：这是一项严格责任犯罪。

最高处罚：100 惩罚单位。

（2）如果交通执法员被控告犯有一项取消资格犯罪，主任可以：

（a）中止该交通执法员执行职务，直至该指控已经由法院处理；

（b）就依职权交通执法员而言——中止该执法员本法下的权力，直至该指控已经由法院处理。

（3）如果交通执法员因取消资格犯罪被定罪，主任必须：

（a）撤回该执法员作为交通执法员的任命；

（b）就依职权交通执法员而言，使该人丧失行使交通执法员的权力。

第 11 条　行为守则

（1）交通执法员不得违反行为守则。

（2）如果根据本法任命的交通执法员违反行为守则，则可以作为违反《公共部门录用和管理法》纪律的行为处理。

（3）如果依职权交通执法员违反行为守则，则主任可以取消该人行使交通执法员权力的资格。

第 12 条　交通执法员豁免

（1）交通执法员为善意行使或声称行使本法规定的权力或职能而实施的作为或不作为，不产生任何民事或者刑事责任。

（2）归于交通执法员的责任，若非第（1）款情形，应当做该地区的责任。

第三部分　行为规则

第 13 条　动物

（1）任何人不得携带动物乘坐公共汽车。

（2）然而，丧失视力或听力需要导盲犬或助听犬帮助的人，可以携带此类犬只乘坐公共汽车。

第 14 条　吸烟

任何人不得在以下场所吸烟：

（a）公共汽车内；

（b）密闭或部分密闭的公共汽车车站内或公共汽车车站的一部分（指定为吸烟区的区域除外）。

第 15 条　液体和药物

任何人不得在公共汽车内或公共汽车车站饮酒或服用危险药物。

第 16 条　食用食品

如果公共汽车在固定运行路线运行，任何人不得在公共汽车内食用食品。

第 17 条　损害或者干扰

（1）未经适当授权，任何人不得损害或干扰：

（a）公共汽车；

（b）公共汽车车站；

（c）公共汽车内或公共汽车车站上的指示牌或设备。

（2）本条中，损害包括弄脏、喷涂公共汽车、公共汽车车站、指示牌或设备，或者乱涂乱画。

第 18 条　障碍或者不便

任何人不得在公共汽车内或公共汽车车站对他人造成障碍或者不便。

第 19 条　污言秽语

任何人不得在公共汽车内或公共汽车车站使用污言秽语。

第 20 条　乘客管理

（1）如果交通执法员要求某人离开或远离公共汽车的某部分，而该公共汽车没有计划用于运送乘客，则该人必须立即遵守该要求。

（2）交通执法员合理要求其空出特定座位的人，在合理可行的情况下，必须尽可能快地遵守该要求。

（3）使其身体的任何部分或物品伸出公共汽车外的人，如果交通执法员要求其停止这样做，必须立即遵守该要求。

（4）任何人必须遵守交通执法员作出的关于该人如何上车或下车（以及经由哪个门）的合理指示。

第 21 条　乘客应持有效车票

（1）如果没有覆盖其全部旅程的有效车票，任何人不得作为乘客乘坐在固定运行路线运行的公共汽车。

（2）如果车票污损不再清晰可辨，则不能视为有效车票。

（3）乘坐固定运行路线公共汽车的乘客，如果经交通执法员要求，应出示车票以供检查。

第 22 条　违反行为规则的犯罪

违反行为规则的人构成犯罪。

归责原则：这是一项严格责任犯罪。

最高处罚：20 惩罚单位。

第四部分　交通执法员权力

第 23 条　交通执法员权力的地理范围

交通执法员的权力可在下列地点行使：

（a）在公共汽车内或者在其附近；

（b）在公共汽车车站或者在公共汽车车站附近。

第 24 条　要求说明姓名、住址和出生日期的权力

（1）如果交通执法员有合理依据相信某人具有下列情形之一，其可以要求该人说明其姓名、住址和出生日期：

（a）已经实施、正在实施或者即将实施一项相关犯罪；

（b）能够参与相关犯罪的调查。

（2）交通执法员可以要求根据第（1）款要求其提供详细情况的人，提供身份的具体证据。

（3）任何人不得拒绝或不遵照本条下的要求。

归责原则：这是一项严格责任犯罪。

最高处罚：20 惩罚单位。

（4）任何人不得在回应本条下的要求时提供误导信息或者误导证据。

归责原则：蓄意误导。

最高处罚：100 惩罚单位或者 6 个月监禁。

第 25 条　指示权

（1）如果交通执法员有合理依据相信某人已经实施、正在实施或者即将实施违反行为规则的行为，该交通执法员：

（a）可以指示该人遵守相关方面的行为规则；

（b）给予在此情况下适当的附带指示。

（2）任何人必须遵照根据第（1）款作出的指示。

归责原则：这是一项严格责任犯罪。

最高处罚：20 惩罚单位。

第 26 条　要求任何人下车的权力；如果不遵从，则使用武力迫使其下车的权力

（1）如果任何人在公共汽车内或者公共汽车车站违反交通执法员的指示，该交通执法员：

（a）可以指示该人（视情况而定）：

（ⅰ）下车；

（ⅱ）离开并远离公共汽车车站；

(b) 向该人作出在此情况下适当的附带指示。

示例

交通执法员可以根据第 (1) 款指示该人, 在具体期限内 (不超过24小时), 不要乘坐同一辆或者其他公共汽车, 或者不要返回该公共汽车车站。

(2) 根据第 (1) 款作出的指示, 在实际可行的情况下, 必须以书面形式作出, 但是如果作出书面指示非实际可行, 可以口头作出。

(3) 如果根据第 (1) 款作出下车指示时公共汽车正在运行中, 则该指示要求该人在公共汽车停靠下一车站时下车。

(4) 任何人必须遵照根据第 (1) 款作出的指示。

归责原则: 这是一项严格责任犯罪。

最高处罚: 20 惩罚单位。

(5) 如果未遵守根据第 (1) 款作出的指示, 交通执法员可以使用合理必要的武力 (视实际情况而定), 使该人离开公共汽车或者公共汽车车站。

第 27 条 逮捕和扣留

(1) 如果交通执法员基于合理依据相信, 某人已经实施了一项值得逮捕的犯罪, 则该执法员可以 (无逮捕令) 逮捕和扣留该人。

(2) 根据本条予以逮捕和扣留的人, 必须 (除非预先予以释放) 在实际可行的情况下, 尽可能快地移交警方拘留, 以便依法处理。

注释

交通执法员应将被逮捕的人带至警察局, 以移交警方拘留, 或者与警方商议, 以便警方在逮捕地或者其他方便的地点接收该人。

第 28 条 搜查、没收危险物品

(1) 根据本部分予以逮捕的人, 可能会受到快速搜身。

(2) 搜身可以在下列情况下进行:

(a) 由交通执法员进行, 如果该交通执法员与被逮捕人同一性别;

(b) 如果交通执法员与被逮捕人非为同一性别, 则由与后者同一性别的人在交通执法员的指示下进行。

(3) 实施快速搜身的人, 亦可以搜查任何明显由该人占有的物品。

(4) 实施快速搜查的人, 可以没收任何可能伤害被逮捕人或者其他人的物品 (危险物品)。

(5) 实施搜查的人, 可以使用搜查或者没收危险物品所合理必需的武力。

(6) 依交通执法员的指示实施搜查的人, 与交通执法员拥有相同的民事、刑事责任豁免权。

(7) 交通执法员必须将在搜查过程中没收的危险物品移交根据本部分拘留该被逮捕人的警察。

第五部分　其他规定

第 29 条　内部审查

（1）主任必须制定行政审查体系，以有效处理对交通执法员行为的投诉。

（2）必须在该机构网站上公布投诉、审查程序。

第 30 条　无权退还购票款

如果某人被指示下车，或者被使用武力离开公共汽车，根据本法，不会产生退还所付购票款的权利。

第 31 条　针对《刑法典》的宣布犯罪

（1）《刑法典》第 IIAA 部分适用于违反本法的犯罪。

注释

《刑法典》第 IIAA 部分规定了刑事责任总则事项、一般抗辩和举证责任。此外，亦定义或者详细说明了犯罪中通用的某些概念。

（2）如果某条款规定了一项犯罪，并包含确定该犯罪归责原则的某些因素：

（a）在该说明中确定的过错要素是该罪行唯一的过错要素；

（b）该说明排除了《刑法典》条款默示规定的过错要素的适用。

注释

即《刑法典》第 43AM 条（未规定过错要素的犯罪）默示的过错要素被该说明排除。

（3）如果规定一项犯罪的条款包含将该犯罪归为严格责任犯罪的说明（并因此排除过错要素），则《刑法典》第 43AN 条第（1）款（严格责任）适用于该犯罪。

第 32 条　妨碍交通执法员

任何人不得：

（a）妨碍或者阻止行使法定职能的交通执法员；

（b）鼓动或者鼓励他人妨碍或者阻止交通执法员履行法定职能。

过错要素：蓄意。

最高处罚：100 惩罚单位或者 6 个月监禁。

第 33 条　安全摄像头或者监视装置

无合法授权，任何人不得损害、妨碍在公共汽车内、公共汽车车站上的安全摄像头或者监视装置。

归责原则：这是一项严格责任犯罪。

最高处罚：100 惩罚单位或者 6 个月监禁。

第34条　起诉

（1）对违反本法的犯罪行为的诉讼程序，可以由下列人员启动：

（a）警察；

（b）交通执法员；

（c）主任授权的任何人。

（2）在针对违反本法的犯罪行为的诉讼程序中，看似由主任签字的证明可以接受为证据，以证明该证明中指明姓名的人在特定日或特定期间是交通执法员或者经授权启动针对违反本法犯罪行为的诉讼程序的人。

第35条　应送达违法通知的犯罪

（1）如果获得授权的执法员相信某人已经实施一项应送达违法通知的犯罪，该执法员可以向其送达违法通知。

（2）违法通知必须包含以下详细说明：

（a）被指控疑犯的姓名和住址，如果知道；

（b）违法通知日期，以及被指称罪行发生的日期、时间和地点；

（c）犯罪性质、针对该犯罪的罚款金额，并说明受送达人可以自接到通知之日起28天内，向通知指明其姓名和地址的人支付违法通知罚款，以抵偿该犯罪；

（d）说明自接到通知之日起28天内，如果受送达人填写并向通知指明姓名和地址的人返还通知有关部分，则其可以选择由法院处理该犯罪行为。

（3）如果根据本条，针对被指称罪行的违法通知罚款得到了支付，不应就被指称罪行对被指控的疑犯诉诸任何进一步的诉讼程序，除非根据第（4）款已撤销该违法通知。

（4）自违法通知日期起28天内，授权执法员可以送达书面撤销通知（另，如果违法通知罚款已经支付，则送达罚款金额）的方式，撤销违法通知。

（5）以下列方式送达的违法通知或者撤销违法通知有效：

（a）送达被指控罪犯本人；

（b）邮寄至被指控罪犯的最后已知住址；

（c）留置于被指控罪犯的最后已知寓所或者营业地，交给住在其寓所的人或受雇职员，该人应外表看起来至少16岁。

（6）根据本条作出的支付，并不默示承认任何民事责任，也不影响或者侵害任何民事索赔、诉讼或者基于同一事件发生的任何程序。

（7）如果违法通知规定的应付金额未在通知规定日期内支付，《罚金和罚款（恢复）法》适用于根据本条签发的违法通知。

（8）本条中：

获得授权执法员指：

（a）交通执法员；

（b）主任书面授权行使本条下获得授权执法员权力的其他人。

违法通知犯罪指：

（a）违反本法的犯罪；

（b）违反条例的犯罪，且依该条例，该类犯罪为违法通知犯罪。

违法通知罚款指：

（a）违反本法的犯罪——相当于该罪行最高罚款3%的金额。

（b）违反条例的犯罪——该条例规定的违法通知对此类犯罪处罚的固定金额。

已付：如果将支票作为违法通知罚款的支付方式，直到支票兑现才为支付罚款。

第36条　本法与《青少年司法法》之间的相互相用（略）

第37条　条例（略）

第38条　客运公共汽车条例修订（略）

澳大利亚塔斯马尼亚州交通安全战略

（基础设施、能源与资源部 2007 年 11 月发布，摘译）

目的

本战略的目的，是记载改府和业界共同合作，处理与塔斯马尼亚州（以下简称塔州，译者注）交通系统有关的反恐安全问题的安排与方法，以及旨在减少伤害人身或财产行为的预防、保护措施。

目标

考虑到塔州存在的潜在风险、威胁的性质与级别，本战略的目标为：

1. 改善本州交通系统的安全措施，从而降低其成为恐怖活动目标的可能性；

2. 在适合塔州操作的情况下，建议、鼓励实施与联邦要求一致的预防、保护性交通安全措施；

3. 使政府机构，交通基础设施、资产、服务的所有人、运营商以及交通业相关机构知道问题所在及响应方式框架；

本战略的根本前提，是交通所有人和运营商，无论是私有还是政府所有，各就其位、信息灵通，对自有经风险评估的安全措施承担责任。

……

交通安全原则

保护塔州交通业，要求基础设施、资产、服务的所有人和运营商，适当的政府机构（规范制定者和安全部门），行业协会以及全社会的共同参与。

本战略的交通安全原则根据联邦《重要基础设施保护原则》修改而成，具体如下：

• 交通安全保护基于以下需求：将对公共卫生、安全、信心的风险最小化，确保经济安全，维护本州积极形象，确保服务持续性。

• 所有人和运营商负有管理交通风险的主要责任。

• 建立交通安全保护要求所有人、运营商之间，此二者与政府之间，以及各政府间一贯的、合作的伙伴关系。

• 交通安全保护要求对涉及威胁和弱点的信息进行共享，以便更好地管理风险。

• 由于并不是所有交通医素都能在任何时间得到免受各种威胁的保护，必须采用适当的风险管理技术来确定相对危险程度及所需要的安全保护级别，以便决定资源配置优先顺序，并采取适当的缓解战略确保业务连续性。

●交通安全保护要求确定重点交通基础设施、资产和服务，分析脆弱性和相互依赖性，保护、预防各种灾害。

●交通安全保护需要采取"全危险方法"，并考虑企业、部门、地区以及政府机构之间的相互依存关系。

●交通所有人与运营商、行业协会及各级政府应避免对交通安全保护给予过度关注，并知晓改进的业务连续性规划，确实能对市场中的产品加以区分。

●强大的研究和分析能力对于确保风险降低策略切合国内行业需求来说是必要的。

交通安全原则的成功应用需要：

交流情报和威胁信息，协助政府，公共交通基础设施、资产、服务的私人或公共所有人及运营商确定安全的优先次序；

整个行业共享风险和风险管理信息，包括但不限于通过国家可信赖信息共享网络（TISN）进行信息共享；

利用下列措施，将安全风险管理作为一个方面纳入综合业务风险考虑：

——使用正规的风险管理方法。该方法应基于澳大利亚/新西兰《风险管理标准》（AS/NZ 4360：2004）、标准澳大利亚手册《风险管理指引》（HB 436：2004）、《安全风险管理指南》（HB 167：2006），以确定风险和脆弱性，并制定措施防止、响应攻击或从攻击中恢复；

——将防护安全责任分派给公司高级人员，以监测和评估该组织的安全政策和计划；

——任命指定安全官，并给予一致同意的职责；

——制订安全计划，其中包括一个可变安排以应对威胁或警戒级别的突然改变；

——如果行动很可能被包括紧急服务部门在内的其他方要求，制定协议和程序时应考虑相互依赖性；

——按需获取专业设备，并定期进行培训、测试和实施安全措施。

行业—政府的伙伴关系

澳大利亚政府已经建立了针对重要基础设施保护的可信赖信息共享网络，以确保澳大利亚重要基础设施的所有人、运营商共享关于重要安全问题和响应的信息。

可信赖信息共享网络包含了多个针对不同行业部门的基础设施保障咨询小组，"交通"组即是其中之一。

……

地方行业部门安全组由隶属于州警察与应急管理部的州安全队组织，处理源自澳大利亚安全情报局威胁评估与风险环境声明的相关问题，而这些问题涉及港口安全、机场安全、客运和货运。该小组成员包括有关行业、州安全部门、基础设施、能源与资源部、警察及州应急服务部门，这些机构、组织与其他防灾难（地区灾难规划组）以及一般安全（警察、塔斯马尼亚消防部门、急救部门）措施密切合作。

地方行业部门安全组提出的问题应通过塔斯马尼亚政府代表向国家论坛报告。

保护安排

2003 年年初，澳大利亚交通委员会部长成立了交通安全工作组，由来自联邦政府、各州或地区政府的代表组成，在交通常设委员会的支持下解决交通安全问题。

活动范围

适用于交通部门的重要基础设施保护活动范围包括：

- 通信、咨询与合作；
- 预防、准备；
- 响应；
- 恢复。

预防、准备、响应、恢复

预防、准备、响应、恢复措施应基于《风险管理标准》、澳大利亚标准手册《风险管理指引》、《安全风险管理指南》具体规定的风险管理方法而制定。

1. 预防、准备

交通安全保护在全国范围内以"双流"模式解决，即由第一部长（澳大利亚政府委员会）集体论坛和交通部长（澳大利亚交通委员会）负责。

······

有助于预防攻击的措施包括：

- 实际可行的侦查、阻止、预防或延迟攻击措施；
- 强化地面交通模式安全性的措施，并可以根据具体威胁或警报等级而扩缩；
- 恐怖主义相关情报、威胁评估与咨询的传播与据此行动程序；
- 需要向国家安全热线（1800 123 400）或塔州警方报告可疑事件或活动的意识；
- 对安全措施进行适当的培训及定期测试，并定期对风险处置计划进行审查。

保证各州对（实际发生或潜在的）攻击准备就绪以作出响应（准备）的措施包括：

- 与应急管理措施相匹配的响应、连续性及恢复计划；
- 易于维护，并能被适当沟通、理解的计划与措施；
- 对响应计划措施进行培训、演习，包括与警察、应急服务部门以及重要利益相关方进行联合演习；
- 在适当的情况下，进行专业培训、演习和装备。

2. 响应、恢复

如果针对关键基础设施发动恐怖袭击，则可能只是塔州事件或联邦事件，也可能是二者均涉及的事件。如果是地方恐怖主义事件，某些联邦措施可能不会发挥作用。

响应（或危机）管理措施是警察的主要职责，对恐怖主义事件作出响应，并加以解决、调查。随后的社会恢复（或影响）管理措施合作由应急管理委员会负责。

塔州交通所有人或运营商将主要与这些措施的地方因素有关，并与已建立的国家产业运营中心协调活动。

有助于对攻击作出响应的措施包括：

- 制订响应计划时，适当的应急响应机构应参与；
- 在反恐规划、演习及安排中纳入交通业；
- 制定应急操作（包括疏散）程序并进行测试；
- 维护应急联系方式，包括关键利益相关方的运营中心联系方式。

有助于从攻击中恢复的措施包括：

- 制定保证业务连续性的计划，并对影响服务与运转的程序作出安排。例如，任何人的缺勤甚至是临时性缺勤，将导致服务丧失并使生命陷于危险之中。业务连续性程序需要就位，以保证尽管能力有限，但仍能持续提供服务。
- 制订保证业务连续性的计划，并就对服务、运转发挥重要作用的程序作出安排。例如，何人的短期离职可以忍受，但从长期运营来看，何人需要及时归位。
- 制定全社会从影响、后果中恢复的措施。

战略性方法

保护交通系统包括：

- 通过代表所有澳大利亚交通管辖区的政府官员共同努力，实现国家一致性；
- 基于风险管理的情报，利用：

——各部门实施的澳大利亚安全与情报组织威胁评估；

——与威胁评估相关联的风险环境声明；

——向业界提供情况更新的交通风险报告。

● 政府间、政府机构间、政府与业界以及业界各部门与组织间的合作关系。

期待

塔州政府参加国家交通安全信息传播与政策决策论坛，利用其成果告知、协助、鼓励业界采取适当保护措施。

期望塔州交通所有人与运营商将评估各自安全风险，准备必要、适当的计划管理这些风险，实施适当措施对其进行处理，如其在日常工作中，处理其他业务、顾客风险一样。

实施安全风险评估的方法，应与澳大利亚、新西兰《风险管理标准》、标准澳大利亚手册《风险管理指南》及《安全风险管理指南》一致。

......

交通运营商雇员需要完全明白安全威胁环境，并应根据与评估、计划一致的安全保护程序对其进行培训。

应准备业务连续性及事件管理计划，服务提供者应知道在较高的威胁警报级别时期，期待其作出响应。

所有与安全相关的计划应予实施，并定期审查、更新。

......

地面交通安全活动（州）

在澳大利亚，地面客运交通模式包括铁路、轻轨、有轨电车、公共汽车以及非由联邦《2005 年海事交通与离岸设备交通安全法》调整的轮渡。地面交通还包括通过铁路、沿海航运以及卡车运营的货运（包括危险货物）。

虽然采取了全国一致性方法处理地面交通安全问题和需求，但地面交通安全主要由州及地区政府负责，联邦政府通过澳大利亚交通委员会、常设交通委员会以及交通安全工作组论坛参与其中。

......

地面交通安全指南、框架以及活动由下列文件规定或受其指导：

● 《国家交通安全战略》10 点行动计划；

● 2004 年国际调研团确定的推荐性附加行动；

● 《地面交通安全政府间协议》（2005 年）；

● 塔州《客运运营商认证体系标准》；

● 塔州《客运船只安全管理》制度（州际轮渡）；

● 供各州、地区适用于铁路运营商的《国家铁路安全》范本规定与安排；

● 塔州地面交通高级别安全风险评估；

● 2005 年澳大利亚政府委员会反恐最高级别特别会议上签订的协议，加强、建立交通安全措施；

● 联邦交通安全调查员领导的团队于 2006 年对安全进行审查得出的结论和

建议；

　　●联邦交通安全调查员领导的团队于 2007 年对州际轮渡安全进行推荐审查得出的结论和建议。

　　附录 1：定义

　　……

　　地面交通：包括公共汽车、卡车、铁路、轻轨、有轨电车以及非由《2005年海事交通与离岸设备安全法》调整的轮渡运营。

　　交通运输业由私有部门、公营企业或使用私营机构原则的州有公司所有或运营。其中大部分与国家网络或其他运输服务相连或依赖于后者。对其的保护，要求方法一致，以及政府、公营企业、州有公司以及私营机构之间的合作。

　　全危险方法：将恐怖主义因素纳入现有自然、人为或市场事件风险管理战略。

　　……

　　附录 2：缩略语　（略）

　　附录 3：职责

　　交通基础设施与服务私人提供商

　　●根据 AS/NZ4360，对其所有的交通服务进行交通服务风险评估；

　　●确保适当的预防性安全措施在私人交通服务提供者所有或提供的全部服务中到位；

　　●向警方和/或国家安全热线报告在交通运输服务私营机构所有或提供的服务中或设施上发生的交通运输安全事件。

　　准备与预防组

　　塔州与地面交通安全有关的准备与预防组组成机构包括：部长安全委员会、州应急管理委员会、安全与应急管理咨询组、州安全部门、基础设施、能源与资源部、塔斯马尼亚工业部门组、重要基础设施咨询委员会、工业保证咨询组、澳大利亚安全与情报组织组成。其中，警察和公共安全部下属的州安全部门将行动与整个政府反恐政策能力结合起来，并为战略、活动、涉及反恐的项目提供了关注点。该部门由警察和政府官员组成，管理塔斯马尼亚关键基础设施保护策略。

　　州安全部门的职责包括：

　　——与私营部门和非政府部门就有关反恐问题进行联络；

　　——向部长级安全委员会、安全与能源管理咨询组、州能源管理委员会以及塔州全国委员会代表就反恐及安全相关问题提供研究和政策咨询；

　　——确定关键基础设施，并就风险评估和风险管理计划向所有人/经营者提出建议；

　　——就改变威胁级别、来自于澳大利亚政府或其他来源的特别建议进行沟通；

——审计计划，在适当和实际可行时，进行与管理关键基础设施保护相关的演习；

——协调反恐设备的采购和维护；

——制定、管理反恐演习和培训制度；

——与其他州及澳大利亚政府就打击恐怖主义进行联络。

州安全部门负责人是国家重要基础设施咨询委员会的成员，在行业咨询组代表塔州政府相关机构，从而形成可信赖的信息共享网络。

州安全部门与重要基础设施的所有人/经营者以及那些可能会吸引公众关注的公共事件的组织者合作，确保其清楚自己提供足够安全的责任。

……

附录 4　警报级别通告（略）

附录 5　2004 年国家交通安全战略

2004 年 4 月，澳大利亚交通委员会部长各批准了一个从《国家交通安全战略》概括出的 10 点行动计划，建立了一种全国统一的办法，以满足地面交通运输的安全需要。

1. 风险环境研讨会

在认为必要时，对关键地面运输所有人和经营者（最初针对城市公共交通），以及相关安全、警察和响应机构，提供恐怖威胁、安全风险评估和规划信息。

已启用一个针对塔州数量有限的重要所有人和经营者的备用信息发布过程。

2. 加强管理和协调

因为许多政府机构都对交通运输安全感兴趣，需采取整个政府的方法，配以适当的治理结构。

安全和应急咨询小组（SEMAG）就所有涉及安全和紧急情况的事项向政府提供政策咨询。

基础设施、能源与资源部维持与联邦、州/地区对口部门的密切联系，并与州安全部门一道，同有关联邦机构、运输业主、经营者和代表机构联络。

3. 立法审查

塔斯马尼亚是一项关于澳大利亚反恐安排的政府间协议的当事人，并颁布了《2002 年反恐怖主义（联邦权力）法》，该法将某些打击恐怖主义行为的权力交给了联邦。

与安全有关的其他塔斯马尼亚立法包括《2005 年警察权力（公共安全）法》，授权政府在某些有限的情况下，给予警察截停和搜查人员、车辆权、询问权以及为公众安全目的没收物品权。

基础设施、交通、区域发展与地方政府部门确认了所有联邦、州/地区规范运输业务的立法，并评估了在何种限度内，政府可以要求制定安全规划，在发生事件或威胁时要求采取具体行动，对不遵守法定义务的行为进行处罚，并强调了立法"空白"和可能的改革要求。

安全和应急咨询小组的立法工作组审查州立法，并就影响塔斯马尼亚反恐怖主义措施和能力的国家立法与联邦进行联络。

塔州没有制定具体的立法，要求重要基础设施和服务的所有人和经营者，积极主动参与恐怖主义有关的安全事宜。现有的行业和紧急服务的立法、抗灾以及区域防灾规划安排适用。

新《2006年应急管理法》向重要基础设施部门提供了一种普遍适用的做法，即要求这些机构应强烈鼓励所有人、经营者及相关联盟建立应急管理制度，并规定在安全威胁等级被提高后，当相关部门行使"特殊"指导权时，该企业可以采取的反恐措施。

与国家审查威胁材料规定的同时，立法工作组还审查、修订了塔州有关报告、安全、存储、销售、处理威胁材料的危险货物立法。

4. 加强地面交通运营商的能力

绝大多数基础设施是由私营部门所有或运营的。

政府官员与部门行业利益相关方合作，协助后者加强整合在业务流程中贯彻以防范风险为基础的安全规划和员工培训的能力。

5. 风险评估与安全计划

交通安全保护基于将风险降至最低的需求，因此，要求采用适当的风险管理技术来判断相对危险程度、所需要的安全保护级别，从而决定资源配置的优先顺序以及缓解战略的适用。

政府需要保证已经考虑了预防和准备，因此，要求安全风险评估与安全计划均应在州层面，并针对关键交通系统、资产（特别是在人群高度聚集的地方）。

……

基础设施、能源与资源部鼓励由专家安全顾问提供服务，对塔斯马尼亚地面交通系统、资产和基础设施进行高级别安全风险评估。据此类评估提出的建议应专门处理。

6. 审查并加强对事件的报告与分析

交通安全事件能够提供关于监督、测试交通系统未来恐怖主义袭击的重要信息。对关键地区交通安全事件的高效报告和分析能力，对于相关机构识别恐怖主义活动，并使安全防范措施到位以便作出响应是必要的。

推荐将国家安全热线（1800 123 400）或警察应急（000）号码作为事件报告的优先方法。

基础设施、交通、区域发展与地方政府部交通安全办公室已设立了运行中心，其部分职能即为分析事件报告，以便机构能更好地识别恐怖主义活动，并使安全防范措施到位。

澳大利亚安全情报局利用事件报告进行危险评估及咨询是必要的。

7. 内部沟通战略

政府与行业之间信息共享的有效程序非常必要。

交通雇员必须清楚事件报告义务，包括安全事件及可疑行为报告程序在内的通信战略应到位。

8. 国家危险货物安全计划

过去，对于能产生严重后果的危险货物的处理、运输来说，以安全、职业健康与安全为导向的要求并不足以应对恐怖主义威胁。澳大利亚交通委员会部长指示，应制订新的国家危险货物安全计划，并要求运输和存储部门、工作场所以及其他具有具体利益的部门参与。

9. 与交通安全相关的情报

由州交通官员获取交通安全情报（如威胁评估、风险环境说明、风险管理安排），对于确保行业制定安全环境以及预防性安全与恐怖主义威胁同步非常重要。

州安全部门与交通运营商就澳大利亚安全情报局威胁评估、风险环境说明、其他安全信息进行沟通，而基础设施、能源与资源部就交通与区域服务部交通安全办公室的交通建议与重要客运运营商进行沟通。

10. 反恐演习

州政府和交通运营商参加反恐演习，对于测试交通安全安排和准备来说非常必要。促进并鼓励行业部门参加此类演习。

除国家演习外，州安全队和州应急服务部门都制订了包括政府机构在内的当地演习计划，测试与恐怖主义事件及自然灾害相关的响应与恢复安排。